KB079579

경제 전쟁의 흑역사

경제 전쟁의 흑역사

이완배
지음

시장 질서를 박살 내고
세계경제에 자살골을 날린
무모한 대결의 연대기

북트리거

- 들어가며 -

평화를 위한 지혜

도널드 트럼프Donald Trump가 미국 대통령이던 시절, 트럼프와 북한 지도자 김정은 국무위원장 사이에서 미치광이 논쟁이 벌어진 적이 있었다.

2017년 9월 트럼프가 유엔총회 연설에서 "동맹을 방어해야 한다면 우리는 북한을 완전히 파괴하는 것 외에 다른 선택이 없을 것이다."라며 포문을 열었다. 무모한 핵무기 도발로 전 세계를 계속 위협하면 북한을 완전히 파괴할 수밖에 없다고 경고한 것이다. 그러자 김정은은 조선중앙통신을 통해 "트럼프는 정치인이 아니라 불장난을 즐기는 불망나니, 깡패임이 틀림없다. 미국의 늙다리 미치광이를 반드시, 반드시 불로 다스릴 것이다."라고 반격했다.

트럼프는 '늙다리 미치광이' 소리를 듣고 가만히 있을 인물이 아니었다. 그는 즉시 트위터를 통해 "북한의 김정은은 명백한 미치광이(madman)다. 김정은은 전에 없던 방식으로 시험당할 것이다."라고 반격했다.

한 국가의 지도자들이 서로를 향해 "쟤는 미친 X래요."라며 쌍욕을 퍼부은 셈인데, 우리 같은 일반인들 눈에는 너무 품격이 없어 보인다. 하지만 사실 이런 발언은 모두 고도로 계산된 것들이다. 상대에게 미치광이로 보이는 것, 이것이야말로 분쟁을 해결하는 가장 중요한 전략 중 하나이기 때문이다.

경제학의 게임이론에서는 두 경쟁 상대가 마주쳐서 숙명의 승부를 가리는 상황을 치킨 게임(chicken game)이라고 부른다. 1950년대 미국의 젊은이들 사이에서 유행한 자동차 게임에서 따온 말인데, 게임 방식이 무모하기 이를 데 없다. 피할 곳 없는 외길에서 두 사람이 차를 몰고 돌진한다. 먼저 겁을 먹고 핸들을 꺾으면 목숨을 건질 수 있지만, 사람들로부터 겁쟁이(치킨)라고 놀림을 받는다. 그렇다고 용기를 발휘해 끝까지 핸들을 꺾지 않았는데, 상대도 핸들을 꺾지 않으면 충돌을 일으켜 양쪽 다 죽는다.

이때 승률을 높이는 최고의 전략 중 하나가 바로 미치광이 전략(madman strategy)이다. "나는 죽는 한이 있어도 핸들을 꺾지 않는 미치광이다."라는 사실을 상대에게 분명히 전하는 것이다. 예를 들어 상대가 보는 앞에서 손을 뒤로 묶어 버리는 게 이런 전략에 속한다. 손을 묶으면 핸들을 꺾고 싶어도 꺾을 수 없다. 갈 데까지 가겠다는 것이다. 이 모습을 본 상대는 등골이 서늘해진다. '와, 이거 내가 먼저 핸들을 안 꺾으면 둘 다 죽겠구나.'라는 공포가 엄습한다. 이 상황에서 상대 쪽은 선택의 폭이 매우 좁아진다. 그대로 돌진해 둘 다 죽든가, 아니면 핸들을 꺾어 승리를 헌납하든가(겁쟁이라고 놀림받을 각오도 해야 한다) 하나를 선택해야 한다.

미국과 북한의 정치 지도자가 피차 미치광이처럼 보이는 전략을 쓰는 이유가 여기에 있다. “나는 절대 먼저 핸들을 꺾지 않을 테니, 네가 먼저 꺾어라.” 하는 신호를 서로에게 주는 것이다. 문제는 양쪽 다 진짜로 손을 뒤로 묶어 버렸을 때가 있다는 거다. 나름 승률을 높이기 위한 전략이겠지만, 만약 상대도 같은 전략을 사용한다면 이 둘은 결국 외길에서 충돌해 공멸한다.

경제 전쟁이라는 이름으로 묶을 수 있는 수많은 역사의 장면을 돌아보면 이 이야기가 더 마음에 다가온다. 그렇게 싸울 일이 아니었는데도, 훨씬 평화롭게 해결할 수 있었는데도 극단적인 분쟁이 벌어지는 경우가 적지 않기 때문이다. 조금의 이익을 더 얻기 위해 핸들을 꺾지 않는 전략을 고수하는 바람에 결국 크나큰 희생을 동반한 충돌이 발생한다.

경제(經濟)란 경세제민(經世濟民)의 약자다. 경세제민은 ‘세상을 잘 다스려 민중을 구한다’는 뜻이다. 즉 경제 본연의 임무는 사회 구성원들이 보다 평화롭고 안정적으로 살 수 있도록 돕는 것이다. 그런데 인류 역사를 보면 경제를 위한다는 명목으로 수많은 사람을 죽음과 고통으로 내몬 전쟁과 분쟁이 여기저기 끊이지 않았다.

우리가 경제 전쟁의 역사를 돌아봐야 할 이유가 바로 여기에 있다. 역사에서 배우지 못하면 발전하지 못한다. 때로는 어리석고, 때로는 무모했으며, 그래서 너무 자주 인류를 고통으로 내몰았던 이 분쟁의 기록을 우리는 가감 없이 대면해야 한다. 그리고 그 일을 거울로 삼아, 다가올 미래에는 진정으로 사람이 존중받고 사람이 평화로운 경제(經濟) 본연의 길을 찾아야 한다.

부족한 책을 이렇게 세상에 내놓는다. 이 책의 부족함은 전적으로 나의 잘못이다. 하지만 감히 이 부족한 책이, 분쟁이 아닌 평화를 위한 지혜를 모으는 길에 조금이라도 보탬이 되기를 소망한다.

2023년 봄 안국동에서

이완배

1부 뜨거운 전쟁

참혹한 다툼 속에 숨은 냉정한 경제 논리

목차

2부 차가운 전쟁

체제 경쟁부터 무역 분쟁까지, 총성 없는 경제 대결의 역사

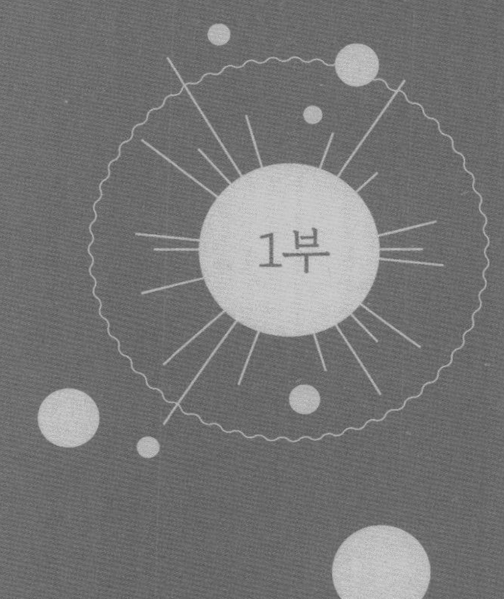

뜨거운 전쟁

참혹한 다툼 속에 숨은 냉정한 경제 논리

Chapter 01

15~16세기

◇ 교황 알렉산데르 6세 칙령
◇ 토르데시아스조약
◇ 사라고사조약

1506년 교황 율리오 2세의 토르데시아스조약 승인

후추 전쟁

포르투갈과 에스파냐, 세상을 절반으로 나누다

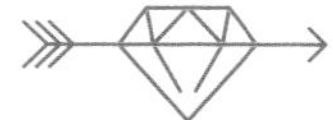

진짜 해적은 따로 있다

아프리카나 동남아시아의 가난한 나라를 보면서 "가난한 데는 다 이유가 있다"며 비웃는 사람들이 있다. 그들은 국민이 게을러서, 거짓말을 잘해서, 미개해서, 날씨가 따뜻하다 보니 노력할 필요가 없어서 등 별의별 이유를 대며 가난한 이들에게 비난을 퍼붓는다.

하지만 역사적으로 보면 이는 원인과 결과를 혼동해서 생긴 착각이다. 그들이 직면한 대부분의 문제는 가난했기 때문에 생긴 것이다. 가난이 결과가 아니라 원인이었다는 의미다. 그리고 그 원인의 상당수는 서구 사회의 착취로부터 시작됐다.

예를 들어 보자. 2011년 대한민국 선박 삼호주얼리호가 소말리아 해적들에게 억류된 적이 있다. 많은 이들이 "21세기에 해적이 살아?"라며 놀라워했다. 그 놀라움의 뒤편에는 '오죽 할 짓이 없으면 해적질이나 하느냐?'라는 조롱도 숨어 있었다.

그렇다. 실제로 소말리아 해변에는 해적이 산다. 그런데 그들이 해적질에 나선 이유를 알아야 이 사태를 정확히 이해할 수 있다. 아프리카 대륙 동부에는 '아프리카의 뿔'이라고 불리는 뾰족하게 튀어나온 지

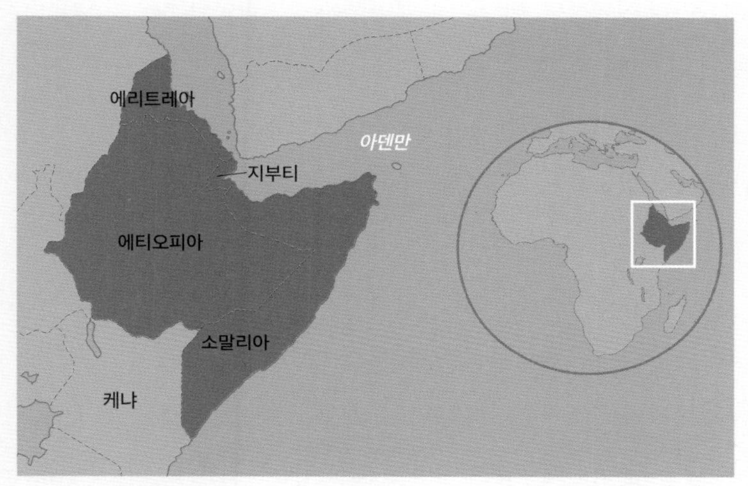

아프리카의 뿔
아프리카 지도에서 코뿔소의 뿔처럼 인도양으로 튀어나와 있는 동북부 지역 국가들을 가리키는 용어. 소말리아, 에티오피아, 에리트레아, 지부티 등이 포함된다.

역이 있다. 소말리아는 이 지역에 'ㄱ' 자 모양으로 형성된 매우 긴 해안을 갖고 있다.

특이하게도 소말리아 국민은 해산물을 별로 즐기지 않는다. 그래서 이 나라에서 잡히는 해산물은 대부분 유럽으로 수출된다. 소말리아 국민에게 해산물은 곧 식량과 생필품을 구입하는 데 쓸 소중한 천연자원이다. 또 소말리아는 수에즈운하와 매우 가까운 곳에 있다. 수에즈운하는 한 해 평균 2만 척 이상의 배가 다니는 교통의 요지다.

지정학적 요충지인 소말리아 앞바다에서 해적이 끊임없이 출몰하게 된 데에는 사실 서구 사회가 책임져야 할 원죄가 있다. 주변의 유럽 국가들은 교통의 요지에 위치한 소말리아의 풍부한 어업 자원에 눈독을 들이기 시작했다. 비열한 유럽인들은 소말리아의 치안이 엉망이라는 점을 기회로 삼았다. 1991년 이후 20년 넘게 내전을 치르느라 소말리아에서는 무정부 상태나 다름없는 혼란이 이어졌던 것이다. 해상 치안 자체가 없다시피 한 가난한 나라 소말리아의 앞바다에서는 무슨 짓을 해도 잡혀갈 우려가 없었다.

유럽인들은 이곳을 제집 드나들듯 하며 불법 조업을 시작했다. 심지어 프랑스와 이탈리아 배들은 자국에서 나온 산업폐기물을 소말리아 앞바다에 쏟아부었다. 바다가 오염됐고 해산물의 씨가 말라 갔다. 해산물을 잡아야 생계를 유지하는 소말리아 국민에게 이는 곧 죽음으로 내몰리는 위험을 뜻했다.

견디다 못한 소말리아 어부들이 직접 해상 치안에 나섰다. 이들은 단체를 조직하고 군벌에게 무기를 빌렸다. 불법 조업과 폐기물 투기를 일삼는 유럽의 배들을 직접 단속하기 시작한 것이다. 그리고 이 과정에서 마침내 그들은 깨달았다. 배들을 단속하는 것보다, 그 배에 실린 재산을 빼앗거나 인질을 잡아 돈을 요구하는 것이 더 큰 돈벌이가 된다는 사실을 말이다.

소말리아 해적은 이렇게 탄생했다. 해적질이 돈이 된다는 사실을 깨달은 군벌도 적극적으로 '해적업'을 육성(!)하기 시작했다. 2009년 이후 한동안 전 세계 해적 사건의 절반이 소말리아 인근에서 벌어진 이유가 바로 여기에 있다. 해적질을 옹호할 생각은 추호도 없다. 단지 소말리아 해적은 그들의 마지막 생계 수단마저 오염시킨 유럽인들의 탐욕에서 비롯됐다는 점을 이야기하고 싶은 것이다.

백인이 우월하다는 착각

그들의 가난에 대해 다른 이야기를 하나 더 해 보자. 소위 백인 우월주의자들은 기후가 인종의 능력에 영향을 미친다고 믿는다. 경제적으로 어려운 나라 대부분은 열대지방에 분포돼 있다. 반면에 어깨 좀 펴고 사는 나라들은 대부분 온대지방, 즉 사계절이 뚜렷한 지역에 퍼져 있다.

그래서인지 부국과 빈국의 운명을 가르는 결정적 요인을 기후로 설명하는 학자들이 꽤 많다. 1990년대까지만 해도 서구 학계에서는 먹을 것이 풍부한 열대지방의 인종들은 게을러지고 뇌가 퇴화한 반면, 온대지방 백인들은 부지런해야 겨울을 날 수 있기에 노력을 기울였고 그 덕에 뇌가 발달했다는 믿음을 암묵적으로 지지해 왔다.

하지만 유럽을 대표하는 진보적 경제학자이자 그리스 재무 장관을 지낸 야니스 바루파키스Yanis Varoufakis는 이런 백인들의 위선을 통렬히 논박한다. 기후가 영향을 미친 것은 맞지만, 영향의 내용은 전혀 다른 것이었다는 이야기다.

바루파키스는 온대지방 국가들이 강성해진 것은 그들이 무기를 만들었기 때문이고, 그들이 무기를 만든 이유는 잉여 농산물이 생겨났기 때문이라고 설파한다. 그런데 이 잉여 농산물의 출발이 역설적이다. 온대지방 사람들이 지독한 배고픔 때문에 어쩔 수 없이 농사짓는 방법을 생각해 내야 했는데, 생존을 위해 농사를 짓다 보니 잉여가 발생한 것이다. 즉 잉여 생산물은 먹을거리가 풍족하지 않던 환경의 부산물인 셈이다. 바루파키스의 이야기를 들어 보자.

영국인들은 왜 오스트레일리아에 쳐들어갔고, 애버리지니[1]는 왜 영국에 쳐들어가지 않았을까? (…) 어떻게 흑인들이 사는 아프리카나 오스트레일리아에서는 강대국이 하나도 생겨나지 못했을까? 유전자 문제일까? 당연히 아니다! (…)

맨 처음에 잉여 생산물이 있었다. 잉여 농산물이 없었다면 군대, 전제국가, 글자, 기술, 화약, 대형 선박 등이 발전할 이유도 없었을 것이다. 그리고 농경은 오스트레일리아의 애버리지니와 같이 비농경 사회의 주민을 학살할 수 있는 생화학 무기까지 만들었다.

한편 먹을거리가 부족한 적이 없던 애버리지니에게는 (3, 4백만 명의 사람들이 자연과 멋진 조화를 이루며 살았고, 유럽 크기의 대륙에서 무제한으로 식물과 동물을 얻을 수 있었기 때문에) 농경 기술을 발명하고 잉여 생산물을 만들어 낼 이유가 조금도 없었다.

오늘날 우리는 (…) 애버리지니가 엄청난 문화적 가치를 지닌 시와 음악, 신화를 보유하고 있음을 알고 있다. 그러나 다른 민족을 공격하거나 자신을 방어할 수단은 갖고 있지 않았다.

— 야니스 바루파키스, 『작은 자본론』(내인생의책, 정재윤 옮김, 2017), 23~24쪽

바루파키스의 이야기처럼 풍요로움을 기반으로 평화롭게 살던 아프리카나 오스트레일리아 대륙의 원주민들은 남을 죽이면서까지 무언가를 빼앗을 이유가 없었다.

기후는 어떤 인종을 우월하게 만들고 어떤 인종을 열등하게 만든

[1] 영국의 식민 통치가 한창인 19세기에 영국인들에게 몰살을 당한 오스트레일리아의 원주민.

것이 아니었다. 어떤 인종을 폭력적으로 만들고 어떤 인종을 평화롭게 만들었을 뿐이다.

우리가 근대국가의 발달이라고 믿는 수많은 기술들은 사실 탐욕을 충족시켜 주기 위한 기술, 혹은 착취를 위한 기술이었다는 이야기다. 유럽의 백인들은 이 착취의 기술을 바탕으로 식민지를 수탈했다. 그들은 그것을 발전이라고 부르는지 모르겠으나, 상식적으로 그것은 폭력 혹은 착취의 기술이라고 불러야 마땅하다.

향신료의 왕, 후추를 찾아서

유럽인들의 탐욕은 이처럼 세계 곳곳에서 비극을 만들어 냈다. 그렇다면 유럽인들의 세계 침략이 어떻게 시작됐는지 그 단초를 살펴볼 필요가 있다. 수많은 계기가 있겠지만, 놀랍게도 가장 중요한 원인 가운데 하나는 향신료 후추의 존재다. 후추는 원래 인도 남부에서 자라던 농작물이다. 기후를 많이 타고 키우기가 까다로워서 인도 외의 지역에서는 후추를 재배하기가 쉽지 않았다.

문제는 후추가 유럽인의 입맛에 너무 잘 맞았다는 데 있다. 육식을 즐기던 유럽인들에게 후추는 고기 맛을 돋우는, 그야말로 신의 향신료였다. 그 당시 유럽인들은 후추를 먹으면 불로장생할 수 있다고 믿기도 했다.

인도로부터 후추를 수입하기는 만만찮았다. 유럽과 인도 사이에는 아라비아의 드넓은 사막이 가로막고 있었다. 15세기 중반 유럽인에게 인도의 후추를 소개한 이도 아라비아 상인이었다.

유럽인들이 후추에 열광하자, 인도로부터 후추를 받아서 유럽에 수출하던 아랍인들은 후추에 엄청난 가격을 매겼다. 이 탓에 유럽에서 후추 가격이 몇십 배로 뛰었고, 한때 후추는 같은 무게의 순금과 비슷한 값에 거래될 정도였다. 유럽인들은 아라비아 상인을 두들겨 패서라도 후추를 싼값에 들여오고 싶었지만, 그게 쉬운 일이 아니었다. 그들은 이미 몇 차례 십자군 원정을 통해 겪은 막강한 아라비아 군대의 위력에 기가 질린 상태였다.

싸워서 이길 순 없고, 그렇다고 후추를 포기할 수도 없다! 유럽인들이 내린 새로운 결론은, 바로 아라비아를 거치지 않고 인도에 도착할 수 있는 새로운 길을 찾는 것이었다.

인도를 찾아 나선 제국주의자들

가장 먼저 새로운 길을 찾아 나선 나라는 포르투갈이다. 유럽인들이 '항해왕'으로 칭송하는 엔히크Henrique 왕자가 아프리카 대륙의 서해안을 따라 남쪽으로 내려가며 대서양을 탐험하기 시작했다. 이때만 해도 대서양은 미지의 세계였다. 인도도 마찬가지였다. 당시 유럽 사람들 사이에서는 후추의 원산지가 베일에 싸여 있었다. 아라비아 상인들이 쉬쉬하는 탓에 후추가 나는 곳이 그저 인도 어디쯤이라는 정도만 어렴풋이 짐작할 뿐이었고, 더욱이 인도라는 곳이 어디에 붙어 있는지 자체는 오리무중이었다. 이런 상황에서 엔히크는 '드넓은 바다 너머에 무언가가 있겠지.' 하며 지중해가 아닌 대서양으로 호기롭게 눈을 돌린 것이다.

엔히크의 특명으로 구성된 포르투갈 탐험대는 당시 유럽인들에게 '세상의 끝'이라고 알려져 있던 적도 근처의 바다를 지나 남쪽으로 전진해 나갔다. 문제는 엔히크가 아프리카 대륙을 끼고 이동하면서 닥치는 대로 아프리카의 곳곳을 자신의 식민지로 삼았다는 데 있다. 독실한 기독교 신자였던 그는 선교를 명목으로 아프리카를 자기 땅으로 만들었고 그곳에서 황금, 상아, 노예 등을 쉴 새 없이 약탈했다.

그렇게 포르투갈의 아프리카 진출은 궤도에 올랐다. 1460년 엔히크가 세상을 떠난 뒤에도, 그의 후예인 포르투갈인들은 아프리카 끝을 향해 남진(南進)을 이어 갔다. 1488년 1월, 포르투갈 함대는 마침내 아프리카 최남단을 통과했다.

이들은 이제 더 이상 남쪽을 향하지 않아도 됐다. 끝없이 아프리카 서부 해안을 따라 달린 포르투갈인들은 이때부터 아프리카 동부 해안을 끼고 북쪽으로 향할 수 있었다. 유럽과 인도를 연결하는, 꿈에 그리던 바닷길의 개척이 새로운 국면에 접어든 것이다. 조금만 더 항해하면 인도에 도착하겠지! 감격에 겨운 그들은 아프리카 최남단을 희망봉이라고 불렀다. 하지만 그들이 희망봉을 찾기까지 걸린 수십 년 동안 아프리카 대륙은 포르투갈의 침략에 시퍼렇게 멍들어 갔다.

포르투갈에 선수를 빼앗긴 에스파냐는 인도를 향한 또 다른 항로 개척에 나섰다. 포르투갈이 남쪽을 선택했다면, 에스파냐가 선택한 길은 서쪽이었다. 지구는 둥그니까 서쪽을 향해 자꾸자꾸 나아가면! 온 세상 어린이를 다 만나고 오는 것이 아니고, 결국 언젠가 인도에 도착

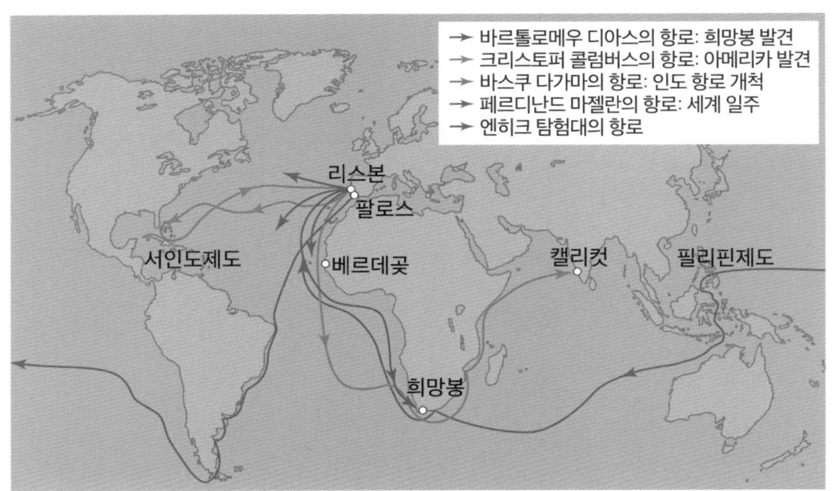

대항해시대의 여정

할 수 있다는 계획을 세운 이가 있었다.

그 인물이 이탈리아의 탐험가 크리스토퍼 콜럼버스Christopher Columbus다. 콜럼버스는 자신의 계획을 에스파냐 통치자 이사벨 1세Isabel I(재위 1474~1504)에게 설명했고, 이후 에스파냐의 후원을 받아 서쪽으로 향했다. 그리고 그는 마침내 인도를 발견했다. 아니, 발견했다고 착각했다. 콜럼버스가 도착한 곳은 인도와 아무 상관이 없는 아메리카 대륙이었지만 콜럼버스는 그곳이 인도라고 믿었다. 아메리카 원주민에게 인디언(Indian), 즉 인도 사람이라는 황당한 이름이 붙은 이유가 여기에 있다.

이후 유럽인들은 콜럼버스가 발견한 아메리카를 신대륙이라고 불렀다. 하지만 이는 실로 황당한 어법이다. 이전까지 아메리카가 바닷속에 숨겨져 있기라도 했단 말인가? 아메리카는 수백만 년 동안 그곳에 있었고 원주민들도 버젓이 그곳에서 살고 있었다. 아메리카는 결코 새로 등장한 신대륙이 아니며, 발견된 것도 아니다. 이는 유럽 백인들의 지나친 시각이다.

아무튼 그렇게 유럽에 알려진 아메리카는 이후 제국주의자들에게 철저히 착취당했다. 포르투갈이 후추를 찾아 남쪽으로 향하면서 아프리카를 초토화한 것처럼, 에스파냐도 후추를 찾아 서쪽으로 향하면서 아메리카를 짓밟은 것이다.

조선이 포르투갈의 식민지였다?

아메리카를 발견(?)하고 자신감을 회복한 에스파냐는 당시 막강한 힘을 과시하던 포르투갈의 해상 장악력에 도전장을 내밀었다. 두 나라는 신대륙의 영토와 주도권을 둘러싸고 분쟁을 벌였다. 포르투갈 국왕은 10여 년 전 두 나라가 맺은 협정을 근거로 협박을 시작했다. 콜럼버스가 발견한 땅은 사실 포르투갈의 영토라는 항의 편지를 에스파냐에 보냈고, 함대를 파견해 그 지역을 점령하겠다고 선언하기까지 했다. 두 나라가 전쟁 일보 직전까지 가자, 보다 못한 교황 알렉산데르 6세Alexander VI(재위 1492~1503)가 중재에 나섰다.

1493년, 교황은 두 나라 대표를 부른 뒤 지도를 펼치고 아프리카 대륙 서북부 대서양에 위치한 카보베르데제도에서 서쪽으로 480킬로미터 떨어진 곳을 손가락으로 짚었다. 그러고는 "앞으로 두 나라는 싸우지 말고 이 지점을 기준으로 서쪽은 에스파냐가, 동쪽은 포르투갈이 각각 차지하라"는 칙령을 내렸다.

교황 알렉산데르 6세

에스파냐 보르자 가문 출신의 그는 1493년 에스파냐에 일방적으로 유리하게 경계선을 설정했다.

실로 황당하지 않은가? 지도에 선 하나 그어 놓고 세상을 절반으로 나눈 뒤 자기들끼리 "왼쪽은 에스파냐 땅, 오른쪽은 포르투갈 땅"이라고 선언했다. 이 희대의 기하학적인 영토 조약 이후 유럽 백인들은 지구의 절반을 에스파냐 땅, 절반을 포르투갈 땅이라고 믿었다.

하지만 인간의 탐욕은 신의 명령(!)조차 무시하는 모양이다. 사실 교황의 명령은 매우 단순했다. 직선을 기준으로 오른쪽에 있는 아프리카는 포르투갈이 차지하고, 왼쪽에 있는 아메리카는 에스파냐가 차지하라는 뜻이었다. 하지만 포르투갈은 아프리카 면적의 두 배나 되는 아메리카를 모두 에스파냐에 넘겨줄 수 없다고 생각했다. 포르투갈이 교황에게 강력히 항의했고, 이 항의가 받아들여져 1494년에 두 나라는 새로운 기하학적인 영토 조약을 맺었다.

그것이 바로 기존 기준선을 서쪽으로 1,300킬로미터 더 이동하는 토르데시야스조약(Treaty of Tordesillas)이다. 기준선이 아메리카 대륙 안쪽으로 더 들어오는 바람에 아메리카 대륙에서 동쪽으로 튀어나온 브라질이 기준선 동쪽, 즉 포르투갈 땅으로 편입됐다. 남미 지역 대부분의 국가들이 에스파냐의 지배를 받아 지금도 에스파냐어를 공용어로 사용하지만, 브라질만이 포르투갈의 지배를 받아 포르투갈어를 공용어로 사용하는 이유가 여기에 있다.

하지만 토르데시야스조약에는 맹점이 있었다. 대서양 한가운데 그은 선 하나만으로는 아시아에서 경계를 확인하기 어려웠던 것이다. 부지런히 식민지를 개척하다 아시아에서 딱 마주친 포르투갈와 에스파냐는 치열하게 무역 경쟁을 벌였다. 그러다가 태평양에도 경계가 필요하다며, 1529년 에스파냐의 사라고사에서 기하학적인 영토 조약을 다시 맺었다. 마치 수박을 반쪽으로 쪼개는 것처럼 토르데시야스조약 때 그은 금의 반대편에 남북으로 선을 쭉 그은 다음 그 서쪽은 포르투갈이, 동쪽은 에스파냐가 차지하기로 한 것이다. 이를 사라고사조약(Treaty of Zaragoza)이라고 한다.

사라고사조약대로라면 조선과 일본도 포르투갈의 식민지가 된다. 16세기 중반 일본인에게 조총을 전해 준 사람은 포르투갈 상인들인데, 이들은 자기가 일본을 언제든지 차지할 자격이 있다고 믿었을 것이다. 왜냐고? 교황님이 그렇게 허락하셨으니까! 그곳에 사는 사람들 의견은 묻지도 않고 마치 땅따먹기 게임 하듯 제멋대로 지구를 나눠 갖다니,

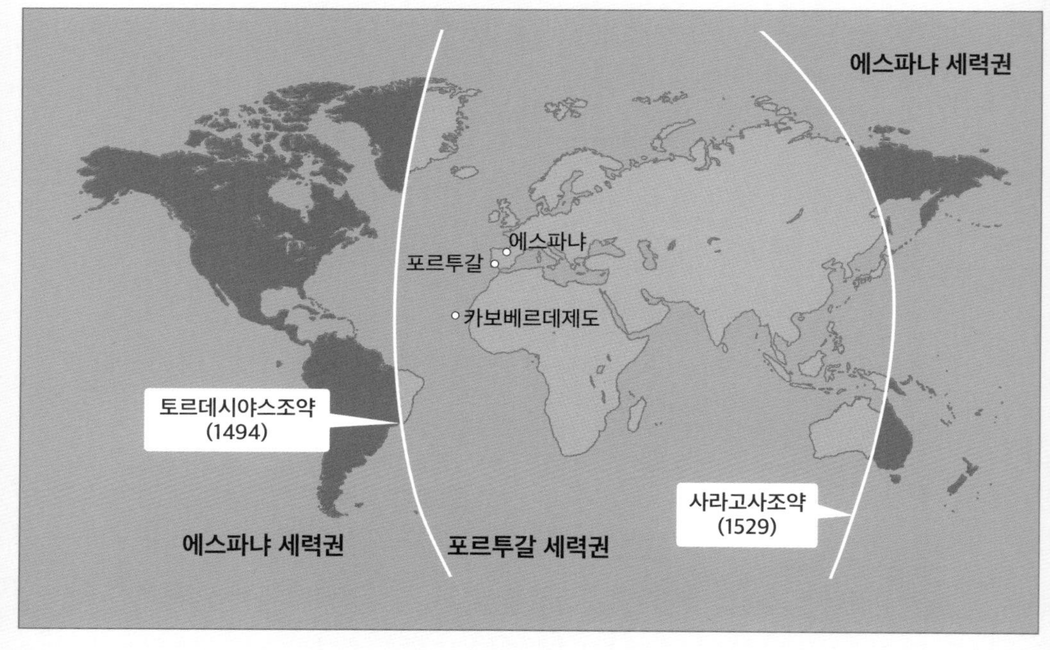

15~16세기 포르투갈과 에스파냐의 세계 영토 분할 체제

유럽의 대항해시대는 포르투갈과 에스파냐의 경쟁 관계에서 출발했다. 두 나라는 1494년 토르데시야스조약을 맺었으며, 35년 뒤에는 태평양에도 경계가 필요하다며 에스파냐의 사라고사에서 조약을 맺어 아시아 내의 영유권을 확인했다.

그야말로 제국주의적 발상 아닌가. 후추로 시작된 포르투갈과 에스파냐의 식민지 쟁탈전은 전 세계 사람들의 자주적 의사와 아무런 상관도 없이 세계를 두 개로 쪼개는 황당한 결과를 낳았다.

제1차 영란전쟁의 스헤베닝언 전투

1652~1784

◇ 네덜란드 동인도회사

◇ 영국 「항해조례」

Chapter 02

영란전쟁

주식회사의 출발로 촉발된 바다의 패권 다툼

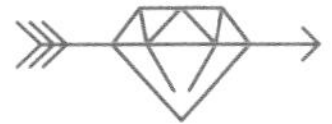

바다를 넘어서야 했던 유럽의 두 나라

유럽에는 바다와 떼려야 뗄 수 없는 인연을 가진 두 나라가 있다. 하나는 유럽을 대표하는 섬나라로 한때 세계를 제패했던 영국이다. 물론 지금도 유럽에는 몰타, 아이슬란드, 아일랜드, 키프로스 등의 섬나라들이 있지만 역사에서 차지하는 위상으로 볼 때 영국은 이들과 비교 대상이 아니다.

바다와 밀접한 연관이 있는 또 다른 나라는 네덜란드다. 네덜란드의 영문 표기는 Netherlands이지만 네덜란드어로 표기하면 Nederland, 즉 '낮은(neder) 땅(land)'이라는 뜻이 된다. 국호에서도 알 수 있듯이 네덜란드는 말 그대로 바다보다도 낮은 땅이었다. 네덜란드 국토의 26퍼센트가 해수면보다 낮다.

그런데 네덜란드인들은 바다를 댐으로 막은 뒤 바닷물을 퍼내고 지금의 육지로 개척했다. 현재 국토의 상당 부분이 이렇게 만들어진 땅이다. 참고로 이 나라의 도시에 '담'이라는 글자가 많은 것도 이 때문이다. 네덜란드 수도인 암스테르담(Amsterdam)이나 유럽 최대의 무역항 중 하나로 꼽히는 로테르담(Rotterdam)의 '담'이 우리가 알고 있는 그 댐

(dam)이다.

여담이지만 나이가 좀 있는 독자는 팔뚝으로 댐을 막아 네덜란드를 구한 용기 있는 소년에 대한 이야기를 들어 봤을 것이다. 오래전 초등학교 교과서에도 실렸던 그 이야기다.

추운 겨울날 심부름을 갔다가 돌아오던 소년은 댐에 구멍이 뚫려 물이 새는 것을 발견한다. 처음에는 손가락으로 구멍을 막았으나 구멍이 점점 커지자 주먹으로, 나중에는 팔뚝으로 막았다. 소년은 생명을 잃었지만 그의 고귀한 희생 덕에 마을 전체가 수몰될 위기를 넘겼다는 게 이야기의 줄거리다.

이 이야기가 실화인지는 아무도 알 수 없다. 사실 네덜란드인들 중 상당수는 온몸으로 제방을 막은 소년 영웅 이야기에 큰 관심이 없다. 그런데도 이 이야기가 전 세계적으로 유명해진 것은 미국 작가 메리 메이프스 도지Mary Mapes Dodge가 1865년에 발표한 소설 『한스 브링커, 또는 은스케이트』(Hans Brinker; or, The Silver Skates)에 짤막하게 실리면서부터다.

그런데 메리 도지는 네덜란드를 한 번도 방문한 적이 없는 인물이었다. 댐을 막은 소년의 이야기는 도지가 어디서 주워듣고 창작한 이야기라는 뜻이다. 심지어 우리나라뿐 아니라 여러 나라에서 이 소설의 주인공 한스 브링커가 댐을 막은 영웅으로 잘못 알려져 있는데, 한스는 소설 속에서도 이런 일을 하지 않는다. 소설 속 한스는 은스케이트가 상품으로 걸린 스케이트 대회에 출전하고 싶었던 꿈 많은 소년이었을 뿐이다.

아무튼 '바다보다 낮은 나라' 네덜란드는 이렇듯 바다와 관련된 수많은 이야기들을 품고 있다. 수백 년 동안 물을 퍼내고 땅을 메우며 바다와 치열한 전쟁을 치러 왔기 때문일 것이다. 섬나라 영국과 함께 바다와 떼려야 뗄 수 없는 관계였던 네덜란드는 17세기에 바다의 주인 자리를 놓고 영국과 한판 승부를 벌이게 된다.

최초의 주식회사, 네덜란드 동인도회사

네덜란드는 유럽의 그 어느 나라 못지않게 빠르게 바다의 중요성을 인식했다. 드넓은 국토를 가지지 못한 네덜란드인들에게 바다는 부를 축적할 유일한 기회였기 때문이다. 네덜란드인들이 일찍이 배를 타고 세계를 돌아다니며 무역 시장을 개척한 이유가 이것이었다. 17세기 초반까지 배를 만드는 조선업 분야에서 네덜란드는 유럽 최고의 기술을 자랑했다.

그런데 배를 타고 무역을 하는 것이 말처럼 쉬운 일은 아니다. 이들은 후추와 향신료를 찾아 실로 먼 거리를 배로 이동했는데, 이러다 보면 반드시 배가 통째로 돌아오지 못하는 일이 생긴다. 폭풍우를 만나거나, 해적을 만나거나 등의 이유로 말이다.

그래서 유럽인들이 생각한 방법이 주식회사를 설립하는 것이었다. 선주(船主) 한 사람이 배를 만들어 무역을 하면, 성공했을 때 돌아오는 몫은 크지만 실패했을 때 입는 타격도 상상을 초월한다. 이 위험을 줄이기 위해 사업을 주도하는 이가 사업을 함께할 투자자, 즉 주주들을 모집한다. 이들이 공동으로 설립한 회사가 바로 주식회사다.

주식회사는 누군가 혼자 사업 밑천을 다 내는 것이 아니라 주주들에게 골고루 돈을 투자받아 공동 사업 형태로 무역을 진행한다. 이렇게 하면 배가 돌아오지 않아도 손실을 주주들과 나눌 수 있다. 물론 무역에 성공하면 그 과실 또한 주주들과 나눠 가져야 한다.

이런 형태로 설립된 최초의 회사가 네덜란드 동인도회사다(정식 명칭은 Vereenigde Oost-Indische Compagnie, 즉 '연합 동인도회사'). 물론 우리에게 많이 알려진 동인도회사는 네덜란드의 것이 아니라 영국의 것이다. 그리고 기록상으로도 영국 동인도회사(1600년 설립)가 네덜란드 동인도회사(1602년 설립)보다 먼저 설립됐다.

하지만 영국 동인도회사는 설립 시기만 빨랐을 뿐, 출발 당시에는 모든 면에서 네덜란드 동인도회사보다 조금씩 뒤처졌다. 특히 영국 동인도회사의 설립 형태는 느슨한 상인들의 연합체였을 뿐 정식 주식회사가 아니었다. 반면에 네덜란드 동인도회사는 설립 당시부터 주주들을 모아 거의 완벽한 주식회사 형태로 출범했다. 주주들의 권리를 확인하기 위해 실제 종이로 된 주식을 최초로 발행한 회사도 이곳이었다.

그렇다면 이 동인도회사에서 하는 일이 무엇이었을까? 1장에서도 서술했듯이 당시 유럽인들은 후추 같은 향신료에 열광했다. 그래서 유럽인들이 인도 및 동남아시아와 독점 무역을 하기 위해 세운 것이 동인도회사다(영국과 네덜란드 외에 포르투갈과 프랑스, 스웨덴 등도 동인도회사를 설립했다).

동인도회사는 오늘날의 회사와는 다르게 재량권이 상당히 컸다. 정부로부터 권한을 부여받아 자신들이 진출한 땅에서 치안권과 군사권을 빠르게 장악했다. 심지어 동인도회사의 대표가 그 지역의 식민지 총

바타비아의 네덜란드 동인도회사 정착지

현재 인도네시아 자바섬 자카르타의 북부에 해당하는 바타비아는 네덜란드 동인도회사의 무역 거점이었다. 1619년 네덜란드 상관(商館)이 건설된 이후 정향, 육두구, 계피와 같은 고급 향신료 무역의 중심 역할을 했다.

독을 겸하는 경우도 있었다. 어느 나라건 총을 든 자들이 그 세상을 지배하는 법이다. 동인도회사는 이름만 무역 회사였을 뿐 사실상 식민지 지배 기구였던 셈이다.

참고로 못된 짓 빨리 배우기로는 누구에게도 뒤처지지 않는 일본도 이와 비슷한 형태의 회사를 설립한 적이 있다. 1908년 조선 땅에 설립한 동양척식주식회사(東洋拓殖株式會社)가 그것이다. 일제는 이 회사 외에도 만주척식공사(滿洲拓殖公社)와 대만척식주식회사(臺灣拓殖株式會社) 등을 설립해 조선을 비롯한 아시아 지역의 착취에 나선 바 있다.

무역은 제로섬 게임이다?

해상 지배권을 놓고 벌어졌던 영국과 네덜란드의 전쟁을 들여다보기 전에 또 한 가지 살펴야 할 것이 있다. 이 사태의 배경을 파악하기 위해서는 무역에 관한 경제학적 관점에 대한 이해가 필요하다.

무역에 대한 경제학의 관점은 크게 두 가지로 나뉜다. 하나는 자유무역 사상이고, 다른 하나는 보호무역 사상이다. 이 두 이론에 대해서는 다음 장에서 보다 자세히 살펴볼 예정인데, 이번 장에서는 두 사상의 철학적 차이를 먼저 짚어 보기로 한다.

보호무역을 지지하는 경제 이론을 보통 중상주의(重商主義)라고 부른다. 중상주의자들은 무역을 제로섬 게임(zero-sum game)으로 여긴다. 반면에 자유무역주의자들은 무역을 포지티브섬 게임(positive-sum game)으로 본다.

제로섬 게임이란 게임 참가자들이 얻는 이익의 총합이 항상 제로인 상황을 뜻한다. 이 말은 누군가가 10원의 이익을 얻으면 반드시 누군가는 10원의 손실을 입는다는 뜻이다.

반면, 포지티브섬 게임은 게임 참가자들이 모두 이익을 얻는 상황을 뜻한다. 누군가가 10원의 이익을 얻었다고 다른 누군가가 꼭 10원의 손실을 입을 필요가 없고, 그 다른 누군가도 이익을 챙길 수 있다고 생각하는 것이다.

이 차이는 매우 중요하다. 무역을 제로섬 게임으로 본다면 우리와 무역을 하는 나라는 반드시 우리의 적이 될 수밖에 없다. 내가 이익을 얻으면 그들은 손해를 보고, 반대로 그들이 이익을 얻으면 내가 손해를 보기 때문이다.

중상주의는 역사적으로 16~18세기 유럽을 지배했던 경제사상이다. 당시 중상주의자들이 무역을 제로섬 게임으로 본 이유는 한 나라의 국부(國富)를 그 나라가 보유한 금과 은의 양에 비례한다고 생각했기 때문이다. 총량이 한정된 금과 은을 더 많이 차지하지 못하면 상대에게 뺏긴다고 여긴 것이다. 중상주의자의 사고방식으로는 금과 은이 많은 나라가 강한 나라였다는 이야기다. 이 이론에 따르면 국가는 무슨 수를 써서라도 수출을 늘리고 수입을 줄여야 한다. 그래야 당시 화폐로 쓰이던 금과 은을 더 모을 수 있기 때문이다. 만약 금과 은이 부족해진다면 이들은 상대를 약탈해서라도 금과 은을 더 많이 챙겨야 한다고 믿었다.

문제는 영란전쟁(Anglo-Dutch Wars, 1652~1784)이 발발한 17세기, 영국의 통치자 올리버 크롬웰Oliver Cromwell(잉글랜드공화국 초대 호국경, 재임 1653~1658)이 강력한 중상주의 지지자였다는 데 있다. 크롬웰은 중상주의 지지자답게 내부적으로는 금욕주의를, 외부적으로는 군사주의를 바탕으로 국가를 통제했다.

중상주의 철학을 가진 국가에서 낭비와 사치는 허용되지 않는다. 국가가 보유해야 할 금과 은을 소비하기 때문이다. 또 중상주의 국가에서 강력한 군사력은 필수적이다. 때에 따라서는 상대 국가를 무력으로 정벌해 금과 은을 확보해야 하기 때문이다.

네 차례의 전쟁과 바다의 지배자

이런 철학을 가진 크롬웰이 당시 바다를 이용해 활발한 무역을 벌이던 네덜란드를 눈엣가시로 여긴 것은 어찌 보면 당연했다. 당시 네덜란드는 자타가 공인하는 중개무역의 최강자였다.

풍부한 지하자원도, 넓은 영토도 갖지 못했던 네덜란드는 일찍이 바다로 진출하는 것만이 살길이라는 사실을 알고 있었다. 그들은 발달한 선박 제조술과 항해술을 바탕으로 이 나라 물건을 저 나라에 파는 중간상인 역할을 통해 막대한 이익을 챙겼다. 네덜란드의 항해술이 워낙 발달한 탓에 영국은 자신들의 식민지 국가와 무역을 할 때에도 네덜란드 상선을 이용해야 했다. 식민지 착취의 이익을 네덜란드와 공유하게 된 셈이다.

1651년 크롬웰이 마침내 칼을 빼 들었다. 영란전쟁의 직접적인 원인으로 지목되는 「항해조례」(Navigation Acts)를 발표한 것이다. 이 조례의 주요 내용은 다음과 같다.

- 유럽 이외의 지역에서 생산된 물건을 영국, 혹은 영국의 식민지에 들여올 때는 오직 영국 배를 이용해야 한다.
- 그 배에는 영국인(식민지 주민 포함) 선원이 최소 절반 이상 포함되어야 한다.

「항해조례」는 1660년, 1663년을 거치며 점점 촘촘해진다. 영국인 선원 의무 비율이 4분의 3 이상으로 강화되었고, 몇몇 상품에 대한 규제까지 생겨났다. 그 내용은 다음과 같다.

- 담배, 설탕, 직물 등 식민지에서 생산되는 특정 품목은 영국이나 영국령 식민지에만 팔 수 있다.
- 유럽 대륙에서 영국 식민지로 향하는 모든 상품은 먼저 영국을 거쳐야 하며, 영국의 관세 부과 대상이다.

이 여러 조항을 한 문장으로 요약하자면 "중개무역을 하는 네덜란드는 엿 먹으세요!"라는 것이다. 네덜란드의 번영을 극도로 시샘한 영국은 꼬투리란 꼬투리는 모조리 잡아 네덜란드의 무역에 훼방을 놓았다. 당시 영국은 엘리자베스 1세Elizabeth I(재위 1558~1603)의 통치 이후 아시아, 아프리카, 북아메리카에 이르는 방대한 지역에서 식민지를 구축했다. 특히 북아메리카 지역에서 생산됐던 담배와 아프리카 및 카리브해 지역에서 생산됐던 설탕은 영국 무역의 핵심 상품이었다. 그런데 이런 고수익 상품을 사고팔 수 있는 권한을 오로지 영국 선박에만 주고, 설탕과 담배는 아예 유럽 다른 나라로 팔지도 못하게 했으니 중개무역

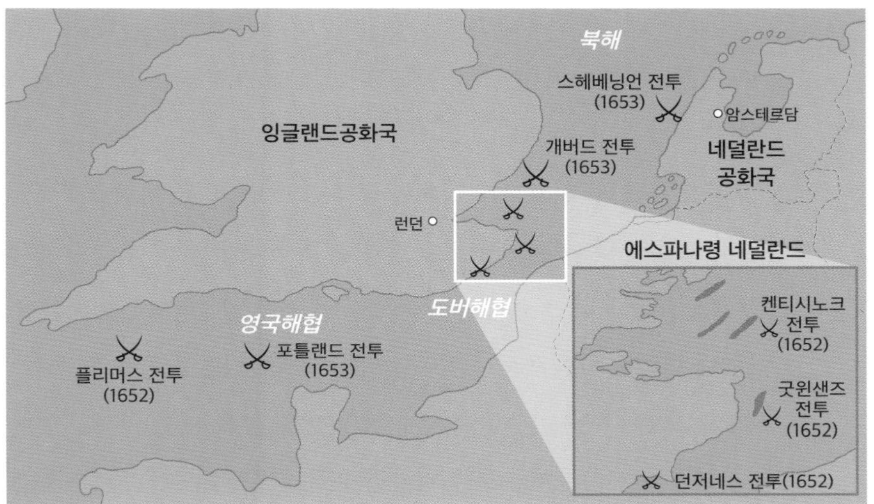

제1차 영란전쟁의 주요 전투

네덜란드의 해상 교통로는 도버해협을 지나거나 스코틀랜드 북단으로 돌아가는 길 둘뿐이었는데, 모두 영국 해군의 공격에 고스란히 노출되는 코스였다. 제1차 영란전쟁의 주요 전투는 영국해협 인근과 북해에서 벌어졌다.

의 강자 네덜란드는 이를 도저히 받아들일 수 없었다.

1652년 영국 함대가 「항해조례」를 지키지 않은 네덜란드 상선을 나포하면서 두 나라 사이의 긴장이 고조됐고, 급기야 그해 제1차 영란전쟁(1652~1654)이 시작됐다. 이후 두 나라는 제2차(1665~1667), 제3차(1672~1674), 제4차(1780~1784) 등 17~18세기에만 모두 네 차례 전쟁을 벌인다.[2]

제3차 전쟁까지는 승패를 가늠하기가 쉽지 않았다. 이 전쟁은 바다

[2] 이 가운데 22년에 걸쳐 집중적으로 전투가 벌어진 제1~3차 전쟁을 실질적인 영란전쟁으로 보고, 한 세기 뒤에 발발한 제4차 전쟁은 번외편에 가깝다고 생각하면 된다.

곳곳에서 벌어진 해상 전투였다. 어떤 전투에서는 영국이 우세했지만, 어떤 전투에서는 네덜란드가 우세했다. 그만큼 두 나라의 해상 전력은 팽팽했다.

하지만 제3차 전쟁 이후 상황은 점차 영국에 유리한 방향으로 흘러갔다. 엄청난 식민지를 바탕으로 경제적·군사적 발전을 거듭하던 영국은 세계 최강대국으로 발돋움 중이었다. 반면에 네덜란드는 영국의 경제력에 대적할 기반을 서서히 잃어 갔다. 제3차 영란전쟁 이후 뉴암스테르담(오늘날 뉴욕)을 영국에 양도한 탓에 북아메리카 지역의 거점이 사라졌고, 영국의 압박으로 예전처럼 유럽과 아시아에서 무역을 독점할 수 없게 됐다.

게다가 이웃 프랑스와의 잦은 갈등으로 네덜란드의 국력은 점차 쇠퇴해 갔다. 16~17세기 '바다의 왕좌' 자리를 굳건히 지키며 전 세계를 호령하던 네덜란드는 18세기 들어 이웃 프랑스에조차 해군 전력에서 밀리는 처지로 전락한다.

결국 이 전쟁은 제4차에서 승패가 갈린다. 1784년 5월 네덜란드는 굴욕적인 항복을 선언했고, 영국의 최종 승리로 전쟁은 막을 내렸다. 이후 패전국 네덜란드는 몰락했고 새로운 바다의 지배자 영국은 제국주의적 침탈을 바탕으로 대영제국의 기틀을 닦았다.

영란전쟁은 오로지 무역이라는 이슈만으로 벌어졌던 세계 최초의 전쟁으로 꼽힌다. 말하자면 이 전쟁이 무역 전쟁의 시발점인 셈이다. 여기에는 묘한 경제학적 아이러니 하나가 숨어 있다. 전쟁이 발발한 이유인 크롬웰의 항해조례는 중상주의 철학을 기반으로 한 영국의 보호무역 정책이다. 그런데 중개무역의 강자 네덜란드는 영국과 달리 자유무역의 지지자였다. 두 나라가 충돌한 근본적 이유가 바로 이것이다.

그런데 네덜란드와의 싸움에서 승리를 거두고 바다의 지배자가 된 영국은 이후 열렬한 자유무역의 수호자가 된다. 다음 장에서 자세히 살펴보겠지만, 당시에는 그게 영국에 더 이익이었기 때문이다. 즉 영국은 때에 따라 보호무역과 자유무역을 자국의 이익에 맞게 제멋대로 사용했다는 뜻이다. 이현령비현령(耳懸鈴鼻懸鈴), 그러니까 '귀에 걸면 귀걸이, 코에 걸면 코걸이'로 경제학이 사용된 셈이다.

물론 역사적으로 많은 나라가 자국의 이익을 극대화하는 데 몰두해 왔기 때문에 영국의 이런 태세 전환을 비난할 수만은 없다. 하지만 문제는 자유무역의 수호자로 변신한 영국이 "자유무역은 우리만의 이익을 위한 것이에요."라고 솔직히 말하는 대신 "자유무역은 선진국인 영국과 후진국인 식민지 모두를 위한 것이에요."라고 뻥(!)을 치고 다녔다는 데 있었다. 영국의 이중성, 나아가 영국에서 발전한 경제학의 위선은 자유무역이라는 이름 아래 선진국들의 식민지 착취를 정당화하는 이론적 토대를 제공했다.

1806~1814

◇ 트라팔가르해전
◇ 나폴레옹의 베를린칙령

1810년 영국 밀수품을 불태우는 나폴레옹의 세관원

Chapter 03

대륙봉쇄령

나폴레옹, 자유무역을 봉쇄하다

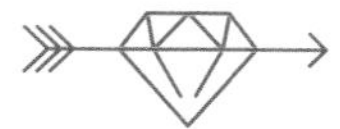

분업은 일단 효율적이다

"만약 영국으로부터 철도 레일을 수입하면 우리는 철도 레일은 얻어도 돈을 잃게 된다. 하지만 생각해 보라. 직접 철도 레일을 만들면 우리는 철도 레일도 얻고 돈도 지킬 수 있다."

미국이 대륙횡단철도를 건설할 당시 에이브러햄 링컨Abraham Lincoln(미국 제16대 대통령, 재임 1861~1865)이 주위 참모들에게 했다는 말이다. 어떤가? 그럴싸한가?

이 말이 그럴듯하게 들린다면 질문을 바꿔 보자. 지금 여러분은 햄버거가 먹고 싶다. 그런데 맥도날드에서 햄버거를 사 먹으면 여러분은 햄버거를 얻지만, 돈을 잃게 된다. 하지만 직접 햄버거를 만든다면 여러분은 햄버거도 얻고 돈도 지킬 수 있다. 이제 햄버거를 만들어 먹으면 어떨까?

햄버거 패티를 만들기 위해서는 소고기를 사야 한다. 그런데 정육점에서 소고기를 사면 여러분은 소고기를 얻지만, 돈을 잃는다. 반면에 직접 소를 키우고 도축하면 여러분은 소고기도 얻고 돈도 지킬 수 있다. 그러면 지금부터 소도 직접 키워야 한다. 같은 논리로 양파와 토마토 모두 여러분이 직접 재배하는 것이 유리하다. 케첩과 마요네즈도 마찬가지다. 젠장, 햄버거 하나 먹기 위해서 해야 할 일이 이렇게 많다니. 이래서 햄버거나 제대로 먹을 수 있겠는가?

이쯤 되면 링컨의 말에 뭔가 오류가 있다는 사실을 알아챌 수 있다. 링컨의 이야기는 분업의 효율성을 전혀 이해하지 못한 상태에서 나온 무식한 발언이다. 인간 사회는 너무나 복잡하기 때문에 혼자서 모든 일을 완수할 수 없다. 일은 나눠서 할 때 훨씬 효율적이다.

무역도 마찬가지다. 내 나라에서 전부 만들어 낼 생각을 한다면 분업의 효율성을 포기해야 한다. 국가 사이에도 분업이 필요하다는 논리, 이것이 바로 200년 이상 주류 경제학을 지탱한 자유무역의 기본 원칙이다.

자유무역에 반기를 든 나폴레옹

물론 자유무역 이론에도 약점은 존재한다. 분업을 기초로 한 자유무역 이론은 '선진국은 잘 만들 수 있는 공산품을 집중적으로 생산하고, 후진국은 농산품이나 지하자원 수출에 집중하라'는 논리로 귀결되기 때문이다. 한 나라에서 모든 일을 하는 것은 너무 비효율적이니, 각자 잘하는 일에 집중하고 무역으로 상품을 교환하면 훨씬 효율적이라는 주장이다.

그런데 이런 식으로 무역을 한다면 선진국은 부가가치가 높은 공산품만 만들고, 후진국은 부가가치가 낮은 농업이나 광업에 의지해야 한다. 효율적이라는 이유로 이 시스템을 방치하면 후진국은 공업화를 통해 선진국 대열에 오를 기회를 영원히 잃는다.

자유무역을 열렬히 옹호한 경제학자 애덤 스미스Adam Smith나 데이비드 리카도David Ricardo 모두 영국 출신인 것도 그런 사정과 무관하지 않다. 두 사람이 자유무역 이론을 발표했을 당시인 18~19세기에 산업혁명의 근원지였던 영국은 세계에서 가장 공업이 발달한 나라였다.

게다가 영국은 막대한 식민지를 보유하고 있었다. 영국은 스미스와 리카도의 이론을 바탕으로 "인도가 차와 사탕수수를 재배한 뒤 영국의 공산품과 교환하면 인도에도 이익이다."라는 주장을 펼쳤다. 하지만 이런 불평등한 무역은 결국 영국에만 막대한 이익을 안겼다. 게다가 공업이 낙후된 후진국은 계속 농업에만 매달려야 했기 때문에 선진국으로 도약할 기회조차 얻지 못했다.

영국이 산업혁명으로 공업 강국의 길을 개척한 19세기, 프랑스에서는 나폴레옹 1세Napoléon I(프랑스 제1제국 초대 황제, 재위 1804~1814·1815)라는 걸출한 군사 지휘관이 정권을 장악했다. 유럽 대륙의 지배자가 된 프랑스와 막강한 경제력을 바탕으로 한 해상무역의 강자 영국은 유럽의 주도권을 놓고 한판 승부를 벌일 수밖에 없는 운명이었다.

이 둘은 1805년 지브롤터해협 북서쪽 트라팔가르곶 앞바다에서 운명을 건 일전을 벌였다(트라팔가르해전). 프랑스는 바다에서 영국에 연전연패 중이었지만, 한때 무적함대 '아르마다 인벤시블레'(Armada Invencible)를 이끌던 에스파냐와 연합해 자신 있게 전투에 나섰다. 그러나 이 싸움에서도 프랑스-에스파냐 연합함대는 명장 허레이쇼 넬슨Horatio Nelson 제독의 영국 함대에 참패하고 말았다.

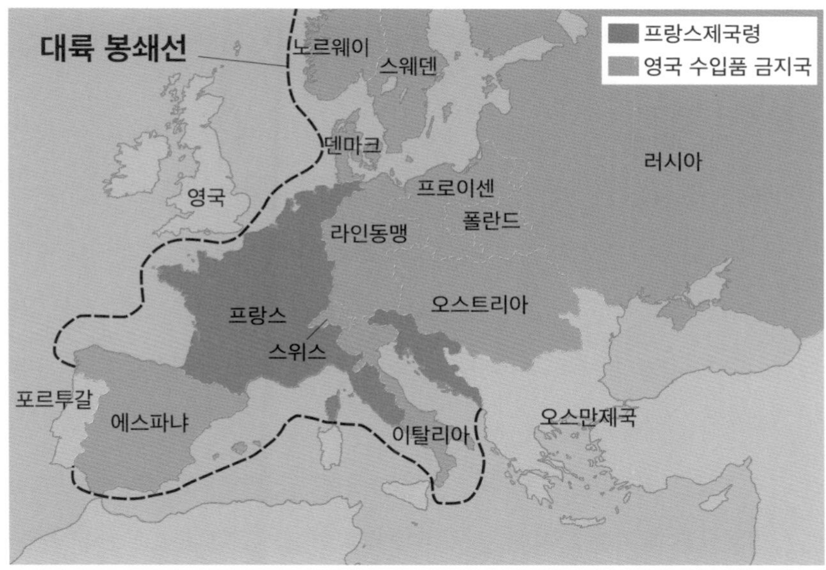

영국 수입품 금지국

나폴레옹은 영국을 경제적으로 붕괴시키기 위해 자신이 지배하던 유럽의 모든 나라에 대륙봉쇄령을 내렸다. 또한 러시아도 프랑스의 조치에 응하지 않으면 침략하겠다고 위협했다.

분통이 터진 나폴레옹은 이에 대한 보복 조치로 대륙봉쇄령(Continental System)을 들고나왔다. 1806년 나폴레옹이 베를린 점령 후 "유럽 대륙에서 프랑스와 동맹을 맺은 모든 국가는 즉각 영국과 무역을 중지해야 한다."라고 칙령을 내린 것이다. 이를 베를린칙령이라 하는데, 경제적으로 영국을 고립시켜 트라팔가르해전에서 당한 패전의 치욕을 앙갚음하려는 의도였다.

경제학에서는 이처럼 상대국과 무역을 단절하는 사상을 보호무역주의라고 부른다. 영국이 주도한 자유무역주의에 대항하는 보호무역주의의 반격이 드디어 시작됐다!

프리드리히 리스트의 보호무역 옹호론

비슷한 시기 보호무역주의에 적극적인 지지를 보낸 독일의 경제학자가 있었다. '보호무역의 옹호자'로 불리는 프리드리히 리스트Friedrich List가 그 주인공이다. 리스트는 "자유무역을 받아들이면 프랑스와 에스파냐, 포르투갈은 최고급 포도주를 생산해서 영국인들에게 내주고, 자기들은 저질 포도주나 마시는 운명을 맞이할 것이다."라는 말로 자유무역을 저주했다.

리스트가 살던 시절, 독일은 유럽에서 가장 가난한 농업 국가였다. 리스트는 후진국 독일이 공업이 발달한 영국과 자유무역을 하는 것은 자살행위라고 확신했다. 그래서 그는 영국에서 수입되는 물품에 어마어마한 세금을 물려야 한다고 주장했다.

물론 극단적인 보호무역을 펼치면 효율성이 낮아져서 국민들이 고통을 겪는다. 내가 직접 양파도 재배하고, 토마토도 키우고, 소도 길러서 햄버거를 만드는 일이 얼마나 비효율적인지 생각해 보면 이해가 쉬울 테다. 하지만 그런 이유로 자유무역을 용인하면 후진국은 영원히 선진국이 되지 못한다. 진정한 공업 강국으로 가기 위해서는 그 어려움을 인내해야 한다. 리스트가 그의 저서 『정치경제학의 민족적 체계』(Das nationale System der politischen Ökonomie, 1841)에 남긴 말을 살펴보자.

> 보호관세를 실시하면 초기에는 저렴한 수입 제품을 사용할 수 없어 그 제품의 가격이 오르는 것은 사실이다. 하지만 시간이 흐르면서 그 나라가 온전히 제조업 역량을 향상시킨다면 나중에는 외국

> 에서 수입하는 것보다 더 싼 비용으로 국내에서 그 물건을 생산할 때가 올 것이다. 초창기 보호관세로 손실을 입긴 하지만 그 민족이 스스로 미래를 개척하며 전쟁에 대비한 산업적 독립성을 키우는 것은 초창기 손해를 감당할 만한 충분한 보상이라는 이야기다. 게다가 산업적 독립성을 갖추면 그 민족은 이를 기반으로 내부적 번영을 이뤄 내고 문명을 증진하며, 국내 제도를 완성하고 세력을 대외적으로 강화할 수 있다.
>
> — 프리드리히 리스트, 『정치경제학의 민족적 체계』, 제12장 '생산 역량의 이론과 가치 이론' 중에서(직접 번역)

사실 보호무역이 비효율적이긴 해도 "자유무역이 후진국을 선진국에 예속시킨다."라는 그의 주장은 현실 세계에서 매우 큰 설득력을 갖는다. 실제로 자유무역 체제에서 아프리카와 동남아시아의 수많은 개발도상국들이 수십 년 동안 빈곤에서 벗어나지 못했기 때문이다.

개발도상국의 마트에 가 보면 치약은 대부분 콜게이트 등 선진국 회사 제품만 판매하고 있다. 그 나라에 치약 만드는 산업이 발달해 있지 않기 때문이다. 그런데 정말 치약 하나 만들 기술이 없을까? 그렇지 않다. 만들려면 그깟 치약, 어떻게든 만들어 낼 수 있다. 문제는 개발도상국들이 어떻게든 자국의 힘으로 치약을 만들려고 했을 때 시작된다. 기술력이 떨어지다 보니 개발도상국의 치약은 품질도 떨어지고 가격도 비싸다. 이때 콜게이트 같은 선진국 기업들이 싼 가격에 질 좋은 치약을 대거 시장에 팔겠다고 내놓는다. 이러면 당연히 소비자들은 싸고 품질 좋은 콜게이트만 사용한다. 개발도상국의 치약 산업은 단번에 붕괴된다.

이것을 막을 유일한 방법은 선진국 치약의 수입을 아예 금지하거나, 어마어마한 세금을 물려 선진국 치약 가격을 비싸게 만드는 것이다. 하지만 자유무역 체제에서 이런 일은 불가능하다. 자유무역이 세계를 지배하는 한, 개발도상국은 자체적으로 공업을 발전시킬 기회를 갖지 못한다. 아프리카와 동남아시아의 수많은 개발도상국이 공업화의 길을 걷지 못한 근본적인 이유가 이것이다.

공업이 발달한 선진국은 이것을 효율이라고 부른다. 하지만 그것은 효율을 가장한 착취일 뿐이다. 리스트는 바로 이런 선진국의 횡포에 격분한 애국적 경제학자였다.

물론 리스트의 사상이 자원 활용의 효율성 면에서 떨어지는 것은 사실이다. 하지만 리스트가 자유무역을 완전히 반대한 것은 아니다. 아니, 오히려 그가 추구하는 궁극적인 목표는 자유무역이었다. 단지 19세기 초 독일의 경제 수준이 영국과 동등한 입장에서 자유무역을 시행할 단계가 아니라고 판단했기 때문에 보호무역을 주장한 것이다. 그는 보호무역을 기반으로 독일이 공업 강국이 되면, 그때부터 자유무역을 받아들여야 한다는 주장을 펼친다. 산업 발전 단계마다 필요한 무역정책이 다르다는 것이다.

하지만 선진국 대열에 오르는 게 어디 쉬운 일인가. 만년 후진국 신세를 면치 못하는 나라 입장에서는 막 선진국 자리에 오른 국가가 주장하고 나서는 '자유무역'이 달갑게 들릴 리 없다. 보호무역 정책을 취할 때는 언제고, 이제 와서 후진국더러 모든 빗장을 풀라고 하는 꼴이니 말이다. 개구리 올챙이 적 생각을 이렇게 못한다.

호혜와 평등, 상생을 기반으로 한 자유무역

나폴레옹의 대륙봉쇄령은 어떤 결과를 낳았을까? 결론적으로 이 조치는 양쪽 모두에 경제적 타격을 안겼다. 하지만 영국에 비해 대륙의 국가들이 겪는 고통이 조금 더 컸다. 그 당시 영국은 발달한 기술을 바탕으로 다양한 공산품을 만들어 유럽 대륙에 수출했다. 반면에 산업이 낙후된 유럽 대륙은 주로 농산물을 영국에 팔았다.

무역이 중단되자 영국산 제품을 쓸 기회를 잃은 유럽인들의 불만이 고조됐다. 그들의 일상생활에 막대한 지장이 생겼다. 리스트는 후진국이 이 불편을 이겨 내고 스스로 발전할 것이라 믿었지만, 슬프게도 그러기엔 국민들이 겪는 고통이 너무 컸다. 공산품 수출로 큰돈을 벌던 영국도 나름의 경제적 타격을 입었다. 특히 다른 나라로부터 식량 수입이 금지되면서 곡물 가격이 급등해 평범한 영국인들은 당장 끼니를 걱정하는 처지가 됐다.

물론 긍정적인(?) 측면이 아예 없지는 않았다. 대륙봉쇄령이 8년 동안 지속되면서 경제적으로 영국에 뒤처졌던 대륙의 국가들이 자국의 산업을 키울 시간을 어느 정도 번 것이다. 특히 면직물을 비롯한 몇몇 산업에서 유럽 대륙은 영국과의 격차를 어느 정도 줄이는 성과를 올렸다.

하지만 양쪽 모두에 큰 고통을 안겨 준 탓에 나폴레옹의 대륙봉쇄령은 유럽에서 지독히 인기가 없었다. 스웨덴은 아예 공식적으로 대륙봉쇄령을 거부했다. 이를 가만히 두고 볼 리 없는 나폴레옹은 결국 스웨덴을 침공했다. 전체적으로 볼 때 1806년 이후 유럽 대륙에서 발생한 전쟁 대부분은 나폴레옹이 대륙봉쇄령에 반대하는 국가들을 제압

대륙봉쇄령을 풍자한 그림

나폴레옹은 대륙봉쇄령을 선포해 영국을 고립시키려 했지만, 이는 프랑스에 광범위한 식량 부족과 경기 침체를 야기했다. 그림은 평범한 영국인의 상징인 존 불John Bull(왼쪽)이 프랑스의 사정에 고소해하는 모습이다.

하기 위해 벌인 것이다.

여기에 경제학의 딜레마가 있다. 분업을 기반으로 한 자유무역은 경제의 효율성을 높인다. 하지만 선진국과 후발 주자 사이의 격차가 커지거나 고착화된다는 단점이 있다. 그렇다고 해서 선진국의 횡포를 막기 위해 보호무역을 선택하면, 분업으로 얻는 막대한 효율성을 포기해야 한다.

그렇다면 어떻게 해야 할까? 보호무역이 옳으냐, 자유무역이 옳으냐의 문제는 경제학 역사에서 가장 뜨거운 주제 가운데 하나이기도 하다. 이 책 2부에서 다룰 「스무트-홀리 관세법」 논쟁이나 한일 무역 분쟁, 미중 무역 분쟁 등 수많은 무역 분쟁 과정에서도 이 문제는 늘 중심에 서 있었다. 그래서 이참에 보호무역이 옳은가, 자유무역이 옳은가에 대한 나름의 생각을 정리해 보고자 한다. 우선 역사적으로 벌어진 여러 사례들을 통해 확인할 수 있는 몇 가지 사실들이 있다.

첫째, 자유무역이 보호무역에 비해 월등히 효율적이다. 이는 분업이 자원 배분에 효율적이라는 점, 그리고 이 효율성 덕에 중세 봉건사회가 무너지고 현대 자본주의사회가 출발했다는 사실만으로도 충분히 입증이 가능하다.

둘째, 하지만 자유무역은 압도적으로 선진국에 유리하다. 근본적으로 자유무역은 선진국이 고부가가치 산업을 독점하게 만들고, 개발도상국은 저부가가치 산업에 치중하도록 강제하기 때문이다.

셋째, 이런 이유로 강대국의 보호무역 정책은 대부분 실패로 돌아간다. 원론적으로 선진국에 유리한 자유무역을 강대국이 포기할 이유가 없는데, 역사에서는 가끔 이런 멍청한 짓(!)을 하는 강대국이 등장한다. 대부분 정치적 이유 때문이다. 그런데 이런 정치적 의도로 강대국이 자신의 강점인 자유무역을 포기하는 경우, 결과는 강대국에 매우 안 좋은 방향으로 흐른다.

넷째, 이건 좀 별개의 문제인데, 자유무역은 종종 특정 국가의 주권을 심각하게 침해한다. 특히 식량문제가 걸려 있을 때 그렇다. 자유무역은 '잘하는 분야에만 집중한 뒤 모자라는 것은 외국으로부터 수입한다'는 생각을 기본 철학으로 한다. 따라서 농업에 강점을 갖고 있지 않은 나라는 농업을 포기하고, 대부분의 농산물을 외국에서 수입하는 것이 원칙이다. 하지만 이렇게 하다 보면 식량 주권이 심각하게 훼손된다는 문제가 있다.

식량 주권이라는 말에서도 알 수 있듯이 식량은 그 국가의 주권이나 다름없다. 자국에서 필요로 하는 식량을 안정적으로 확보하는 일은 국민들의 생사가 걸린 문제다. 만에 하나 식량 부족 사태가 벌어지면 그 나라는 단번에 붕괴한다. 아무리 휴대폰을 잘 만들어도, 비상시에 휴대폰을 끓여 먹을 수는 없는 노릇 아닌가.

"자유무역 체제에서는 식량을 마음껏 외국에서 수입할 수 있는데 뭐가 문제냐?"라는 반론은 안이하다. 시장이라는 것은 국제 정세나 정치적 이유로 얼마든지 폐쇄될 수 있기 때문이다.

예를 들어 우리가 식량을 중국에서 전량 수입한다고 가정했을 때, 중국과 분쟁이라도 벌어지면 어떤 일이 생길까? 중국이 "아무리 한국과 감정이 상했어도, 자유무역 체제이니만큼 식량은 한국에 계속 수출할게요." 이럴 리가 없는 거다.

그래서 자유무역 체제 아래서도 대부분의 선진국은 농업을 절대 포기하지 않는다. 고부가가치 산업에 집중하면서도 식량 주권만은 놓지 않는 것이다. 미국과 유럽 열강 대부분이 공업 강국이면서 동시에 농업 강국인 이유가 여기에 있다. 많은 미래학자들이 "미래의 전쟁은 식량 전쟁이 될 것이다."라고 예언하는 판에 자유무역이라는 이유로 농업을 포기하는 것은 실로 위험한 도박이라는 이야기다.

이런 사실들을 바탕으로 다시 정리를 해 보자. 나는 전 세계가 자유롭게 무역을 하되, 호혜와 평등의 정신에 입각해서 상생의 자유무역을 하는 방법이 정답이라고 믿는다.

무슨 말이냐 하면, 기존의 자유무역은 말만 자유무역이지 실상은 착취의 과정이었다는 이야기다. 진정한 자유무역이라면 상품과 서비스뿐 아니라 기술도 자유롭게 이전돼야 한다. 그래야 '선진국은 고부가가치 산업, 개발도상국은 저부가가치 산업'이라는 자유무역 체제의 불평등을 없앨 수 있다.

하지만 현실에서 자유무역은 선진국이 만든 고부가가치 상품을 자유롭게 (혹은 비싸게) 팔 선진국만의 권리를 뜻했다. 그들은 기술을 절대로 개발도상국에 전해 주지 않았다. 특허 등을 통해 개발도상국이 기술을 개발할 기회마저 원천적으로 차단했다.

이 문제는 절대 간단한 게 아니다. 왜냐하면 자유무역이라는 이름 아래 선진국의 착취가 계속된다면 개발도상국들은 자유무역 자체에 반기를 들 것이기 때문이다. 당장은 선진국의 힘으로 약소국의 분노를 억누를 수 있을지 모르지만, 결국 그 원한이 쌓이면 언젠가 큰 전쟁이 벌어진다. 이러면 효율적인 자유무역 시스템 자체가 붕괴되는 결과를 가져온다. 이는 절대 과장이 아니다. 17세기에 영국이 보호무역의 기치를 높이 들며 중개무역으로 잘나가던 네덜란드에 제동을 걸었던 것을 생각해 보라. 결국 두 나라는 전쟁까지 벌였다(2장에서 자세히 설명했다).

남을 착취하는 자유무역도, 남의 숨통을 막으면서 자국의 산업을 보호하려는 보호무역도 정답은 아니다. 서로를 죽이지 않는 자유무역, 호혜와 평등을 기반으로 한 상생의 자유무역만이 불필요한 분쟁을 막고 분업의 효율을 높이는 유일한 길이다.

1861~1865

Chapter 04

◇ 7년전쟁

◇ 「설탕법」 및 「인지세법」

◇ 보스턴 차 사건

1766년 「인지세법」 폐지

미국 독립전쟁

"대표 없이 과세 없다", 인지세가 촉발한 전쟁

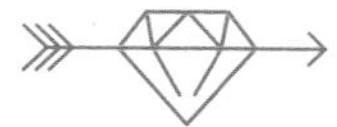

인두세가 문제였다

많은 사람들이 "왜 유럽에서는 기독교가 번성한 반면, 북아프리카와 서아시아에서는 이슬람교가 압도적인 우위를 차지했을까?"라는 궁금증을 갖는다. 그도 그럴 것이 유럽과 북아프리카, 서아시아는 지리적으로 매우 가까웠던 데다가, 중세 이후 유럽의 기독교는 유럽을 휩쓸 정도로 위세가 등등했기 때문이다.

그런데도 북아프리카와 서아시아에서는 기독교가 별로 힘을 쓰지 못했다. 이슬람교에 철저히 눌린 탓이다. 이에 대해 기독교도들은 "이슬람교도들이 한 손에는 『코란』, 한 손에는 칼을 들고 종교를 퍼뜨렸기 때문이다."라고 설명해 왔다. 이슬람교도들이 땅을 점령한 뒤 그곳 주민들에게 "믿을래? 죽을래?"라고 협박했고, 원주민들은 그 힘에 굴복해 이슬람교를 믿게 됐다는 것이다. 한마디로 이슬람교의 폭력성이 종교의 확산에 크게 기여했다는 이야기다.

이런 논지를 펼치는 이들 중에는 사우디아라비아의 국기를 그 증거로 대기도 한다. 사우디아라비아에는 이슬람교의 창시자 무함마드Muhammad가 태어난 성지 메카(Mecca)가 있다. 그런데 하필이면 사우디아라비아의 국기 위에는 "알라 외에는 신(神)이 없고, 무함마드는 알라의 사도다."라는 글귀가 적혀 있고, 그 아래에는 칼이 한 자루 그려져 있다. 이것이 '한 손에는 『코란』, 한 손에는 칼'을 상징한다는 주장이다.

하지만 이런 해석은 대부분 억지다. 일단 역사적으로 이슬람교가 기독교보다 더 폭력적이었다는 주장부터가 너무 주관적이다. 이슬람교가 일으킨 전쟁이 적지 않은 것은 사실이지만, 기독교가 일으킨 전쟁도 결코 그에 뒤지지 않을 만큼 많다.

사우디아라비아 국기를 끌어들인 것 역시 견강부회의 극치다. 사우디아라비아 국기에 그려진 칼은 폭력이 아니라 '정의'를 상징하기 때문이다. 또 그 국기는 지금으로부터 고작 50년 전인 1973년에 만들어졌다. 1973년 이후 이슬람교를 믿는 사우디아라비아가 일으킨 전쟁이 몇이나 되나? 이 시기 사우디아라비아는 아랍 국가들 중 가장 온건한 성향의 나라였다.[3] 그래서 실제 이슬람교도들은 "이슬람교가 한 손에는 『코란』, 한 손에는 칼을 들고 폭력으로 종교를 퍼뜨렸다."라는 말을 들으면 어처구니가 없다는 반응을 보인다.

한 가지 더 살펴보자. 이슬람교도들은 오른손과 왼손을 매우 정확히 구분한다. 깨끗한 것을 만질 때에는 오른손을, 용변을 본 뒤 물로 씻을 때에는 왼손을 쓴다. 만약 이들이 한 손에 『코란』, 한 손에 칼을 들었다면 오른손으로는 당연히 가장 중요한 『코란』을 들었을 것이다. 그렇다면 이들은 칼을 왼손으로 쥘 수밖에 없다. 왼손에 칼을 쥐고 그 수많은 전쟁을 치렀다는 이야기인데, 그게 말이 되나? 우스갯소리 같지만,

[3] 미국과의 관계·이슬람주의 강도·종파에 따라 아랍 국가의 세력 지형도를 그려 보면 사우디아라비아는 친미·온건·수니파의 대표국으로 꼽힌다.

금세기 최고의 이슬람 전문가로 꼽히는 버나드 루이스Bernard Lewis가 『이슬람 세계의 유대인』(The Jews of Islam, 1984)이라는 책에서 지적한 내용이다. 그의 지적에 덧붙여 보자면, 통계적으로 사람들은 오른손잡이가 왼손잡이보다 훨씬 많다. 그런데 한 손(오른손)에는 『코란』, 한 손(왼손)에는 칼이라니? 이슬람 전사들이 모조리 왼손잡이가 아닌 한 왼손에 칼을 쥐고 수많은 전쟁에서 승리하는 것은 불가능하다.

그래서 이슬람교가 아프리카와 서아시아에서 득세한 이유를 좀 더 객관적으로 살펴봐야 한다. 원인은 여러 가지가 있는데, 그중 가장 눈에 띄는 것이 세금이다.

이슬람이 등장하기 직전까지 유럽과 서아시아 지역은 비잔틴제국와 사산조페르시아가 300여 년간 전쟁을 하면서 주민들의 삶이 피폐해질 대로 피폐해졌다. 이 지역을 정복한 이슬람 세력은 개종을 강요하는 대신, 세금만 꼬박꼬박 내면 각자의 종교를 인정해 주겠다는 포용적인 태도를 보였다. 개종하지 않더라도 '지즈야'(jizya)라는 인두세를 내면 상관없다는 것이다.

하지만 이슬람으로 개종할 경우에는 인두세를 면제해 주고, 일종의 종교세인 '자카트'(zakāt)만 걷었다. 자카트는 소득이 아닌 여유 재산의 40분의 1을 납부하는 식이라서 여윳돈이 없으면 세금 자체가 발생하지 않았다. 세금 낼 돈이 없으면 종교를 바꾸면 그만이니, 가난한 민중들에게 매우 솔깃한 제안이었다. 기독교와 이슬람교가 경합했던 시기, 북아프리카와 서아시아 주민들이 이슬람교를 선택했던 중요한 이유가 바로 이것이다.

7년전쟁의 불똥, 북아메리카로 튀다

역사적으로 벌어진 수많은 전쟁 중에는 이와 유사한 사례가 널려 있다. 뭔가 숭고한 가치를 위해 전쟁을 벌이고 사람을 살상한 것처럼 포장하지만, 그 내면에는 돈 문제가 걸려 있는 것이다. 특히 세금은 전쟁의 매우 중요한 원인이었다. 신생 종교인 이슬람교가 기독교를 제치고 아프리카와 서아시아에서 세력을 확장해 빠른 시간 동안 제국을 형성할 수 있었던 결정적 이유 가운데 하나가 세금이었던 것처럼 말이다.

근대 이후 세금이 촉발한 최대 규모의 전쟁을 꼽으라면, 단연 미국 독립전쟁(American War of Independence, 1775~1783)이 될 것이다. 독립전쟁이 시작되기 전까지 미국은 영국의 식민지였다. 그런데 그 시절 영국과 미국의 관계는 일본과 조선의 관계 같은 것이 아니었다. 당시 미국의 주류는 영국에서 건너온 이주민들이었기 때문이다.

만약 북아메리카 대륙의 주도권이 (유럽인들이 '인디언'이라고 불렀던) 원주민들에게 있었다면 당연히 그 관계는 훨씬 험악했을 것이다. 하지만 북아메리카 대륙의 주도권은 영국에서 건너온 신교도들에게 있었으며, 그들은 영국에 별다른 악감정을 갖지 않았다. 영국이 북아메리카의 식민지를 적극적으로 통제하지 않아, 그들 나름대로 자유로운 삶을 누리고 있었기 때문이다.

비교적 무난한 관계가 지속되던 두 나라 사이에서 심각한 갈등이 유발된 사건이 있다. 이른바 '최초의 세계대전'이라고도 불리는 7년전쟁(Seven Years' War, 1756~1763)이 그것이다.

7년전쟁의 출발은 오스트리아에서 벌어진 단순한(!) 왕위 계승 전쟁이었다. 1740년에 발발해 1748년까지 8년간 이어진 오스트리아의 왕위 계승 전쟁은 유럽의 거의 모든 강대국이 얽힌 전쟁으로, 여성인 마리아 테레지아Maria Theresia(오스트리아대공국 여대공, 재위 1740~1780)가 합스부르크 왕가를 계승할 권리가 있느냐 없느냐를 놓고 여러 나라가 개입하면서 시작되었다.[4] 이 전쟁으로 프로이센은 오스트리아의 슐레지엔(Schlesien) 지역을 차지했는데, 오스트리아도 가만히 있지는 않았다. 왕위 계승 전쟁이 끝나고 8년 후인 1756년에 슐레지엔의 영유권을 두고 오스트리아가 보복 전쟁을 벌이는데, 이것이 바로 7년전쟁이다. 유럽의 여러 나라들은 각자 자신들의 이익과 우호 관계에 따라 전쟁에 참여했다. 프랑스, 러시아, 스웨덴 등이 오스트리아 편에 합세했고, 영국이 프로이센의 손을 잡으며 전쟁 규모가 걷잡을 수 없이 커졌다.

영원한 앙숙 영국과 프랑스는 유럽 대륙에서 치열한 전투를 벌였는데, 이 불똥이 북아메리카 대륙으로 번졌다. 북아메리카에 각각 식민지를 갖고 있던 프랑스와 영국이 이곳에서도 충돌한 것이다. 유럽에서 7년전쟁이 시작되기 2년 전인 1754년, 이미 북아메리카에서 오하이오 지역에 대한 영유권을 두고 전투를 벌이고 있던 영국과 프랑스는 본격적으로 전쟁을 치렀다.

당시 영국의 식민지였던 미국은 당연히 영국 편에서 프랑스와 싸웠다. 그리고 미국은 이 싸움에서 꽤 진심으로 영국을 도왔다. 그때만 해도 영국에서 건너와 정착한 이주민들은 자기들이 식민지 피지배 주민

[4] 마리아 테레지아는 아버지의 자리를 계승받아 오스트리아대공국의 여대공(Archduchess)이자 헝가리왕국·크로아티아왕국·보헤미아왕국의 여왕, 파르마공국의 여공(Duchess)이 되려 했다.

1750년대 북아메리카 정착도

영국과 프랑스는 북아메리카 대륙 남북으로 식민지를 맞대고 있어서 영유권 분쟁이 심했다.

이라기보다 영국 사람에 가깝다고 믿고 있었다.

이 전쟁은 영국의 승리로 돌아갔다. 문제는 전쟁에서 너무 많은 돈을 쓰는 바람에 영국 정부가 막대한 빚을 졌다는 점이었다. 이미 18세기 초에도 나랏빚의 규모가 국민총생산의 80퍼센트에 달했는데, 전쟁이 끝나자 빚이 두 배로 불어났다. 정부 예산의 절반 이상을 이자를 내는 데 써야 할 판이었다. 영국 정부는 이 빚을 메우기 위해 엉뚱하게도 식민지에서 더 많은 세금을 걷기로 했다. 전쟁이 끝난 다음 해인 1764년 영국이 만든 「설탕법」(Sugar Act)이 이를 위한 정책이었다.

이번에는 인지세가 문제였다

「설탕법」이 실시된 배경과 역사는 생각보다 조금 더 복잡한데, 최대한 간략히 요약하면 이렇다. 2장에서도 살펴봤듯이 영국은 크롬웰의 「항해조례」를 통해 영국 식민지에서 생산된 설탕과 담배 등을 무조건 일단 영국에 팔도록 정해 놓았다. 영국은 그렇게 모아들인 설탕과 담배를, 다시 그것을 필요로 하는 다른 식민지에 내다 팔았다. 중개무역을 통해 막대한 이익을 챙긴 것이다.

그런데 7년전쟁 이전까지 미국은 이 법을 거의 지키지 않아도 별탈이 없었다. 담배야 원래 아메리카 대륙에서 났던 것이니 외국에서 수입할 필요가 없었고, 문제는 설탕이었는데 미국 이주민들은 이 설탕을 대부분 밀수로 구입했다. 특히 값이 상대적으로 저렴한 프랑스령 서인도제도의 설탕을 많이 들여왔는데, 미국과 우호적 관계였던 영국도 미국의 설탕 밀수에 별 시비를 걸지 않았다.

하지만 7년전쟁 이후 제정된 「설탕법」은 국면을 완전히 바꿔 놓았다. 「설탕법」의 요지는 한마디로 "미국 이주민 너희들도 앞으로 설탕을 밀수하지 말고, 우리 영국에서 수출되는 정상적인 설탕만 수입해라. 외국에서 수입하는 설탕에는 세금을 왕창 매길 테니, 그 세금을 온전히 내라!"는 것이었다.

이 법이 통과되면서 미국에 거주하던 이주민들이 갖고 있던 영국에 대한 우호적 감정은 완전히 박살이 났다. 그도 그럴 것이, 미국 이주민들은 자기와 별 상관도 없는 7년전쟁에서 진심으로 영국을 도왔는데, 영국은 세금 폭탄을 매겨 은혜를 원수로 갚았기 때문이다.

서인도제도의 사탕수수 플랜테이션 농장

설탕은 17세기에 영국과 프랑스의 서인도제도 식민지에서 플랜테이션이 시작되면서 대량 보급됐다. 영국의 규제 때문에 공식적으로 서인도제도에 식민지인 미국의 상선이 들어가 교역하는 것은 불법이었지만, 미국 상인들은 밀수를 통해 서인도제도와의 교역을 지속해 왔다.

미국에서 반영(反英) 감정의 불씨가 서서히 타오를 무렵, 영국은 이 불씨 위에 기름을 들이붓는 일을 자행했다. 여전히 부족했던 본국의 재정을 메우기 위해 1765년 「인지세법」(Stamp Act)을 제정해 식민지 미국에 도입한 것이다.

「인지세법」이란 미국에서 발행되는 신문이나 팸플릿, 서적이나 증명서 등 종이로 만든 모든 출판물에 우표와 비슷한 모양의 인지를 사서 붙이는 것을 의무화한 법이다. 즉 미국의 식민지 개척민들은 종이 문서를 만들 때마다 건건이 세금을 내고 인지를 사야 했던 것이다.

이 법에 대한 미국 이주민들의 반발은 상상을 초월했다. 「설탕법」이 반영 감정의 불씨 역할을 했다면, 「인지세법」은 반영 감정을 산불처럼 확산시켰다. 급기야 미국 이주민 대표들은 "우리가 뽑은 우리의 대표가 없는 상태에서, 영국 의회가 독단적으로 내린 「인지세법」 결정에 동의할 수 없다."라는 논리를 펼치며 저항했다. 그 유명한 "대표 없이 과세 없다."(No taxation without representation.)라는 구호가 널리 알려진 계기였다.

이주민들의 반발로 「인지세법」은 유야무야됐지만 감정은 이미 곪을 대로 곪은 상태였다. 「인지세법」이 폐지되며 체면을 구긴 영국 의회는 「타운젠드법」(Townshend Acts)[5] 등 다양한 법을 새로 만들어 미국 이주민들에게 더 많은 세금을 물리려 했다. 횡포에 가까운 세금 징수에 더 이상 영국 식민지인으로 살아야 할 필요를 느끼지 못한 이주민들은 마침내 독립을 꿈꾸기 시작했다.

본국과 식민지의 관계는 날이 갈수록 악화되었다. 결국 영국의 조세정책에 불만을 품은 한 무리가 1773년 보스턴 항구에서 동인도회사의 무역선을 습격해 화물칸에 실려 있던 중국산 차(茶) 46톤을 바다로 던져 버렸는데, 바로 이것이 보스턴 차 사건(Boston Tea Party)이다. 이 사건을 계기로 본국과 식민지는 감정의 골이 돌이킬 수 없을 정도로 깊어졌고, 결국 둘은 1775년 일전을 시작했다.

전쟁 초기 전황은 압도적으로 영국에 유리하게 흘러갔다. 당시 세계를 주름잡던 영국과, 전쟁 준비가 전혀 돼 있지 않았던 미국은 전력

[5] 영국으로부터 들여오는 종이, 유리, 페인트, 잉크, 차(茶) 같은 상품에 관세를 부과하고, 그 세수의 일부로 식민지 관리들의 월급을 지불한다는 내용이다.

에서 큰 차이를 보였다. 게다가 지금 우리가 이 전쟁을 '영국 대 미국의 전쟁'으로 불러서 그렇지, 당시 미국은 '하나의 나라'라는 개념조차 없었던, 13개로 나뉜 영국의 식민지 연합이었다. 이런 연합체가 일치단결해서 세계 최강이었던 영국을 꺾기란 사실상 불가능해 보였다.

하지만 13개 식민지 연합군은 조지 워싱턴George Washington(미국 초대 대통령, 재임 1789~1797)이라는 걸출한 지도자를 앞세워 불리한 전황을 조금씩 만회해 나갔다. 식민지 연합군은 유럽 열강에도 도움을 청했다. 7년전쟁 이후 영국이 지나치게 강성해지는 것을 두려워했던 프랑스, 에스파냐 등 유럽 열강의 몇몇 국가들이 하나둘씩 참전해 미국 편을 들기 시작했다.

참고로 당시 영국과 앙숙이었던 프랑스를 외교의 힘으로 식민지 연합군 편으로 끌어들인 인물이 '미국 건국의 아버지'로 불리는 벤저민 프랭클린Benjamin Franklin이다. 이 사람의 이름을 한 번도 못 들어 본 사람은 있어도, 이 사람의 얼굴을 한 번도 보지 못한 사람은 없을 것이다. 그가 바로 100달러 지폐에 그려진 초상의 주인공이기 때문이다.

아무튼 점차 전황을 회복해 나가던 식민지 연합군은 끊임없이 영국군을 괴롭히는 소모전을 펼쳤다. 영국군은 단기 전투에서 종종 승리했지만, 그 드넓은 대륙에서 벌어진 장기 소모전을 감당하지 못했다.

1781년 10월, 요크타운 전투에서 식민지 연합군을 이끌던 워싱턴이 마침내 영국군의 항복을 받아 냄으로써 전쟁이 사실상 끝났다. 2년 뒤인 1783년, 영국이 미국의 독립을 인정함으로써 미국은 공식적인 독립국가가 됐다. 인지세가 촉발한 미국의 독립전쟁은 19세기 주인공 영국의 퇴장과 20세기 주인공 미국의 등장으로 마무리됐다.

Chapter 05

1840~1860

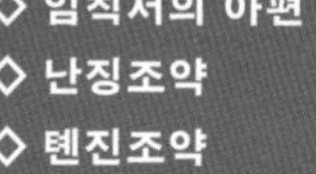

◇ 임칙서의 아편 단속
◇ 난징조약
◇ 톈진조약

제1차 아편전쟁 당시 광저우 앞바다에서 벌어진 교전

아편전쟁

무역 적자를 만회하는 가장 비열한 방법

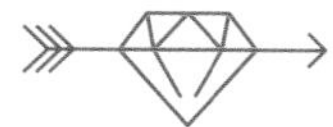

한계효용체감의 법칙과 중독의 무서움

경제학에는 한계효용체감의 법칙이라는 것이 있다. 19세기 독일(당시 프로이센)의 경제학자 헤르만 고센Hermann Gossen의 이름을 따 '고센의 제1법칙'이라고도 불린다. 내용인즉슨 '같은 재화를 반복해서 소비할 때 개인이 느끼는 만족도는 점점 떨어진다'는 것이다.

예를 들어 보자. 배가 아주 고플 때 짜장면을 먹으면 매우 맛있다. 이때의 만족도가 100점쯤 된다고 가정하자. 그런데 한 그릇을 먹고 나서 또 한 그릇을 먹으면? 첫 번째 그릇만큼 맛있을 수가 없다. 이미 배가 불렀기 때문이다. 따라서 두 번째 그릇의 만족도는 대략 80점쯤 될 것이다.

이 상태에서 세 번째 짜장면을 먹으면 만족도는 20점쯤으로 급락한다. 네 그릇째 먹으면? 이때부터 짜장면은 만족을 주는 재화가 아니라 고통을 주는 도구가 된다. 이때의 만족도는 빵점, 혹은 마이너스(먹자마자 토하는 상황)로 추락한다.

우리는 보통 돈을 어마어마하게 벌면 매우 행복해질 것이라고 생각한다. 하지만 한계효용체감의 법칙은 돈에도 적용된다. 수입이 1,000만

원이었다가 2,000만 원으로 뛰면 날아갈 듯 기쁘다. 그런데 2,000만 원에서 3,000만 원으로 오르면, 기쁘긴 한데 옛날처럼 기쁘지는 않다. 똑같이 1,000만 원이 오른 것인데 말이다.

연봉이 10억 원에서 10억 1,000만 원이 되면 감흥조차 느끼지 못한다. 1,000만 원이 주는 한계효용은 이렇게 계속 감소한다. 실제 미국의 경제학자 리처드 이스털린Richard Easterlin은 소득이 증가하면 일정 수준까지는 행복도 증가하지만, 그 일정 수준을 넘으면 소득 증가가 행복에 거의 영향을 미치지 못한다는 사실을 발견했다. 이를 '이스털린의 역설'이라고 부른다. 이 이론 또한 돈이 주는 한계효용이 계속 감소하기 때문에 생긴 현상이다.

그런데 한계효용체감의 법칙에도 예외가 있다. 이 세상 대부분의 재화는 반복해서 소비할수록 만족이 체감하는데, 사용하면 사용할수록 만족도가 더 늘어나는 것이 있다는 이야기다. 바로 마약이다.

마약의 핵심은 중독성이다. 다른 재화는 사용할수록 지겨워진다. 하지만 마약의 중독성은 이 지겨움을 상쇄한다. 지겹기는커녕 사용할수록 더 많은 양을 열망하게 된다. 한계효용체감의 법칙에 어긋나는 재화, 이것은 사실 경제학적으로 엄청난 발견이다.

기업이 혁신을 해야 하는 이유는 같은 상품으로는 소비자들을 계속해서 만족시킬 수 없기 때문이다. 하지만 마약은 다르다. 같은 상품만으로도 얼마든지 소비자들을 만족시킬 수 있다. 오히려 만족이 과해 열망을 불러일으킨다. 만약 마약을 상품으로 팔 수 있다면 그 기업은 혁신 따위를 할 필요가 없다. 그냥 앉아서 같은 제품을 수십, 수백 년 동안 팔면 된다. 실로 쉬운 돈벌이 아닌가?

물론 마약은 인체에 심각한 해를 끼치기 때문에 당연히 지금은 제조와 판매가 불법이다. 하지만 상식이 통용되지 않던 제국주의 시대에 이처럼 쉬운 돈벌이를 제국주의자들이 그냥 놔둘 리가 없었다. 돈이 된다면 사람도 노예로 사고팔았던 이들 아닌가?

파렴치한 제국주의자들은 결국 마약을 돈벌이 수단으로, 그리고 식민지 통치의 수단으로 삼고 말았다. 이 몰염치함으로 인해 발발한 전쟁이 바로 아편전쟁(Opium Wars, 1840~1842·1856~1860)이다.

산업혁명, 청의 인구 앞에 무용지물

일반적으로 공업이 발달한 선진국과 농업 및 어업에 주력하는 개발도상국이 무역을 하면 선진국이 단연 유리하다(3장을 참고하라). 산업혁명 이후 영국이 세계 최강대국에 오른 이유도, 나폴레옹이 대륙봉쇄령을 내리면서까지 영국에 맞서려 했던 이유도 영국이 세계적인 공업 강국이었기 때문이다.

그런데 18세기 세계 무역 시장에서 이 이론이 적용되지 않는 나라가 등장했다. 바로 중국, 즉 청나라다. 당시 청은 공업화의 징후조차 없었던 심각한 산업 후진국이었다. 그런데 당시 최강의 공업 국가로서 세계경제의 주도권을 쥐고 있던 영국은 청과의 무역에서 엄청난 적자를 입었다. 왜 이런 일이 벌어졌을까?

공업화된 선진국이 후진국과 무역을 할 때 갖는 최대 강점은 제품의 품질과 가격경쟁력이다. 기계화를 통해 양질의 물건을 빠르게 생산할 수 있기에 제품의 질과 가격경쟁력이 뛰어났던 것이다.

그런데 청은 이런 상식에서 벗어나는 나라였다. 18세기 말 청의 인구는 이미 3억 명을 넘어섰다. 전 세계 인구의 30퍼센트 정도가 중국 인구인 셈이다. 게다가 강력한 황제가 지배하는 봉건 시스템을 기반으로 청은 이 어마어마한 인구를 압도적으로 싼 가격에 부려 먹을 수 있었다.

당시 영국의 최대 수출품은 싸고 질 좋은 면직물이었는데, 이 천은 청에서 전혀 경쟁력을 갖지 못했다. 3억이 넘는 인구를 바탕으로 청은 자기들이 필요한 양질의 천을 충분히 싼 가격에 생산했기 때문이다. 게다가 상류층에게는 이미 최고급 직물인 비단이 있었다. 영국의 면직물이 중국의 비단을 상대하기는 힘들었다. 가내수공업과 공장공업이 붙으면 공장공업이 이기는 것이 상식인데, 청의 3억 인구는 이 상식을 박살 냈다.

반면 청의 주력 제품은 영국인들에게 완전히 새로운 것들, 즉 차(茶)와 도자기, 비단과 동양풍의 가구 등이었다. 영국 국민들은 난생처음 보는 청의 아름다운 도자기와 가구, 그리고 부드러운 비단에 열광했다. 영국뿐 아니라 유럽 전역에서 청나라 도자기와 가구가 선풍적인 인기를 끌었다. 시누아즈리(chinoiserie)라 불리는 중국풍 미술공예품이 유럽에서 열풍을 일으킨 때도 이 무렵이었다.

게다가 커피의 최대 소비국이었던 영국은 18세기 들어 갑자기 차를 마시기 시작했다. 영국 사람들은 '쓴맛의 검은 물' 대신 향긋한 차가 주는 매력에 푹 빠졌다. 오후 두세 시경 홍차 한잔과 간단한 스낵을 즐기는 티타임(teatime)은 지금까지 이어지는 영국의 전통이다. 물론 무식한(!) 영국인들이 차에 우유와 설탕을 타서 먹는 바람에 맑은 차를 즐기던 중국인들이 경악하기는 했지만 말이다.

영국은 청이 원하는 물건을 갖지 않았는데 청은 영국이 원하는 물건을 너무 많이 갖고 있다면 이 무역은 해 보나 마나였다. 1817년부터 1833년까지 청이 광둥에서 차 수출로 영국으로부터 벌어들인 돈이 은화로 4,000만 냥이 넘었다. 19세기 중반에 쌀 한 석이 3냥이었다는 것을 생각하면, 자그마치 쌀 1,300만 석에 해당하는 엄청난 돈이었다. 이 막대한 은화를 감당하느라 영국의 은화가 고갈될 지경에 이르렀다.

가장 비열했던 무역

영국은 정상적인 방법으로 이 무역 적자를 감당할 능력이 없었다. 이때 영국 상인들은 인류 역사상 가장 비열한 방법으로 이를 만회하려고 했다. 바로 아편(opium)을 청에 수출하는 것이었다.

영란전쟁 이후 영국의 동인도회사는 네덜란드 등 유럽 여러 국가를 누르고 인도 지역을 장악했다. 그런데 인도 일대에는 양귀비꽃이 널리 재배되고 있었다. 약간 덜 익은 양귀비 열매에 상처를 내면 하얀 즙이 나오는데, 이것을 가공하면 아편이 된다. 이 아편은 당시 유럽에서 꽤 널리 사용되던 마취제였다. 즉 아편은 의약품이었던 셈이다.

하지만 영국 상인들은 아편의 중독성을 교묘히 이용했다. 그들은 마취제로 써야 할 아편을, 그것도 거의 정제가 되지 않은 생아편을 청에 수출했다. 원래 청에서도 아편은 약재로 사용되고 있었다. 그런데

중국의 아편 수입량 추이(1650~1880)

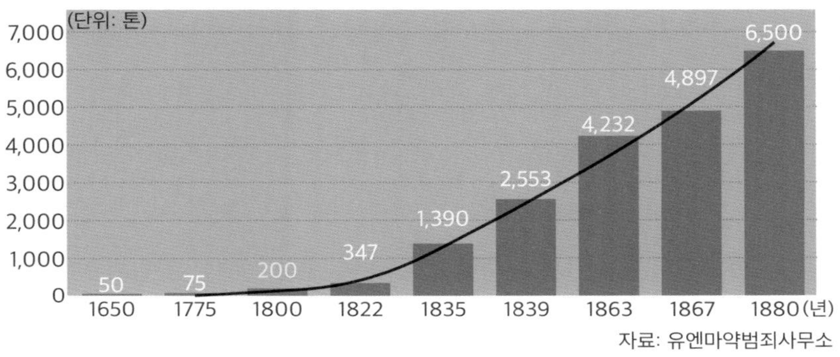

그즈음 아편을 담배에 섞어 피우는 풍습이 널리 퍼지면서 점차 마약의 성격을 띠게 된다. 흡연 유행에 휩쓸려 아편에 손을 댄 청나라 사람들은 삽시간에 아편에 점령당했다. 희뿌연 연기를 뿜어 대는 아편굴이 청나라 방방곡곡에 셀 수 없을 정도였다.

마약은 쓰면 쓸수록 더 쓰고 싶어지는, 즉 한계효용체감의 법칙을 적용받지 않는 상품이다. 영국은 아편 하나로 무역 적자를 단번에 뒤집을 수 있었다.

유엔마약범죄사무소(United Nations Office on Drugs and Crime)에 따르면 1775년만 해도 청에 유입된 아편의 양은 고작 75톤이었다. 하지만 1800년 이 양이 세 배 가까이(200톤)로 늘어나더니 1835년 1,390톤, 1839년 2,553톤으로 기하급수적인 증가세를 보였다.

아편 대금은 은으로 지불됐는데, 이 바람에 청의 은화는 진공청소기에 빨리듯 영국으로 빨려 들어갔다. 1800년부터 1839년까지 아편으로 유출된 청의 은은 대략 6억 냥 정도로 추산된다. 1817년부터 1833년까지 청이 차 수출로 벌어들인 돈이 은화 4,000만 냥인 점을 감안하면 청이 아편으로 날려 먹은 은이 어느 정도였는지 충분히 상상이 간다. 은의 대량 유출로 은값은 천정부지로 치솟았고, 이는 청나라 경제에 부담이 되었다.

더 큰 문제는 아편중독자가 급증하면서 청이 더 이상 정상적인 국민경제활동을 영위하기가 불가능한 나라가 됐다는 점이다. 생각해 보라. 아편중독자가 어찌 농사를 짓고 어찌 세금을 낸단 말인가? 아편중독자에게 총칼을 맡겨 국방의 의무를 강요할 수도 없는 노릇이다.

두 차례의 전쟁과 청의 몰락

참다못한 청이 칼을 빼 들었다. 청 황실이 아편 문제에 초강경이었던 임칙서林則徐를 흠차대신(欽差大臣)으로 임명해 아편이 수입되던 광둥 지역으로 파견한 것이다. 흠차대신은 황제의 전권을 행사하는 관리로, 엄청난 권한을 위임받은 사람이다. 1839년 광저우(광둥의 성도)에 도착한 임칙서는 "아편 문제를 해결하지 못한다면 광둥을 떠나지 않겠다"는 결연한 태도를 보였다. 그는 아편 금지령을 위반한 1,600명을 체포했고, 아편 2만여 상자를 압수해 물에 녹여 버렸다. 영국 측이 "사유재산 강탈"이라며 반발했지만 임칙서는 아랑곳하지 않았다.

세계 곳곳을 무력으로 침탈 중이던 영국이 이 기회(!)를 놓칠 리가 없었다. 이듬해인 1840년 6월, 영국은 약 4,000명의 군사를 이끌고 청으로 진격했다. 오랫동안 "세계의 중심은 우리"라는 중화사상에 물들어 있던 중국과, 막강한 해군을 바탕으로 세계 곳곳을 침탈해 온 영국

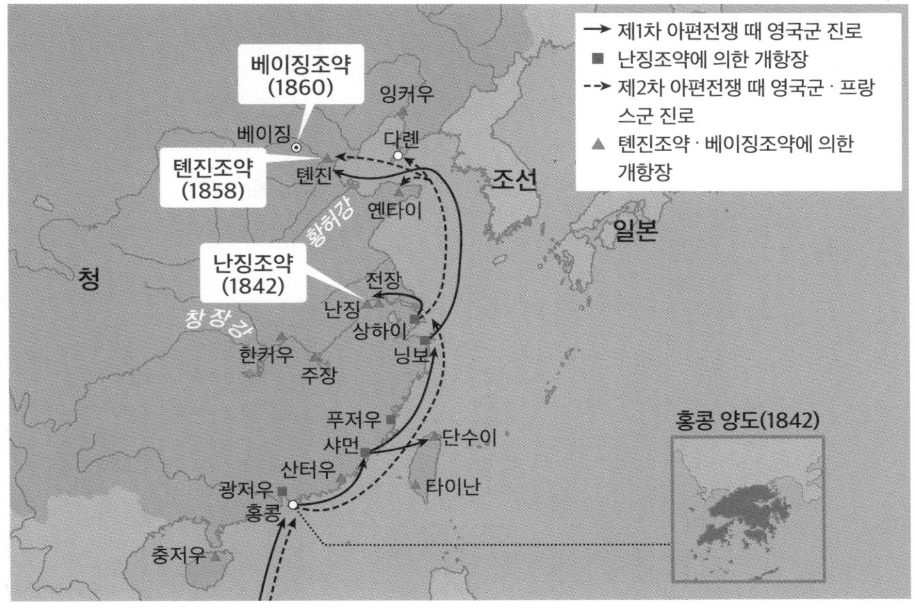

아편전쟁과 중국의 개항

영국은 아편전쟁을 일으켜 중국을 굴복시키고 중국 최초의 불평등조약인 난징조약을 맺었다. 이 조약으로 중국은 홍콩을 영국에 할양하고 광저우, 샤먼, 푸저우, 닝보, 상하이 등 다섯 항구를 개항하는 굴욕을 겪는다. 이때부터 홍콩은 영국령이 되어 155년 뒤인 1997년 7월 1일에야 중국에 반환된다.

의 전쟁은 그야말로 동서양 최강대국의 싸움이었다.

하지만 두 차례에 걸쳐 벌어진 아편전쟁의 결과는 허무할 정도로 싱겁게 막을 내렸다. 영국의 면직물은 청의 거대한 인구 앞에 맥을 못 췄지만, 영국의 최신식 군함과 대포는 달랐다. 전쟁은 청의 참담한 패배로 마무리됐다.

제1차 아편전쟁의 결과로 맺은 난징조약(1842)은 청의 몰락을 알리는 서곡이었다. 이 조약에서 청은 영국에 전쟁배상금 1,200만 달러, 몰수한 아편 보상금 2,100만 달러를 물어야 했고, 홍콩을 영국에 넘겨주

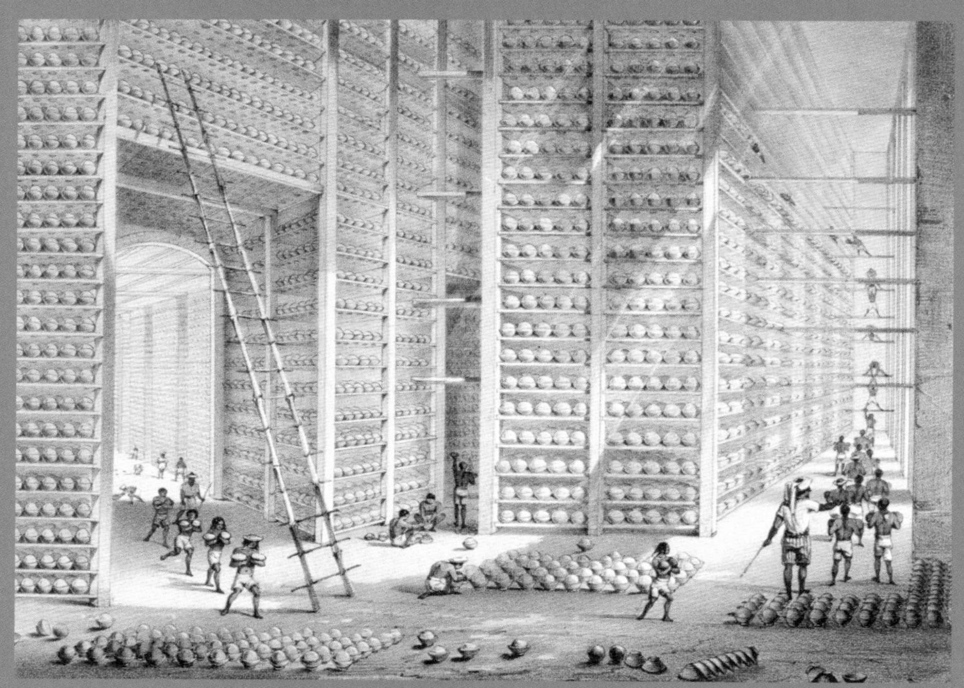

인도의 아편 창고

1850년 무렵 영국 동인도회사가 인도 북동부의 상공업 도시 파트나(Patna)에 만든 아편 공장 내부를 묘사한 석판화. 수확된 아편은 볼링공 크기의 둥근 덩어리로 만들어졌는데, 이 창고에만 30만 개의 아편 덩어리가 저장되어 있었다.

는 치욕까지 겪었다. 상하이 등 다섯 개 항구를 굴욕적으로 개항한 것도 이때의 일이다.

이후 1856년부터 1860년까지 제2차 아편전쟁이 벌어졌는데, 이 전쟁의 발발 원인은 사실 아편과 별 상관이 없었다. 청의 개방을 더 가속화하기 위해 영국과 프랑스 연합군이 막무가내로 벌인 전쟁이었기 때문이다. 난징조약을 체결한 이후에도 중국 시장의 개척이 뜻대로 이루어지지 않아 불만이 쌓인 영국이 또다시 새로운 명분을 찾아 도발한 전쟁인 것이다.

이 전쟁에서마저 청이 참패하면서 청은 서구 열강에 완전히 무릎을 꿇고 말았다. 심지어 전쟁 이후 맺어진 톈진조약(1858)에서 영국과 프랑스는 '아편 무역을 합법화한다'는 항목까지 삽입했다. 제1차 아편전쟁 직전인 1839년에 2,553톤이었던 청의 아편 수입량은 제2차 아편전쟁 이후인 1863년 4,232톤, 1880년 6,500톤으로 또다시 폭증했다. 영국이 청나라 전체를 아편 소굴로 만들어 버린 셈이다.

아무리 강대국이 약소국을 침탈하더라도 넘어서는 안 될 선이라는 것이 있는 법이다. 돈 좀 벌겠다고 마약 무역을 합법화하는 것은 인류의 상식에 결코 맞지 않는다. 그런데도 19세기 영국은 이런 짓을 저질렀다. 영국을 흔히 '신사의 나라'라고 부르는데 실로 가증스럽지 않은가? 신사의 나라라는 표현 자체부터 성차별적이지만, 백 번 양보해 그게 긍정적 의미라고 치자. 남의 나라에 마약 합법화를 강요하는 자들을 어디를 봐서 젠틀맨이라고 불러야 하는지 나는 당최 이해를 할 수 없다. 아무튼 역사상 가장 비열했던 무역 전쟁은 이렇게 영국의 승리로 마무리됐다.

거대 인구 경제의 한계

마지막으로 하나만 더 짚어 보자. 앞에서도 밝혔듯이 선진국과 후진국이 자유롭게 무역을 하면 선진국이 유리하다. 그런데 역사적으로 이 대원칙에 위배되는 예외가 몇 번 있었다.

일단 엄청난 인구를 바탕으로 싼 가격의 제품을 무더기로 쏟아 내며 세계시장을 공략하는 중국이 예외의 대표적인 나라다. 그리고 1960~1970년대 일본도 이와 비슷한 과정을 거치며 성장해 왔다.

물론 일본의 경제 발전은 사회주의국가들에 맞서 태평양 일대의 군사 거점을 확보하려는 미국의 전략적 지원이 가장 큰 영향을 미쳤다. 하지만 일본 노동자들의 특유의 성실함(?)도 일본 경제 발전에 적지 않은 공헌을 한 것이 사실이다.

이시다 바이간石田梅岩이라는 사람이 있다. 일본인들이 에도시대(1603~1868)의 사상가이자 철학자로 떠받드는 인물이다. 그런데 이 바이간이 내세운 이론이 제업즉수행(諸業卽修行)이었다. 이 말은 '무릇 일을 하는 것(業)이란 곧 도를 닦는 것(修行)과 같다'는 뜻이다.

일을 하는 것은 고통스럽다. 하지만 고통 없이는 도를 깨칠 수 없다. 그래서 이시다는 노동의 고통이 사람을 득도의 길로 안내해 줄 것이라고 믿었다. 사람이 도를 닦는 일에 게으름 피울 수는 없는 노릇이다. 그래서 그는 "일을 할 때는 절대 나태해서는 안 된다. 보상이 없다고 일을 게을리해서도 안 된다. 일을 하는 그 자체로 사람은 도에 이를 수 있기 때문이다."라는 논리를 펼쳤다.

이 사상이 현대 일본 사람들에게도 큰 영향을 미쳤다. 1960~1970

년대 일본 노동자들은 퇴근이란 것을 할 줄 몰랐다. 주말에도 나와서 일에 몰두했다. 그렇다고 월급을 더 받느냐? 그렇지도 않았다. 이들은 돈도 안 주는데 야근과 주말 특근을 밥 먹듯 했다. 그게 도를 닦는 일이었기 때문이다. 돈을 내고도 도를 닦아야 할 판에 회사가 공짜로(!) 도 닦을 기회를 제공하니, 이 어찌 감사하지 않을 일인가?

일본 노동자들은 한 번 검수할 것을 두 번, 세 번 검수했다. 당연히 제품의 질이 좋아질 수밖에 없었다. 게다가 노동자들의 임금도 별로 높지 않았기 때문에 물건 가격도 싸게 매길 수 있었다. 그래서 이 시기 일본 제품은 서양 사회에서 "싸고 정교하다"는 찬사를 받았다.

그런데 이건 좋게 말하면 헌신이고 제업즉수행이지만, 정확히 말하면 심각한 노동 착취다. 그리고 이런 노동 착취형 산업구조는 경제학적으로 분명한 한계를 가진다.

가장 큰 문제점은 노동자들의 창의성이다. 노동 착취형 산업 시스템에서 노동자들은 죽어라 복종하며 일만 한다. 하지만 복종하는 노동자들만 존재하는 나라에서는 세상을 뒤흔들 창의적 인재가 나올 수 없다. 1980년대까지만 해도 그나마 버티던 일본 경제가 21세기 들어 심각한 침체를 겪는 이유가 여기에 있다.

또 한 가지, 그렇게 경제가 발전하면 언젠가 노동자들의 임금을 올려 줘야 한다. 아무리 "이건 노동이 아니라 도 닦는 거예요."라고 거짓말을 해도, 사람의 뇌가 폼으로 달려 있는 게 아닌 한 이런 속임수는 언젠가 들통이 난다. 결국 노동자들의 임금을 올려 줘야 하고, 가격경쟁력은 사라진다.

나는 중국의 산업구조도 이런 질곡에 빠져 있다고 생각한다. 아편

전쟁 직전 청은 어마어마한 인구를 바탕으로 영국의 산업혁명을 가뿐히 이겨 냈지만, 이 말은 3억 명에 이르는 청나라 백성들이 살인적인 저가 노동에 시달렸다는 뜻이기도 하다. 영국 공장에서 찍어 내는 면직물보다 더 싼 천을 짜기 위해 얼마나 많은 백성들이 천 짜는 일에 시달렸겠나? 변변한 기계도 없이 수공업으로 말이다. 물론 봉건 경제의 가내수공업을 산업사회의 임금노동과 같은 선상에 놓고 비교할 수는 없겠지만, 엄연한 노동 착취다.

지금도 마찬가지다. 미국의 유일한 대항마로 꼽히는 중국의 경제를 가만히 들여다보면, 여전히 막대한 인구를 기반으로 한 심각한 노동 착취가 난무한다. 국가는 미국과 자웅을 겨룰 정도로 강해졌는데, 정작 그 나라 국민들은 아직도 후진국의 삶을 면치 못한다. 중국 경제가 성장하면서 노동자들의 임금도 조금 올랐는데, 그랬더니 가격경쟁력이 떨어져 선진국 공장들이 중국에서 속속 철수한다.

더 본질적인 문제가 있다. 인구가 경쟁력이라는 말은, 사람이 사람으로 대접받는다는 것이 아니라 물건을 생산하는 하나의 싸구려 부품으로 여겨진다는 뜻이다. 그리고 나는 이런 경제 시스템의 미래가 매우 어둡다고 보는 쪽이다. 물론 예나 지금이나 중국은 강력한 국가권력을 앞세워 국민들의 불만을 억누르며 이 시스템을 그럭저럭 유지해 왔다. 하지만 국민의 삶을 피폐하게 만들면서 발전하는 경제가 제대로 된 경제인가?

다시 원점으로 돌아가 경제(經濟) 본연의 뜻인 경세제민(經世濟民)을 되새겨 보자. '세상을 잘 다스려 민중을 구한다'는 의미의 이 사자성어는 경제라는 단어의 어원이자, 경제학의 실천적 목표를 담고 있다. 백성을 편안하게 하기는커녕 백성을 빈곤의 구렁텅이로 내몰며 성장하는 경제는 경제가 아니라는 의미다. 아편전쟁은 영국이 일으킨 역사상 가장 비열한 전쟁이었지만, 그렇다고 왕과 몇몇 귀족만 흥청거렸던 당시 청의 경제 시스템이 칭찬받을 일은 결코 아니라는 이야기다.

16~19세기
1861~1865

◇ 문명화 사명
◇ 노예제도 폐지

남북전쟁 최대의 격전인 1863년 게티즈버그 전투

Chapter 06

노예 쟁탈전과 남북전쟁

노예 기반 경제는 어떻게 붕괴했나

신은 백인인가

노예를 둘러싼 인류의 처참한 분쟁을 살펴보기 전에 간단한 질문부터 하겠다. 독자 여러분 가운데 신을 믿는 사람도 있고, 그렇지 않은 사람도 있을 것이다. 일단 신이 존재한다 치고 이야기를 진행해 보자. 신은 과연 백인일까? 이 질문은 매우 중요하다. 중세 이후 서양을 지배한 종교는 기독교였고, 기독교 신자들은 너무나 당연히 신을 백인이라고 생각했다. 신이 백인이기에 그들은 흑인과 황인을 사람으로 보지 않았다. 그래서 엄연한 '신의 창조물'인 인간을 피부색으로 구분했고, 노예로 부리는 처참한 일을 자행했다.

미국에서 흑인 분리 운동을 주도한 흑인 운동가 맬컴 엑스Malcolm X의 일대기를 그린 한 영화에는 이런 장면이 나온다. 감옥에 갇힌 맬컴이 설교를 늘어놓는 백인 목사에게 "당신이 믿는 예수님은 백인이었소?"라고 묻는다. 목사는 한참을 얼버무리다가 "신은 백인이오. 그건 명백하지 않소?"라고 답한다. 맬컴은 그를 비웃으며 이렇게 일갈한다.

"당신들이 그린 그림 속에서 예수는 명백히 백인이겠지요. 하지만 실제로도 그럴까요? 예수가 태어난 지역은 유색인종이 살던 곳이었어요. 거기서 왜 예수만 백인으로 태어났단 말입니까? 그리고 당신들이 믿는 『성경』의 「계시록」에는 '예수의 머리는 양털 같고 그의 발은 구릿빛이다.'라고 적혀 있습니다. 이게 백인의 모습이란 말입니까?"

그렇다. 맬컴의 주장처럼 상식적으로 생각해 보면 예수는 백인이 아닐 확률이 훨씬 높다. "신은 백인이다."라는 주장은 백인들의 허황한 망상일 뿐이다. 『성경』에 나오는 인류의 조상 아담과 하와는 어떤가? 유럽인들이 그린 모든 그림에서 아담과 하와는 백인으로 묘사된다.

실로 황당한 이야기다. 여러 과학적 조사에 따르면, 인류의 조상은 아프리카에서 태어났다. 심지어 유럽 백인들조차 한때 에덴동산의 위치가 에티오피아 근처 어디일 것이라고 믿었다. 그렇다면 아담과 하와가 백인일 확률이 높을까, 흑인일 확률이 높을까?

신이 흑인이라거나, 아담과 하와가 흑인이라고 말하려는 것이 아니다. 중세 이후 유럽 백인들을 중심으로 형성된 백인 중심 사고가 얼마나 허황한지에 관한 이야기를 하려는 것이다. 장담컨대 신은 인류를 피부색과 상관없이 평등하게 창조하셨다. 그런데 백인들은 제멋대로 자신들을 우월한 인종으로 규정하고, 피부색이 다른 사람을 사람이 아닌 상품으로 사고팔았다.

문명화 사명과 백인의 짐

백인들의 오만이 어느 정도였는지를 잘 보여 주는 다른 예를 하나 살펴보자. 누구나 어렸을 때 한 번쯤 읽어 봤음 직한 『정글북』(The Jungle

Book, 1894)이라는 책이 있다. 이 책의 저자는 1907년 당시 최연소 나이로 노벨문학상을 수상한 러디어드 키플링Rudyard Kipling이라는 인물이다.

키플링은 영국인이지만 인도에서 태어났다. 그런데 그는 자기가 태어난 인도에 대해 극도의 혐오감을 가지고 있었다. 인도뿐 아니라 아프리카도 마찬가지였다. 키플링에게 유색인종은 덜 개화된 야만인일 뿐이었다. 그런 그는 당시 유럽 백인들이 신봉했던 문명화 사명(civilizing mission)이라는 것을 강력히 지지했다. 문명화 사명이란 발전된 서구 문명을 식민지 지역에 전파해서 이 지역도 문명화해야 한다는 생각이다. 하지만 말만 그럴싸할 뿐, 이는 결국 백인들의 식민지 침탈을 정당화하는 논리와 다르지 않았다.

1899년 2월 키플링은 당시 백인의 시각이 얼마나 몰지각했는지를 극명하게 드러내는 「백인의 짐」(The White Man's Burden)이라는 시를 발표한다. 이 시의 한 대목을 감상해 보자.

Take up the White Man's burden—
Send forth the best ye breed—
Go, bind your sons to exile
To serve your captives' need;
To wait, in heavy harness,
On fluttered folk and wild—
Your new-caught, sullen peoples,
Half devil and half child.

백인의 책무를 다하라
너의 세대 중 선택된 자를 멀리 보내라
자녀들을 유배지로 던져라
포로들의 필요를 충족시키기 위해
제멋대로인 사람들과 야생을 보살피기 위해
육중한 마구를 갖추고 기다리라
방금 정복한 너의 음울한 백성들은
반은 악마 같고 반은 어린아이 같구나.

실로 웃기는 시 아닌가? 이쪽에서는 아무도 원치 않는데 자기들끼리 "이것이야말로 백인의 책무다. 책무를 다하기 위해 우리 자신을 유배지로 던지자."라며 비장해한다. 그리고 거기가 왜 유배지인가? 그곳은 아프리카와 동남아시아 원주민들의 소중한 고향이다. 또 자기들이 뭔데 감히 평화롭고 행복하게 살던 사람들을 멋대로 반은 악마, 반은 어린아이 운운한단 말인가?

키플링은 미국이 필리핀을 침공하는 모습을 보고 이 시를 쓴 것으로 알려졌다. 아무튼 영국인이건 미국인이건 식민지를 침탈하는 관점에서는 참 짝짜꿍이 잘 맞는다.

플랜테이션, 노예 거래를 부추기다

앞에서 살펴봤듯 유럽인들은 후추와 황금을 얻기 위해 아프리카와 아시아를 약탈했다. 약탈을 시작한 16~17세기, 그들은 광활한 신대륙(아메리카)의 비옥한 땅을 발견했고, 그 땅에서 엄청난 노동력이 투입되는 플랜테이션(plantation) 농업이라는 것을 시작했다.

이전까지 농업이란 사람들이 먹고사는 데 꼭 필요한 식량을 생산하는 산업이었다. 그런데 신대륙의 비옥한 대지에서는 사탕수수, 담배, 커피, 차 등 유럽 귀족들이 좋아하는 농산물이 잘 자랐다. 백인들은 이 땅에 식량이 아니라 기호 식품을 재배하기로 마음먹었다. 문제는 노동력이었다. 백인 농부만으로는 도저히 일을 감당할 수 없자, 유럽인들은 흑인이나 원주민을 노예로 부릴 생각을 했다. 플랜테이션 농업의 발전이 노예무역의 단초를 제공한 셈이다.

영국은 1562년부터 아프리카에서 노예를 잡아 이들을 사고팔았다. 플랜테이션 농업으로 일손이 필요한 농장주들은 이들을 싼값에 사들여 죽을 때까지 부려 먹었다. 영국이 '신사의 나라'라고? 신사가 다 얼어 죽지 않고서야!

노예 산업으로 영국이 떼돈을 벌자 무역 강국 네덜란드, 프랑스, 덴마크가 잇따라 사람을 사고파는 산업에 뛰어들었다. 역사는 이를 노예 쟁탈전(scramble for African slaves)이라고 부른다. 이들은 더 많은 노예를 차지하기 위해 아프리카와 아메리카에서 서로의 목에 칼끝을 겨눴다.

영국의 공영방송 BBC에 따르면, 노예 쟁탈전이 한창이던 1562~1807년 유럽인들이 서부 아프리카에서 배로 실어 노예로 팔아 치운(!) 아프리카인은 무려 1,100만 명 이상이라고 한다. 신사의 나라라고 자랑하는 영국의 배들이 미국으로 데려간 아프리카인은 약 300만 명이었다.

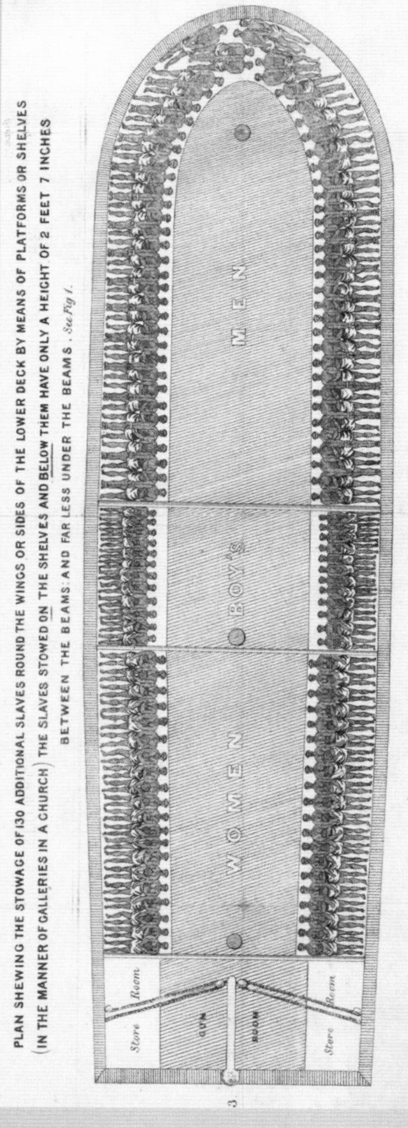

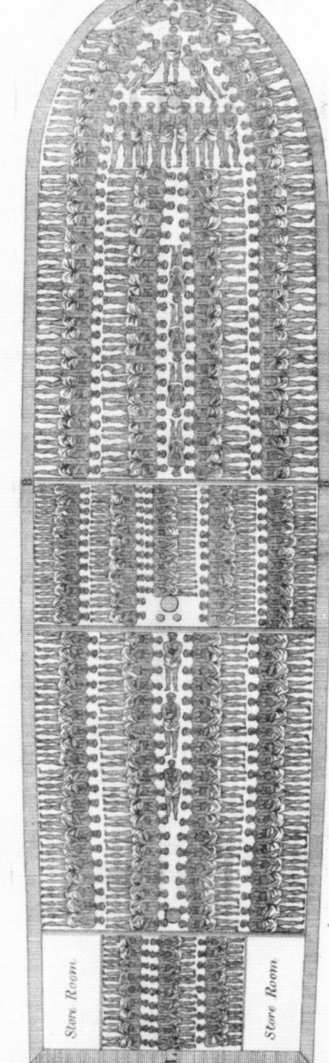

영국 노예선 브룩스(Brookes) 평면도

1781년 영국 리버풀에서 건조된 브룩스는 가장 큰 노예선 중 하나였다. 이 배의 1인당 허용 공간은 높이 180센티미터에 폭 40센티미터 정도로, 노예들은 짐짝처럼 빼곡하게 실려 아메리카 대륙으로 향했다.

보상과 처벌, 어느 쪽이 효율적일까

노예를 기반으로 한 플랜테이션 농업 중심 사회는 자본주의의 출발과 함께 와해됐다. 왜 그랬을까? 백인들이 마침내 인간의 소중함을 깨달아서였을까? 천만의 말씀이다. 노예제가 무너진 이유는 효율성 때문이다.

현대 심리학 역사상 가장 충격적인 실험으로 이름을 널리 알린 미국의 심리학자 버러스 스키너Burrhus Skinner는 동물은 물론 인간의 행동도 훈련으로 얼마든지 통제할 수 있다고 믿었던 인물이다. 그는 훈련을 통해 비둘기 두 마리에게 탁구도 가르쳤다. 스키너는 제2차 세계대전 때 '미사일 유도 임무를 훈련된 비둘기에게 맡기자'는 제안을 하기도 했다. 우리가 동물원에서 흔히 보는 돌고래쇼도 모두 이런 훈련을 통해 이뤄진다.

스키너가 동물의 행동을 통제하기 위해 사용한 방법은 처벌과 보상이다. 그런데 실험 결과 처벌보다 보상이 훨씬 더 큰 효과를 냈다. 그래서 스키너는 잘못했을 때 처벌하는 것보다 잘했을 때 보상하는 것이 인간의 행동을 통제하는 데 훨씬 유리하다고 단언했다. 이는 현대 행동경제학에서도 수많은 실험을 통해 입증됐다. 인간은 처벌보다 보상에 훨씬 예민하게 반응한다.

문제는 노예제가 보상이 아니라 처벌을 기반으로 유지되는 제도라는 데 있었다. 노예에게는 보상이 주어지지 않는다. 보상이 없으면 사람들은 절대 자발적으로 열심히 일하지 않는다. 노예들이 자발적으로 일하지 않으니 노예주들은 더 가혹하게 이들을 처벌했다. 이로 인해 노예주들이 쓰는 돈도 늘어났다. 주인은 노예를 감시하고 처벌하는 사람을 따로 고용해야 했다. 기본적으로 노예들이 먹고사는 일까지 주인들이 책임졌다. 게다가 일을 열심히 하지 않는다고 해서 노예를 때리거나 죽이면, 그건 결국 주인이 자기 재산을 훼손하는 바보짓을 하는 셈이었다. 근본적으로 노예제도는 효율성을 극대화하려는 자본주의 시스템에 맞지 않는 제도였다.

남북전쟁과 노예제의 종말

이런 이유로 산업혁명 이후 유럽에서 노예제는 점차 폐지됐다. 산업혁명이 가장 먼저 시작된 영국이 1807년 노예무역을 금지했고, 1833년 노예제를 폐지했다. 뒤이어 네덜란드가 이 대열에 합류했다. 이들이 노예제를 폐지한 명목상 이유는 '노예제가 비인간적'이라는 것이었지만, 실제로는 노예제가 경제적으로 더 이상 효율적이지 않았기 때문이다.

마지막까지 노예제를 유지하려고 노력한 나라들도 있었다. 그중 한 곳이 미국이다. 미국은 노예제 유지를 놓고 심각한 내전에 빠졌다. 이 전쟁이 그 유명한 남북전쟁(American Civil War, 1861~1865)이다.

많은 사람이 남북전쟁을 노예해방 전쟁으로 알고 있다. 노예제에 반대한 북부의 지도자 에이브러햄 링컨이 노예제를 수호하려 한 남부를 물리쳐서 노예해방을 이뤘다고 말이다. 그런데 이는 사실과 다르다. 링컨은 적극적인 노예해방론자가 아니었다. 그리고 남북전쟁의 원인 자체도 노예제가 아니었다. 물론 북부가 노예제에 반대했고 남부가 옹호했던 것은 사실이지만, 전쟁의 진짜 원인은 따로 있었다.

전쟁의 원인은 관세, 즉 '외국으로부터 수입하는 물품에 세금을 얼마나 매길 것인가'에 관한 분쟁이었다. 그 당시 미국 북부와 남부의 경제구조는 완전히 달랐다. 북부는 산업혁명의 영향을 받아 공업이 매우 발달한 지역이었다. 이런 공업 사회에서는 노예제가 매우 비효율적이다. 북부가 남부보다 이른 시기에 노예제를 폐지한 이유가 여기에 있다. 반면에 남부는 드넓은 대지를 활용한 면화 농업으로 먹고사는 지역이었다. 여전히 중세 농업 사회가 유지됐기 때문에 노예제는 이 지역의 중요한 경제적 기반이었다.

이 시기 미국 사회에서는 '영국으로부터 물건을 수입할 때 세금을 얼마나 매길 것인가'에 관한 논쟁이 시작됐다. 공업 사회인 북부는 영국 수입품에 막대한 관세를 물리자고 주장했다. 그래야 영국 공산품의 가격이 뛰어 미국 내에서 자기들이 만든 상품을 더 많이 팔 수 있기 때문이다.

하지만 농업 사회인 남부는 영국에서 수입한 물건의 가격이 뛰면 치명타를 입는다. 남부에서는 공산품을 거의 만들지 않았기 때문에 주민들이 대부분 영국 제품을 쓰고 있었다. 그런데 관세를 높여 수입 제품 가격이 올라가면 남부 주민들은 과거보다 훨씬 비싼 가격에 생필품을 사야 했다. 당연히 남부는 관세를 높이는 데 결사적으로 반대했다.

남부는 이런 식이면 우리가 미국이라는 나라에 묶일 이유가 없다며 독립을 요구했고, 북부는 이를 받아들이지 않았다. 남북전쟁이 벌어진 원인이 바로 이것이다. 이 전쟁에서 노예제가 이슈로 떠오른 이유는, 노예가 별 필요 없던 북부가 남부를 비난하기 위해 그 문제를 끌어

남북전쟁 당시 미국의 분열

1860년 노예제를 반대하던 공화당 소속 에이브러햄 링컨의 대통령 당선이 확정되자, 남부 7개 주가 연방을 탈퇴하여 아메리카연합국(남부 연합)을 만들었다. 남북전쟁 발발 이후 남부 연합에는 4개의 주가 추가되었다.

들였기 때문이다. 노예해방이라는 명분까지 확보한 북부는 결국 전쟁에서 승리했다. 그리고 남부의 패배로 그 지긋지긋한 노예제는 현대사에서 사실상 막을 내렸다.

이 과정에서 알 수 있듯이 노예제가 폐지된 이유는 백인들이 인권에 눈을 떴기 때문이 아니다. 그들이 벌인 전쟁은 경제적 이권을 위한 것이었고 노예제 폐지는 전쟁에서 승리하기 위한 구호였을 뿐이다.

자본주의 발달과 함께 노예제는 역사 저편으로 사라졌다. 아이러니하게도 그 이유는 노예제가 더 이상 돈을 잘 벌어 주지 않았기 때문이다. 그런데 이런 비인간적인 제도를 수 세기 동안 운영한 자들 가운데 피해자들에게 사죄한 사람은 아무도 없다.

1879년 볼리비아 대통령 일라리온 다사의 칠레 진군

1879~1883

◇ 구아노 개발 붐

◇ 볼리비아-칠레 국경 조약

Chapter 07

구아노 전쟁

새똥이 남아메리카를 초토화하다

전설의 베트남 스키부대

1970~1980년대, 나이 어린 조카가 "삼촌은 군대 어디로 다녀왔어?"라고 물으면 허세 심한 삼촌이 "내가 이래 봬도 베트남전쟁 참전용사야."라며 허풍을 떨곤 했다. 놀란 조카가 "와, 베트남전쟁에 참전했어? 무슨 부대에 있었는데?"라고 물으면 삼촌은 "어, 내가 바로 그 전설의 베트남 스키부대 출신이지."라고 답했다.

이 헛소리가 널리 퍼지면서 '베트남 스키부대'라는 말이 한때 대유행했다. 지금도 가끔 누군가 말도 안 되는 헛소리를 하면 신문에 "베트남 스키부대 같은 소리"라는 비유가 나오곤 한다.

여기까지 읽고도 '베트남 스키부대가 왜 이상한 거지?'라고 생각한다면, 그건 좀 문제가 있다! 베트남은 열대 국가여서 스키부대가 없기 때문이다. 그래서 한때 "베트남 스키부대는 사하라 잠수부대, 몽골 해군특수부대, 시베리아 정글특수부대와 함께 세계 4대 특수부대다."라는 허접한 농담이 나돌기도 했다. 베트남에 스키부대가 있을 리 없듯 사하라사막에 잠수부대가 있을 리 없고, 시베리아의 눈 덮인 벌판에 정글특수부대가 있을 까닭도 없다.

단, 누가 만든 농담인지는 모르겠지만 여기에 '몽골 해군특수부대'는 잘못 끼워 넣었다. 바다와 접하지 않은 내륙국 몽골에 해군특수부대가 있겠느냐는 취지에서 나온 농담인 것 같은데, 놀랍게도 몽골에는 해군이 존재하기 때문이다.

물론 해군이라고 해 봐야 호수에 배 한 척 띄워 놓은 정도고 병력도 일곱 명뿐이지만, 어쨌든 해군은 해군이다. 1997년 민영화되기는 했는데, 여전히 해군이라는 이름으로 호수에서 관광객을 나르고 있다(응?).

몽골 해군처럼 바다가 없어도 운영되는 해군을 '내륙 해군'이라고 부른다. 대부분의 내륙 해군이 작은 규모로 운영되지만, 남아메리카의 내륙국인 볼리비아 해군은 다르다. 볼리비아 해군은 2022년 기준 무려 170척이나 되는 배를 보유하고 있기 때문이다. 바다도 없는데 이 많은 배를 어디에 두고 있을까? 볼리비아 해군 선박 대부분은 안데스산맥에 있는 호수인 티티카카호에 주둔한다.

해군 병력도 5,000명에 육박한다. 심지어 볼리비아에는 해병대도 있다. 게다가 이 해병대는 남아메리카에서 최강의 전력을 자랑한다. 마약 범죄 소탕 작전에 여러 번 투입돼 실전 경험도 매우 풍부하다.

더 재미있는 사실은 볼리비아가 3월 23일을 바다의 날(Día del Mar)로 지정했다는 점이다. 다시 말하지만, 볼리비아는 페루·브라질·파라과이·아르헨티나·칠레에 둘러싸인 남아메리카의 내륙국이다. 이 나라 어디에 가도 바다를 만날 수 없다. 그런데도 볼리비아에는 해군도 있고, 해병대도 있고, 바다의 날도 있다. 도대체 이 나라에서 무슨 일이 벌어진 것일까?

새똥, 인류의 희망으로 떠오르다

볼리비아가 애초부터 내륙국은 아니었다. 볼리비아는 에스파냐로부터 독립할 당시 남아메리카 대륙 서쪽에 안토파가스타(Antofagasta)라는, 바다와 인접한 주(州)를 보유하고 있었다. 게다가 안토파가스타는 은과 초석 같은 광물이 가득 매장되어 있는 지하자원의 보고였다. 넓은 해안은 아니어도 볼리비아엔 어쨌든 해안이 있었고, 이곳을 통해 태평양으로 향할 수도 있었다.

그런데 안토파가스타에서 대량의 구아노(guano)가 발견된 것이 문제였다. 구아노가 무엇일까? 간단히 말하면 새똥이다. 가마우지 등 바닷새 종류의 똥이 쌓여 오랜 시간 동안 굳어서 생긴 무더기를 말한다. 동굴에서 발견되는 박쥐의 똥도 구아노라고 부른다. 물론 박쥐는 새가 아니지만, 배설물 성분은 새나 박쥐나 비슷하다.

19세기 들어 이 새똥의 놀라운 가치가 새롭게 발견됐다. 산업혁명으로 유럽의 인구는 폭발적으로 늘었다. 반면에 식량 생산량이 인구 증가율을 따라잡지 못해 굶어 죽는 사람이 속출했다. 이때 구아노를 비료로 사용하면 농업 생산량이 비약적으로 늘어난다는 사실이 발견됐다. 사실 이는 남아메리카 원주민인 잉카인들이 오래전부터 사용한 방법이었다. 유럽인들이 이를 흉내 낸 뒤 놀라운 효과를 경험하자 구아노를 천연비료로 사용하기 시작했다. 바야흐로 새똥이 굶어 죽는 인류의 새로운 희망으로 떠오른 셈이다.

19세기 중반부터 남아메리카의 새똥은 유럽에서 선풍적인 인기를 끌었다. 해변에 구아노 퇴적물로만 이뤄진 섬을 잔뜩 보유한 볼리비아와 페루, 칠레는 그야말로 로또를 맞았다. 섬을 개발해서 새똥을 팔아 거금을 벌어들이기 시작한 것이다.

구아노로 비료를 만든 미국의 공장
이 공장은 칠레와 페루 등지에서 수입한 구아노로 비료를 만들어 유럽에 수출했다. 구아노의 가치가 알려지자 외딴섬의 새똥이 갑자기 자원으로 변했다.

하지만 돈이 모이는 곳에 분쟁이 생기는 법. 볼리비아 안토파가스타 지역의 아타카마사막에서 엄청난 양의 구아노와 초석이라는 광물이 발견되었다. 초석은 당시 구아노처럼 인기가 많은 자원이었다. 질소가 들어 있어서 비료로 쓰기에 더할 나위 없이 유용했기 때문이다. 그런데 볼리비아는 이렇게 천연비료가 널려 있는 안토파가스타 지역 개발에 어려움을 겪었다. 원체 가난한 나라여서 자금과 인력이 턱없이 부족했다.

볼리비아는 광산 개발에 이웃 칠레를 끌어들였다. 칠레 기업들로 하여금 이곳을 개발할 수 있게 해 주는 대신, 채굴한 구아노와 초석을 수출해서 걷은 세금을 볼리비아와 칠레가 반반씩 나눠 갖기로 한 것이다(볼리비아-칠레 국경 조약). 나중에 볼리비아가 세금을 나눠 먹던 방식을 폐기하기는 하지만, 그 대신 칠레 기업들에는 25년 동안 기존의 세금을 인상하지 않고 채굴할 수 있도록 해 주겠다고 약속했다. 안토파가스타에 쌓인 막대한 구아노와 초석을 부러운 시선으로 바라보던 칠레는 볼리비아의 제안이 매우 달콤했다. 칠레는 주저 없이 여러 기업을 보내 아타카마사막을 개발하기 시작했다.

그런데 정작 개발이 이뤄지자 투자를 제안했던 볼리비아의 생각이 바뀌었다. 화장실 들어갈 때와 나올 때 생각이 달라진 것이다. 자기들이 필요해서 먼저 손을 내민 볼리비아는, 정작 아타카마사막이 그럴싸하게 개발되자 태도가 돌변했다.

볼리비아 정부는 갑자기 "아타카마사막과 광산은 이제 볼리비아 정부 소유이니 칠레 기업들도 이를 사용하려면 세금을 더 내라"고 강요했다. 25년 동안 세금을 올리지 않는다는 약속을 믿었던 칠레 기업들은 날벼락을 맞았다. 칠레 기업들이 세금 납부를 거부하자 볼리비아 정부는 이들의 재산을 몰수했다.

칠레는 이를 도저히 용인할 수 없었다. 기껏 돈과 인력을 들여 그 지역을 개발했더니, 볼리비아가 이를 냉큼 가로챘기 때문이다. 1879년 2월 14일, 마침내 칠레군이 안토파가스타로 진격했다. 볼리비아는 형제 국가인 페루와 군사동맹을 맺고 칠레에 맞섰다. 외형상 칠레가 볼리비아를 먼저 침공한 모습이지만, 원인을 제공한 쪽은 약속을 어긴 볼리비아다. 칠레 대 볼리비아-페루 동맹군은 엄청난 가치를 지닌 새똥과 초석을 두고 물러설 수 없는 일전을 벌였다.

겉보기에 이 전쟁은 칠레의 무모한 도전이었다. 그 당시 페루는 8,000여 명, 볼리비아는 3,000여 명의 병력을 보유했다. 반면에 칠레의 병력은 고작 2,500명 수준이었다. 게다가 페루와 볼리비아는 동맹까지 맺은 상태였다. 병력 규모만으로도 4 대 1의 열세인 칠레가 무엇을 믿고 과감하게 선제공격을 가했을까?

그 당시 칠레로선 믿는 구석이 있었으니, 바로 유럽 국가들의 지원이다. 원래 볼리비아와 페루는 구아노와 초석 산업을 국유화한 뒤, 이를 유럽에 비싸게 팔아 치울 심산이었다. 새똥 비료의 엄청난 효력을 확인한 유럽 국가들은 당시 구아노가 없으면 농사를 지을 수조차 없는 지경이었다. 매년 수십만 톤씩 밭에 뿌려 대는 초석 비료도 소중하기는 마찬가지였다. 구아노와 초석의 가격 폭등을 우려한 영국, 프랑스, 독일, 이탈리아 등 유럽 국가는 페루와 볼리비아의 자원 국유화에 맞서는 칠레를 돕기로 약속했다. 칠레는 이를 믿고 볼리비아로 진격한 것이다.

전세는 칠레의 일방적 우세였다. 전쟁 초기 페루 해군이 잠깐 승리를 거두기는 했지만, 이후 칠레는 일방적으로 두 나라를 몰아붙였다. 영국과 프랑스는 칠레 병력의 훈련까지 도왔다. 볼리비아는 일찌감치 내륙으로 쫓겨났고, 그보다 더 오래 버틴 페루 역시 연전연패해 수도 리마를 잃었다. 그 뒤 볼리비아-페루 동맹의 산발적 저항이 이어졌지만, 유럽의 지원을 등에 업은 칠레를 이길 수는 없었다.

1883년 페루가 마침내 항복을 선언했다. 전쟁 4년 만이었다. 그해 칠레와 페루 사이에, 이듬해 칠레와 볼리비아 사이에 잇따라 평화협정이 체결되며 새똥을 차지하기 위해 벌어진 이 엽기적인 전쟁은 막을 내린다. 이 전쟁에서 패배함으로써 볼리비아는 태평양으로 진출할 수 있는 유일한 해안 안토파가스타를 잃고 내륙국으로 전락했다.

볼리비아가 아직도 해군을 운영하며 바다의 날을 만들면서까지 바다를 그리워하는 이유가 여기에 있다. 매년 바다의 날이 되면 볼리비아 국민은 피켓을 들고 시위를 한다. 그 피켓에는 보통 "칠레 대통령님, 우리의 바다를 돌려주세요!"라는 글귀가 적혀 있다.

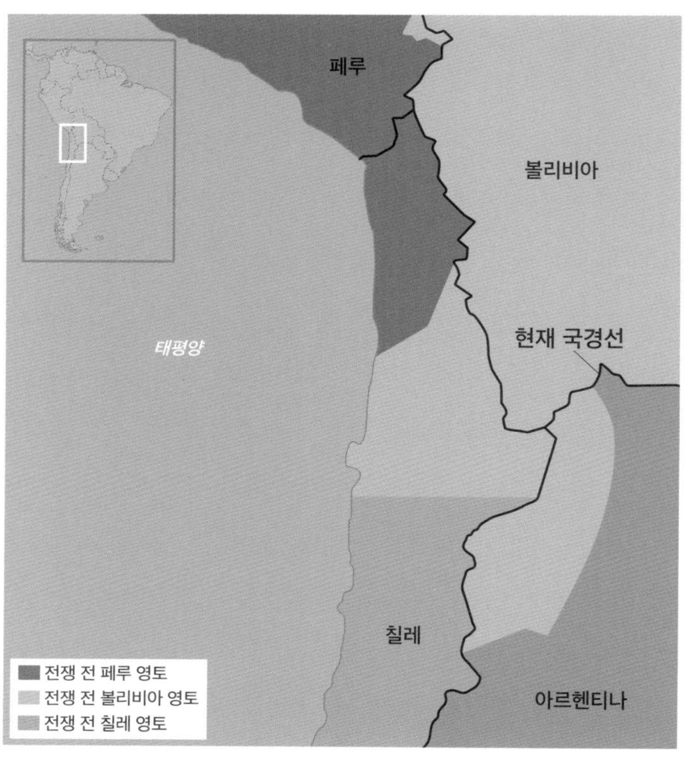

19세기 태평양전쟁 전후 국경

태평양전쟁은 칠레의 승리로 끝났다. 칠레는 현재 영토의 3분의 1을 당시에 얻었다. 반면에 볼리비아는 태평양 해안 지대를 잃으면서 내륙 국가로 전락했고, 페루 역시 칠레에 일부 영토를 뺏겼다.

모두를 불행으로 내몬 새똥

그렇다면 전쟁에서 승리한 칠레는 행복했을까? 그렇지 않았다. 전쟁배상금으로 2,000만 페소의 금화를 챙겼고, 새똥과 천연자원이 풍부한 새 영토도 얻었다. 하지만 이후 칠레도 페루나 볼리비아처럼 자원의 국유화를 선언했으며, 자원 가격 급등을 우려한 영국과 미국은 칠레의 반란군을 지원해 정부를 무너뜨렸다.

미국 등 선진국은 칠레의 내정에 계속 개입했다. 칠레가 미국의 간섭에서 벗어날 기미만 보이면, 미국은 즉각 칠레의 반란군을 지원해 쿠데타를 일으켜 반미(反美) 성향의 정부를 제거해 버렸다. 게다가 구아노를 대체할 새로운 화학비료가 개발되면서 새똥의 가치도 급락했다. 새똥이 촉발한 전쟁의 결말은 패전국 볼리비아와 페루는 물론, 승전국 칠레까지 극심한 혼란에 빠지는 비극으로 마무리됐다.

이 세 나라가 벌인 전쟁의 정식 명칭은 태평양전쟁(War of the Pacific)이다. 제2차 세계대전 때 일본이 일으킨 태평양전쟁(Pacific War)과는 영문 이름이 다르다. 하지만 많은 사람이 이 전쟁의 이름을 '새똥 전쟁' 혹은 '구아노 전쟁'으로 기억한다. 그만큼 이 전쟁에서 천연자원인 구아노가 차지하는 비중이 컸기 때문이다.

인류는 역사 속에서 수많은 전쟁을 벌였다. 하지만 지하자원이나 천연자원만을 두고 나라끼리 총을 들이댄 현대전은 이 전쟁이 최초였다. 그래서 태평양전쟁은 '현대 인류 최초의 자원전쟁'으로 불리기도 한다.

1956년 11월 영국의 수에즈운하 공습

1956

◇ 수에즈운하 개통
◇ 이집트공화국 수립
◇ 수에즈운하 국유화 선언

Chapter 08

수에즈전쟁

수에즈운하의 패권을 다투다

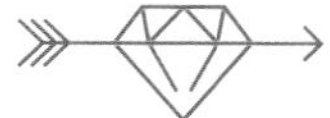

잡식동물의 딜레마와 인류의 낙관주의

인류에게는 두 가지 묘한 속성이 섞여 있다. 하나는 두려움을 모르는 낙관주의고, 다른 하나는 새로운 것을 두려워하는 비관주의다. 그런데 "이 두 속성 중 어느 것이 더 강한가?"라는 질문을 던진다면 어떻게 대답할 수 있을까?

인간에게 이 두 속성이 섞여 있는 이유를 분석한 가설 중 '잡식동물의 딜레마'라는 것이 있다. 미국 펜실베이니아대학 심리학 교수인 폴 로진Paul Rozin이 1976년 「쥐, 인간, 그리고 또 다른 동물들의 음식 선택」(The Selection of Foods by Rats, Humans, and Other Animals)이라는 논문에서 처음으로 사용한 용어다.

로진에 따르면 '무엇을 먹느냐' 하는 문제는 그 동물의 정신세계를 결정하는 데 매우 중요하다. 특히 인간 같은 잡식동물은 육식동물이나 초식동물에 비해 특이하고 복잡한 양면성을 갖는다.

육식동물이나 초식동물은 무언가를 먹을 때 '오늘은 뭘 먹어야 하나?'라는 고민을 하지 않는다. 육식동물은 고기만 먹으면 되고 초식동물은 풀만 먹으면 된다. 사냥으로 먹이를 얻는 육식동물은 '오늘은 유난히 얼룩말 고기가 당기네. 특별히 얼룩말을 사냥해야겠어.'라고 생각하지 않는다. 그냥 잡히는 걸 먹는 거다.

초식동물은 풀을 먹는데, 풀에도 여러 종류가 있다. 하지만 초식동물들은 대부분 태어날 때부터 자기가 무엇을 먹어야 하는지 선천적으로 안다. 예를 들면 코알라는 유칼립투스잎을 즐겨 먹는데, 이건 누가 가르쳐 줘서 안 게 아니다. 여러 나뭇잎을 먹어 본 뒤 그게 제일 맛있어서 먹는 것도 아니다. 코알라는 태어날 때부터 유칼립투스잎을 먹도록 유전자적으로 설계가 돼 있다. 그래서 초식동물도 무엇을 먹을지 고민하지 않는다.

하지만 인간은 다르다. 잡식동물인 인간은 무엇이든 먹을 수 있다. 그리고 이 사실은 인간에게 낙관과 비관이라는 묘한 딜레마를 선사한다. 우선 무엇이든 먹을 수 있다는 사실은 인간을 매우 진취적인 동물로 만든다. 내가 살던 안정적인 거처를 떠나도 어디에서든 먹을 것을 구할 수 있기 때문에 인간은 이동을 하고 모험을 한다. 신대륙을 발견하러 떠나기도 하고, 북극이나 남극도 탐험한다. 정 먹을 게 없으면 물고기라도 잡아먹으면 되기 때문이다.

반면 잡식성이라는 사실은 인간에게 새로운 공포를 안겨 주기도 한다. 사자나 코알라는 늘 먹던 것만 먹기 때문에 '이걸 먹으면 탈이 나지 않을까?'라는 공포가 없다. 하지만 인간은 다르다. 예를 들어 산에 갔더니 버섯이 있었다. 사자나 코알라는 거들떠보지도 않겠지만, 인간은 속으로 '저것도 먹을 수 있지 않을까?'라는 생각을 갖는다. 그리고 버섯을 실제로 먹어 본다. 그러다가 독버섯을 집어 먹어 탈이 난다. 이때부터 독버섯은 공포의 상징이 된다.

그래서 로진은 "잡식동물인 인간은 평생 두 가지 동기가 엇갈리는 삶을 산다."라고 표현한다. 첫 번째 동기는 새로운 것을 시도하는 도전이다. 이게 바로 인간의 낙관주의를 상징한다. "그까짓 것 한번 도전해 보자고!"라는 용기는 바로 "도전하면 성공할 수 있어!"라는 낙관에 기반을 둔 것이다.

반면 두 번째 동기는 새로운 것을 싫어하는 혐오다. "저거 도전하면 죽을지도 몰라!"라는 공포가 도전에 대한 욕구와 변화를 막는다. 잡식동물이 아니면 이런 공포가 생길 리 없는데, 인간은 무엇이든 먹을 수 있는 잡식동물이기에 "저건 먹으면 죽을지도 몰라."라는 공포를 품게 된 것이다.

미국 뉴욕대학 스턴경영대학원 교수이자 사회심리학자인 조너선 하이트Jonathan Haidt는 이 사실을 이렇게 해석한다. 이 두 가지 성향 중 새로운 것에 대한 도전 욕구가 더 강한 사람은 진보적 성향을 갖고, 새로움에 대한 두려움에 사로잡힌 사람은 보수적 성향을 갖는다는 것이다. 즉 진보는 용감하고 보수는 조심스럽다는 이야기인데, 인류는 이 두 가지 속성을 모두 품고 살았다.

그럼에도 불구하고 인류가 지구의 지배자가 된 이유는 비관주의보다 낙관주의가 강했기 때문이다. 생각해 보라. 내가 하는 일이 모두 잘될 거라고 믿는 낙관주의가 없었다면 인류가 어떻게 농사를 지었겠는가? 농사라는 게 봄에 씨를 뿌려 가을에 곡물을 수확하는 것이다. 즉 결과물을 얻기 위해 무려 6~7개월을 기다려야 한다.

그런데 상식적으로 그 긴 기간 동안 나한테 무슨 일이 벌어질 줄 알고 농사를 짓는단 말인가? 막말로 그동안 맹수한테 물려 죽을 수도 있고, 홍수나 가뭄을 겪을 수도 있다. 하지만 인류는 비관보다 낙관을 선호한다. 그런 부정적인 생각은 내다 버리고! "내가 뿌린 씨는 잘 자라서 가을에 풍족한 곡식을 만들어 낼 거야."라고 낙관하는 것이다. 농사 기술이 발달한 이유가 여기에 있다.

사냥 기술이 발전한 이유도 마찬가지다. 수백 마리의 버펄로 떼가 초원을 질주한다. 사실 거기에는 사자도 함부로 뛰어들지 못한다. 그곳에 뛰어 들어가면 십중팔구 성난 버펄로들의 뿔에 받혀 죽는다. 하지만 인간은 그 짓(!)을 한다. "우리가 저기 뛰어들면 반드시 사냥에 성공해 오늘 밤에는 맛난 소고기를 배 터지게 먹을 거야!"라는 낙관으로 무장한 채 말이다.

물론 그러다가 몇 명이 죽기도 하고 사냥에 실패하기도 한다. 보통 이 정도 피해를 입고, 별 성과가 없으면 포기하는 게 정상이다. 하지만 인류는 그 비관적 경험을 까먹고 다시 사냥에 도전한다. 더 날카로운 창과 더 강력한 활을 개발해서 말이다. 이것이 인류가 사냥 기술을 발전시킨 이유다.

인지신경과학자 탈리 샤롯Tali Sharot 유니버시티칼리지런던 교수는 저서 『설계된 망각』(The Optimism Bias, 2012)에서 "낙관주의가 없었다면 최초의 우주선은 뜨지 못했을 것이고, 중동의 평화도 결코 시도되지 못했을 것이고, 재혼하는 사람도 전무할 것이고, 우리 조상들은 감히 부족을 떠나 멀리까지 갈 엄두도 내지 못했을 것이다."라고 말한 바 있다. 미국 럿거스대학 인류학과 라이어널 타이거Lionel Tiger 교수도 낙관주의의 문명사적 의미를 이렇게 정리한다. "인간이 진화할 수 있었던 이유는 낙관적인 환상 덕분이다."

대륙을 이동하고자 했던 인류의 의지

실크로드(Silk Road)라는 것이 있다. 알다시피 고대부터 중세까지 서양과 동양을 잇던 교역로였다. 주요 무역 품목이 중국의 비단(silk)이어서 이런 이름이 붙었다.

이동을 위해 인류가 이 광대한 길을 개척했다는 사실은 실로 놀랍다. 루트에 따라 조금씩 다르지만, 실크로드의 대략적인 길이는 무려 3만 5,000킬로미터가 넘는다. 게다가 이 길은 당연히 평로(平路)가 아니었다. 어떤 곳은 해수면보다 150미터나 낮은가 하면, 어떤 곳은 해발 7,400미터에 이르는 고산 지역이었다. 교역로 중간에 위치한 타클라마칸사막의 모래바람은 이 세상 모든 것을 집어삼킬 것 같은 위력이었다. 오죽했으면 '타클라마칸'(Taklamakan)이라는 이름 자체가 현지어로 '버려진 땅', 혹은 '한번 들어가면 못 나오는 땅'이라는 의미였겠는가?

이런 길을 개척했다는 사실만으로도 인류가 얼마나 무모하며, 얼마나 도전적이고, 얼마나 낙관적인지 잘 알 수 있다. 사실 아무리 간이 큰 상인이라도 3만 킬로미터가 넘는 이 험악한 지형을 쳐다보면 '저기는 내가 죽을 길이다. 저런 곳을 다녀서는 안 돼!'라고 생각하고 포기해야 정상이다. 하지만 인류는 이 도전에 나서 길을 개척했다. '이 길만 뚫어내면 우리는 반드시 무역에 성공해 큰돈을 벌게 될 거야!'라는 낙관적 환상에 젖어서 말이다.

낙관과 도전 정신으로 무장한 인류는 육상 교역로에 만족하지 않고 보다 효율적인 무역로를 찾기 시작했다. 당시 기술로는 하늘을 나는 일이 언감생심이었으니, 인류가 눈을 돌린 곳은 당연히 바다였다.

사실 바닷길은 무역 측면에서 육로에 비해 훨씬 효율적이다. 동서양을 육로로 가로지를 때 주요 운송 수단은 낙타였다. 그런데 낙타 한 마리가 운송할 수 있는 짐의 양은 고작 300킬로그램 정도였다. 게다가 앞에서 살펴봤듯 실크로드는 길이만 수만 킬로미터에, 산과 사막으로 이뤄진 험로였다. 낙타가 300킬로그램밖에 못 나른다는 점을 투덜대기 전에, 그 길을 가는 동안 낙타가 살아만 있어 주면 고마워해야 할 판이었다.

하지만 배 한 척에는 낙타가 나르는 짐의 수십 배를 실을 수 있었다. 속도도 배가 훨씬 빨랐다. 가끔 풍랑을 겪거나 해적을 만날 위험에 노출됐지만 사막의 모래바람도 위험하기는 마찬가지였다. 그리고 실크로드 곳곳에 진을 친 산적의 숫자는 해적보다 훨씬 많았다. 배로 무역을 할 수만 있다면 그것은 육상무역에 비해 엄청나게 효율적이었던 것이다.

문제는 동서양을 한 번에 잇는 바닷길이 존재하지 않는다는 점이었다. 물론 바닷길이 아예 없는 건 아니었다. 지중해에서 홍해와 아라비아해를 거쳐 인도양과 서태평양에 이르는 루트인데, 문제는 이 길이 중간에 끊겨 있었다는 것이다. 세계지도를 보면 알겠지만, 지중해와 홍해 사이에는 삼각형 모양의 땅(시나이반도)이 떡하니 가로막고 있다. 그 탓에 지중해와 홍해를 오가는 상인들은 일단 배를 내려 육로로 이동한 뒤 다시 배를 타는 번거롭기 짝이 없는 과정을 거쳐야 했다.

훗날 대항해시대에 동서양을 잇는 또 다른 바닷길이 개척되었지만, 이 길은 하나로 이어져 있기는 해도 시간이 너무 많이 걸렸다. 아프리카 대륙 남쪽 끝을 빙 돌아가거나, 아니면 아메리카 대륙 남쪽 끝의 좁

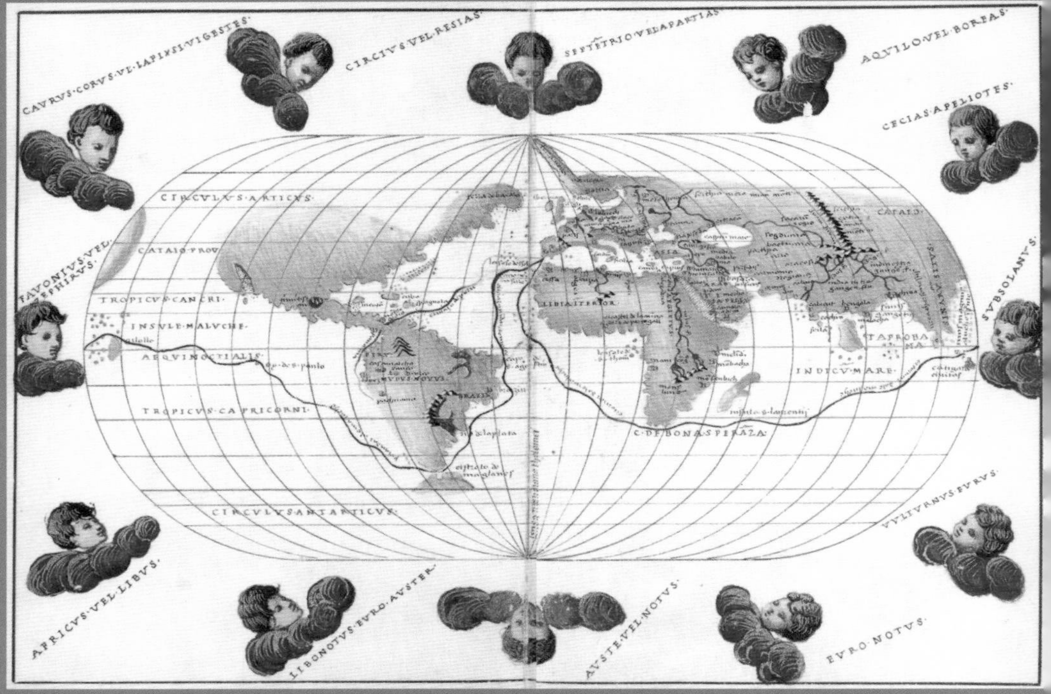

1544년의 세계지도

제네바공화국 출신의 지도 제작자 바티스타 아녜세Battista Agnese가 만든 지도는 대항해시대 동서양을 잇는 두 가지 해상 루트를 보여 준다.

고 험난한 해협을 통과해 빙 돌아가야 했으니 말이다.

하지만 인류는 포기하지 않았다. 낙관과 도전 정신으로 가득 찬 인류가 주목한 곳은 바로 아프리카와 아라비아반도가 이어지는 좁은 땅이었다(수에즈 지협이라고 한다). 지중해와 홍해를 사이에 둔 이 좁은 땅의 폭은 대략 125킬로미터 내외. 이곳에만 바닷길이 뚫린다면 인류는 동서양 왕래를 위해 그 먼 아프리카 대륙과 아메리카 대륙을 돌아갈 필요가 없었던 것이다.

생각이 여기까지 미친 인류는 마침내 '땅을 파서 물길을 뚫자'는 어마어마한 생각을 하기에 이르렀다. 이 생각은 기원전인 고대이집트 왕조부터 시작됐는데 마침내 물길을 뚫는 데 성공한 시기는 1869년이었다. 공사 기간 10년 동안 12만 명이 넘는 노동자가 목숨을 잃는 난항 끝에 일궈 낸 성과였다.

운하의 패권을 탐했던 자들의 전쟁

수에즈운하의 중요성은 지도만 봐도 금방 알 수 있다. 이 운하의 개통으로 동서양(유럽~인도양)을 오가는 거리가 무려 1만 킬로미터 가까이 단축됐기 때문이다. 19세기 여러 운하가 건설됐지만 수에즈운하를 '운하의 제왕'이라고 부르는 이유가 여기에 있다.

문제는 인류가 낙관의 동물이기도 하지만, 탐욕의 동물이기도 하다는 점에 있었다. 이토록 중요한 운하를 탐욕에 가득 찬 유럽의 제국주의 국가들이 가만 놔둘 리가 없었다.

수에즈운하는 건설 당시부터 프랑스와 영국의 치열한 주도권 싸움 끝에 겨우 완공됐다. 프랑스는 운하 건설 초기 막대한 건설 비용을 투자했고, 영국은 나중에 이집트의 재정 위기를 틈타 운하의 지분을 잽싸게 확보했다. 이로써 수에즈운하는 영국과 프랑스가 지분을 거의 반씩 나눠 갖고 공동으로 운영하는 셈이 된다.

19세기 후반부터 영국은 수에즈운하의 지배자로 군림한다. 이집트를 사실상 식민지로 삼고,[6] 운하 보호를 구실로 수에즈운하에 군대를 주둔시키면서부터다. 물론 제1차 세계대전이 끝난 이후 이집트는 영국의 보호령에서 이집트왕국이라는 이름으로 독립하지만(1922), 이는 명목상의 일이었을 뿐 독립 이후에도 한동안 영국은 이집트를 실질적으로 지배했다. 1953년 이집트가 공화국을 수립하며 실질적으로 독립한 이후에도 영국과 프랑스는 이 운하를 고스란히 이집트에 넘겨줄 생각이 아예 없었다.

그런데 때마침 쿠데타로 집권한 가말 압델 나세르Gamal Abdel Nasser(이집트 제2대 대통령, 재임 1956~1970)가 친소련적인 경향을 보이면서 이집트는 영국과 프랑스 등 유럽 국가들과 사이가 틀어졌다. 나세르는 자신을 적대시하는 영국과 프랑스를 견제하고, 당시 추진 중이었던 아스완하이댐(Aswan High Dam) 건설 자금을 마련하기 위해 1956년 7월 26일 전격적으로 수에즈운하를 국유화했다. 이전까지 수에즈운하의 통행세를 받던 영국과 프랑스는 졸지에 수에즈운하를 잃을 위기에 처했다.

운하가 국유화된 이후 3개월 만인 10월 29일, 영국과 프랑스는 이집트와 앙숙 관계였던 이스라엘과 동맹을 맺고 이집트를 침공했다. 제2차 중동전쟁(Second Arab-Israeli War, 1956), 혹은 수에즈전쟁(Suez War)이라 불리는 사건이 일어났다.

그렇지 않아도 아랍 국가들과 사이가 나빴던 이스라엘은 이집트가 운하를 국유화하며 자국 선박의 해상 운송로를 막자 지체 없이 이 전쟁에 뛰어들었다. 이스라엘이 시나이반도를 침공하며 개전의 나팔을 울렸

[6] 영국이 이집트를 공식적인 보호령으로 삼은 것은 1914년이지만, 그 훨씬 전인 1822년부터 이집트의 정치적 혼란을 틈타 식민 통치 수준의 내정간섭을 했다.

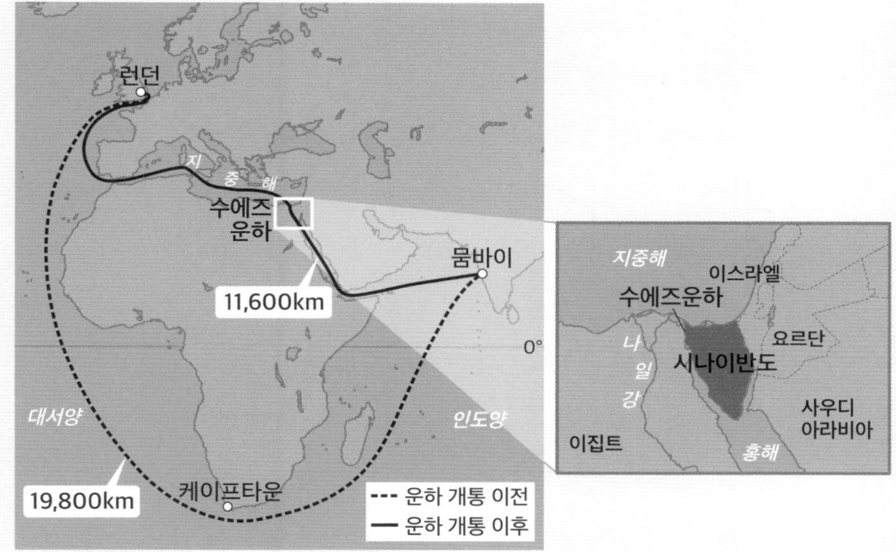

수에즈운하의 지정학적 중요성

이집트 본토와 시나이반도를 가로지르는 수에즈운하는 지중해와 홍해, 더 나아가 인도양을 직접 연결해 준다. 1896년 개통 이후 유럽과 아시아의 지리적 거리를 크게 단축했으며, 영국 세계 지배 전략의 핵심 축 역할을 했다.

고, 일주일 뒤 영국과 프랑스 연합군은 즉각 수에즈운하로 진격했다.

제1차 중동전쟁(1948~1949) 때 혈혈단신으로(미국의 강력한 무기 지원이 있기는 했다) 아랍의 여러 적대국들을 격파했던 이스라엘의 화력에다, 한때 세계를 호령했던 영국-프랑스 연합군이 가세한 이 전쟁의 결과는 너무나 뻔해 보였다. 이집트의 나세르는 운하를 통과하던 배를 침몰시키고 운하를 봉쇄하는 등 격렬히 저항했지만 전황은 나아지지 않았다. 이집트의 참패는 기정사실처럼 보였다.

영국과 프랑스는 '지는 해'였다

그런데 이때 뜻밖의 변수가 등장했다. 사회주의국가들의 맹주 소련이 전쟁에 개입한 것이다. 소련은 핵전쟁까지 불사하겠다는 태도로 영국과 프랑스를 비난하며 이집트에서 철수할 것을 압박했다. 당시 이집트가 친소(親蘇) 경향을 보였던 것을 감안하면, 이집트를 보호하기 위해 소련이 나선 것은 어찌 보면 당연한 일이었다.

그런데 진짜 뜻밖의 일은 소련의 대척점에 있던 자유 진영의 맹주 미국의 태도였다. 미국은 불과 8년 전 벌어졌던 제1차 중동전쟁 때 이스라엘을 적극적으로 지원한 나라였다. 영국 및 프랑스와도 자유 진영의 동맹이었다. 당연히 미국이 이 전쟁에서 영국-프랑스-이스라엘 삼각동맹을 지원할 것이라고 예상되던 찰나, 미국은 되레 영국과 프랑스, 이스라엘에 철군을 압박하고 나섰다.

미국은 왜 이런 태도를 보였을까? 일단 첫째로, 당시 미국 입장에서는 수에즈운하가 전혀 중요하지 않았다. 유럽의 여러 나라와 달리 미국은 태평양을 가로지르는 뱃길로 동양을 오갔기 때문이다.

둘째, 당시 드와이트 아이젠하워Dwight Eisenhower(미국 제34대 대통령, 재임 1953~1961)는 고작 수에즈운하 따위(!)로 소련과 핵전쟁을 벌이는 최악의 시나리오를 피하고 싶었다. 사실이 그렇지 않은가? 핵전쟁이라는 게 인류의 존망을 걸고 벌이는 전쟁인데, 미국 입장에서 별로 중요하지도 않은 수에즈운하 때문에 핵전쟁을 한다? 아이젠하워가 바보가 아닌 한 미국은 이 전쟁을 감당할 이유가 하나도 없었던 것이다.

19세기까지 세계의 최강대국은 단연 영국이었다. 그리고 영국에 대항하는 강력한 대항마는 프랑스였다. 하지만 제1·2차 세계대전을 겪으면서 이들의 시대는 저물었다. 미국이 두 나라에 당장 이집트에서 철수하라고 압박하자 영국과 프랑스는 이를 거스를 힘도, 용기도 없었다.

결국 영국과 프랑스는 미국의 강력한 협박에 못 이겨 이집트에서 군대를 철수시켰다. 전쟁은 고작 열흘(1956년 10월 29일~11월 7일) 동안 진행됐는데, 영국-프랑스-이스라엘 3국 동맹군은 철수하기 직전까지 260명가량의 사망자만을 남긴 반면, 이집트군의 사망자는 무려 1,650~3,000명으로 추정됐다. 한마디로 일방적인 전쟁이었다는 뜻이다.

하지만 이런 일방적인 전황에도 불구하고 영국-프랑스-이스라엘 3국 동맹군은 이 전쟁에서 아무것도 얻지 못했다. 전투에서는 밀렸지만 수에즈운하를 봉쇄하면서까지 결사 항전의 의지를 다졌던 이집트 나세르 대통령의 위상은 오히려 높아졌다. 영국과 프랑스는 미국의 한마디에 찍소리도 못하는 쫄보라는 사실을 만천하에 드러냈다.

지구에서 가장 중요한 해상 무역로를 두고 벌어진 이 전쟁은 과거의 강자 영국과 프랑스의 시대가 저물고, 미국과 소련을 중심으로 하는 새로운 시대가 열렸음을 명확히 하는 계기가 되었다. 영국과 프랑스는 패권국의 지위를 상실했고, 세계는 미국과 소련의 양대 축 아래 새로운 국제 관계를 추구하게 되었다.

Chapter 09

1919

◇ 제1차 세계대전 종전
◇ 파리강화회의
◇ 독일 하이퍼인플레이션

1919년 6월 프랑스 베르사유궁전에서 거행된 평화조약 서명식

베르사유조약

독일을 짓밟은 쾌감도 잠시, 서유럽의 자살골

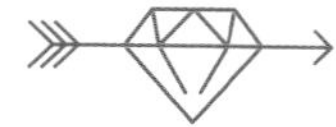

인플레이션의 지옥, 짐바브웨

"당신이 지금 백만장자가 된다면 무슨 일을 제일 먼저 하시겠습니까?"

"당장 자살하겠소."

"네? 왜요?"

"난 지금 억만장자거든."

이 철 지난 코미디를 꺼내는 이유가 있다. 이런 코미디가 실제 백주대낮에 벌어진 나라가 있었기 때문이다. 백만장자가 된다면 눈앞이 캄캄해져 삶의 의욕마저 사라지는 나라 말이다.

아프리카에 짐바브웨라는 나라가 있다. 아프리카 나라 대부분이 그렇듯 짐바브웨도 산업 기반이 매우 약한 극빈국이다. 그런데 이 나라는 경제학자들 사이에서 매우 유명하다. 학문적으로 도저히 설명하기 힘들 정도의 살인적인 물가 상승을 겪었기 때문이다.

우리나라의 경우 1년 물가 상승률이 1~2퍼센트 정도다. 최근 들어 이 같은 안정세가 깨졌는데, 물가 오르는 폭이 심상치 않더니 2022년의 물가 상승률이 5퍼센트대를 기록했다. 언론에서는 '물가 대란'이라며 떠들썩하게 보도했는데, 만약 이 수준을 넘어 물가가 10퍼센트 올랐다고 하면 경제가 심각한 상황을 맞는다. 그런데 짐바브웨는 물가 하나만으로 경제학자들 사이에서 엄청난 이슈가 됐다. 도대체 이 나라 물가 상승률은 얼마였기에? 100퍼센트나 200퍼센트쯤 됐을까? 에이, 그 정도를 생각했다면 상상력이 너무 부족하다! 그 정도로 어찌 세계의 주목을 끌 수 있었겠냐 말이다.

2008년 2월, 언론들은 짐바브웨의 그해 1월 물가가 전년도 같은 달과 비교했을 때 10만 퍼센트 올랐다고 보도했다. 보시다시피 이 나라는 쩨쩨하게 100퍼센트, 200퍼센트 단위에서 놀지 않는다. 자그마치 10만 퍼센트다. 그런데 두 달 뒤인 4월, 언론은 "물가 상승률이 16만 퍼센트"라고 수치를 올렸다(2008년 2월 기준). 그사이에 또 치솟은 것이다.

아직 놀랄 때가 아니다. 공식적으로 발표된 그해 5월 짐바브웨의 물가 상승률은 223만 퍼센트였다. 세 달 전인 2월에 16만 퍼센트였으니, 반년도 안 돼서 국가 전체의 물가 상승 폭이 10배 이상 뛴 셈이다. 그런데 또 한 달 뒤인 6월, 물가 상승률이 1,127만 퍼센트로 치솟았다.

아직도 놀라기에는 이르다. 그해 10월 짐바브웨중앙은행은 인류 역사상 절대 깨질 수 없을 것 같은 수치를 발표한다. 7월 기준으로 집계된 짐바브웨의 연간 물가 상승률이 2억 3,115만 퍼센트였다는 것이다. 그 이후 짐바브웨는 물가 상승률 발표를 한동안 중단했지만, 전 세계의 경제학자들은 막장의 끝이 어디인지를 보여 주는 새로운 수치를 내놓았다. 미국의 케이토연구소(Cato Institute)가 발표한 2008년 한 해 이 나라의 연간 물가 상승률은 자그마치 89,700,000,000,000,000,000,000퍼

2007~2009년 통용되던 짐바브웨의 지폐
당시 짐바브웨는 극심한 인플레이션이 발생하면서 고액권을 찍어 내기에 바빴다. 가장 위에 놓인 것이 2009년 2월에 발행된 100조 달러짜리 지폐다.

센트였다. 0이 무려 20개, 그러니까 897해 퍼센트라는 것이다.

이 나라의 화폐단위는 짐바브웨달러였다. 그런데 이 나라 지폐 중 "ONE HUNDRED TRILLION DOLLARS"라고 적힌 것이 있었다. million이 백만, billion이 10억이라는 건 우리도 안다. 그런데 trillion은 매우 생소하다. trillion은 우리 숫자로 환산하면 '조'다. 그런데 이 나라에는 그냥 조도 아니고 무려 100조 짐바브웨달러짜리가 있었다.

저런 지폐가 있다는 것도 우습지만, 더 황당한 건 저 지폐의 가치가 우리 돈으로 3원쯤 했다는 사실이다. 그러니까 100조 짐바브웨달러를 들고 편의점에 가 봐야 알사탕 하나도 못 사 먹었다는 이야기다. 실제 짐바브웨에서는 아이들이 상점에 갈 때 수레에 지폐 다발을 싣고 다니는 일이 비일비재했다. 짐바브웨에서는 백만장자 아니라 억만장자라도 세상살이를 심각하게 고민해야 할 지경이었다.

결국 짐바브웨는 살인적인 물가 상승을 견디다 못해 2015년 6월 짐바브웨달러의 유통을 전면 금지하는 초법적 경제 조치를 발동한다. 나라의 화폐를 없애고 미국 돈인 달러만을 공식적으로 사용키로 한 것이다.

이 조치를 실시하면서 짐바브웨 정부는 3경 5,000조 짐바브웨달러를 가져오면 미화 1달러를 내줬다. 그러니까 이 나라 국민들은 이전까지 대충 35,000,000,000,000,000짐바브웨달러를 가게에 들고 가면 캔커피 하나 정도 사 먹을 수 있었다는 이야기다.

독일의 하이퍼인플레이션

경제학에서는 짐바브웨처럼 물가가 비정상적으로 많이 오르는 현상을 하이퍼인플레이션(hyperinflation)이라고 부른다. 선진국에서 경제가 정상적으로 운영된다면 1년에 물가는 2~4퍼센트 정도 오른다.

올해 1,000원에 팔던 물건이 내년에 1,020원쯤 한다면 정상적인 물가 상승이라는 뜻이다. 그런데 짐바브웨의 사례에서 봤듯이 하이퍼인플레이션은 이 정도 수준에서 물가가 오르지 않는다. 1920년대 독일도 비슷한 일을 겪었다. 독일은 제1차 세계대전에서 패하며 큰 혼란에 빠졌다. 가장 시급한 것이 전쟁배상금을 갚는 일이었다.

당시 상황은 이랬다. 제1차 세계대전 승전국들과 패전국인 독일이 프랑스 파리에 모여 이른바 베르사유조약(Treaty of Versailles, 1919)이라

베르사유조약을 주도한 4개 승전국 수반들
왼쪽부터 데이비드 로이드 조지 영국 총리, 비토리오 오를란도 이탈리아 총리, 조르주 클레망소 프랑스 총리, 우드로 윌슨 미국 대통령이다.

는 것을 체결했다. 회의를 주도한 나라는 프랑스와 영국이었다. 전쟁으로 군인과 민간인 190만 명이 목숨을 잃은 프랑스와, 135만 명이 목숨을 잃은 영국은 그야말로 독일에 이를 갈고 있었다.

조르주 클레망소Georges Clemenceau 프랑스 총리(프랑스 제3공화국 국무회의 의장, 재임 1906~1909·1917~1920)는 '유럽 내 전쟁은 반복적 또는 최소한 한 번은 더 일어날 일이니, 아예 독일이 다시는 힘을 기르지 못하도록 죽여 놓자'는 입장이었다. 총선을 앞둔 영국의 데이비드 로이드 조지David Lloyd George 총리(영국 제34대 총리, 재임 1916~1922) 역시 독일을 박살 내는 것이 선거에 도움이 된다는 판단 아래 독일을 향한 초강경책에 동의했다.

베르사유조약은 독일 경제를 아예 파탄 내 버리는 방식을 선택했다. 승전국인 연합국 측이 책정한 전쟁배상금은 무려 1,320억 마르크, 요즘으로 치면 우리 돈 300조 원이 넘는 거액이었다. 이 거금을 갚을 기간으로 30년이 주어졌다.

1,320억 마르크를 30년 안에 갚으려면 독일 국민들은 그야말로 허리띠를 졸라매야 했다. 1922년 독일의 국민소득이 350억 마르크였으니 1,320억 마르크는 독일 국민들이 먹지도, 마시지도 않고 3년 8개월 동안 일해야 겨우 모을 수 있는 큰돈이었다. 그런데 연합국은 독일에 허리띠를 졸라맬 기회조차 주지 않았다. 당시 독일이 유일하게 외화를 벌 수 있는 방법은 철과 석탄을 수출하는 것이었는데, 연합국 측에서 독일이 무역할 수 있는 배를 전부 압류해 버렸기 때문이다. 독일은 연합국에 배상금을 꼬박꼬박 갚아 나갈 형편이 도무지 되지 않았다. 그러자 연합국 측은 배상금을 석탄으로 갚으라고 강요했다. 배상금이 연체되자 프랑스와 벨기에는 군대를 동원해 독일의 루르 지방을 점령했다. 그 지역에서 나는 지하자원이라도 퍼 가야겠다는 것이었다. 유일한 돈벌이 수단인 석탄마저 빼앗긴 독일 경제는 그야말로 박살이 났다.

독일은 난국을 타개하기 위해 엉뚱한 방법을 동원했다. 배상금 물어 줄 돈을 버는 것이 아니라, 그냥 돈을 인쇄기로 왕창 찍어서 달러와 교환해 갚아 버리기로 한 것이다(당초 독일이 갚아야 할 1,320억 마르크는 금, 또는 외환으로 지불해야 했다). 하지만 실물경제의 발전 없이 돈만 왕창 찍으면 당연히 돈의 가치가 떨어지고 물가가 오른다. 이 때문에 당시 독일의 물가는 상상을 초월할 정도로 급등했다.

1918년 0.5마르크면 살 수 있었던 빵 한 덩이의 가격이 1923년 무

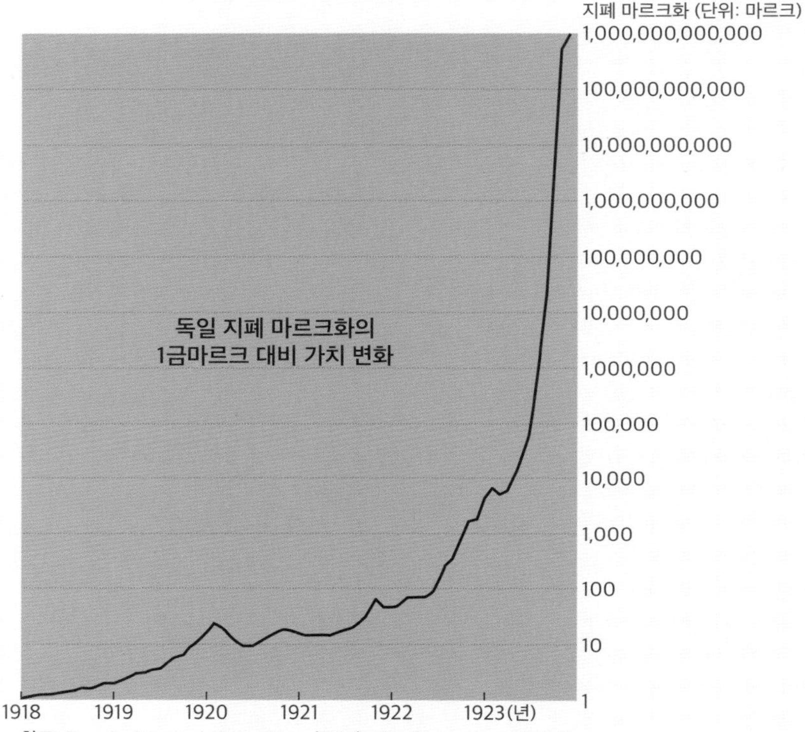

참고: Bresciani-Turroni, Costantino, (1937), *The Economics of Inflation,* George Allen & Unwin London, p. 441

독일의 하이퍼인플레이션

1914년 제1차 세계대전 이후 지폐 마르크화가 도입된 이후, 금화인 금마르크(Goldmark)는 시중에 통용되지는 않았지만 준비자산이자 명목상 계산화폐 기능을 했다. 1918년 1금마르크(금 0.35842그램)는 지폐 1마르크와 같았는데, 지폐 발행량이 늘면서 1923년에는 그 교환 비율이 1조 배 상승했다.
위의 그래프는 광범위한 수치를 간결하게 표시하고 변화율을 한눈에 파악하기 위해 y축 한 눈금이 10배 차이가 나도록, 즉 로그 스케일(log scale)로 표현했다. 로그 스케일은 기하급수적으로 변화하는 데이터를 표현하기에 적합하다.

려 1,000억 마르크(오타 아님)로 올랐다. 1달러를 얻기 위해 지불해야 했던 독일 돈은 무려 4조 마르크(역시 오타 아님)였다. 당시 물가가 얼마나 빨리 올랐냐면, 카페에서 커피 한 잔을 마시면 커피를 다 마실 때쯤 커피값이 두 배로 뛰었다. 노동자들은 월급을 받기 직전 준비운동을 하며 몸을 풀다가 돈을 손에 쥐는 순간 득달같이 상점으로 달려가 물건을 사야 했다. 시간이 조금만 흘러도 돈의 가치가 떨어지기 때문에 한시라도 빨리 물건을 사 두기 위해서였다. 당시 유통됐던 가장 큰 단위의 지폐가 100조 마르크였다. 자본주의 역사상 처음으로 하이퍼인플레이션이라는 충격적 사태를 맞은 것이다.

평화의 경제적 결과

프랑스와 영국의 감정 배설은 훌륭하게 성공했다. 원수 독일의 경제를 박살 내야 한다는 그들의 목표도 달성했다. 그런데 그 대립의 이데올로기가 경제적으로는 어떤 영향을 미쳤을까? 이게 중요한 포인트다. 경제적으로 프랑스와 영국은 배설한 감정의 수백, 아니 수천 배에 이르는 곤경에 빠졌다.

독일 경제가 박살이 나면서 이웃한 프랑스와 유럽의 경제가 흔들리기 시작한 것이다. 게다가 1929년 미국에서 촉발된 대공황이 유럽을 덮쳤다. 심지어 재기 불능의 경제적 파국을 맞은 독일은 아돌프 히틀러Adolf Hitler를 새 지도자로 선출했다. 그리고 그들은 제2차 세계대전을 일으키는 방식으로 궁지에서 빠져나오려고 했다.

제2차 세계대전은 제1차 세계대전과 비교하기 어려울 정도로 프랑스와 영국 경제를 파탄으로 내몰았다. 심지어 영국은 제2차 세계대전 이후 세계 최강대국의 지위를 완전히 미국에 넘겨줬다. 영국과 프랑스는 독일을 파멸시켰다는 감정의 배설에 성공했지만, 그 대가로 계산할 수 없는 경제적 손실을 감내해야 했다.

흥미로운 점은 이런 사태를 미리 예견한 경제학자가 있었다는 것이다. 세계 대공황을 극복한 수요주의[7] 경제학의 창시자 존 메이너드 케인스John Maynard Keynes가 그 주인공이다.

케인스는 제1차 세계대전이 끝난 뒤 1919년 열린 파리강화회의에 영국 대표단 일원으로 참여했다. 하지만 파리강화회의가 평화의 유지가 아니라 독일을 압살하는 보복적 방식으로 결론을 맺자, 실망한 채 런던으로 돌아왔다. 그리고 몇 달 만에 『평화의 경제적 결과』(The Economic Consequences of the Peace, 1919)라는 명저를 남겼다.

케인스는 이 책에서 "감정을 잠깐 접어 두고 냉정하게 경제적 현실을 직시하자."라고 주장했다. 만약 독일을 거덜 내서 망하게 하면 독일 혼자 망하지 않는다는 게 케인스의 예측이었다. 당시에도 유럽은 지리적으로나 문화적으로나 공동체에 가까운 모습이었다. 이 때문에 한 곳이 망하면 반드시 경제적 여파가 이웃 나라로 번지게 된다는 것이 케인스의 시각이었다.

케인스는 독일에 가혹한 배상금을 물려서는 안 된다고 주장했으나

[7] 구매력이 뒷받침된 수요, 즉 '유효수요'를 중요하게 여기는 경제사상. 기존에 통용되던 '공급만 원활하면 수요는 저절로 창출된다'는 공급 중심 이론의 반대편에 서 있다.

받아들여지지 않았다. 그는 정치 논리를 앞세워 경제를 내다보지 못하는 각국 정치인들의 행태에 강하게 분노했다. "불행하게도 정치적 고려가 경제적 고려를 방해하고 있다. (…) 진실을 말하자면, 인간은 스스로를 빈곤하게 만들고 서로를 빈곤하게 만들 방법을 고안해 낸다. 개인적 행복보다 집단적 증오를 더 선호한다." 무엇이 국민들에게 더 경제적으로 도움이 될지 냉정하게 판단하지 않고 "야, 이 원수들아!"라고 감정을 배설하는 것은 결국 스스로를 빈곤하게 만든다는 뜻이다.

1991~2002

Chapter 10

◇ 해방 노예

◇ 블러드 다이아몬드

시에라리온 동부의 다이아몬드 광산

시에라리온 내전

다이아몬드 최대 산지의 참혹한 현실

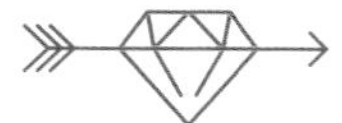

손과 발의 의미

1959년 아프리카 탄자니아 올두바이 협곡 인근에서 인류 조상의 삶에 대해 중요한 단초를 제공하는 화석이 발견됐다. 끝이 뾰족하게 갈린 돌도끼와 그 돌도끼로 사슴, 영양 같은 동물의 뼈를 인위적으로 간 흔적이 화석으로 남은 것이다.

이것이 왜 중요한 화석이냐고? 이 화석이야말로 인류가 최초로 도구를 만들었다는 증거이기 때문이다. 추정컨대 이 돌도끼가 만들어진 때는 175만 년 전이다. 인류는 이때부터 지구 역사상 최초로 도구를 만들어 사용하는 동물이 됐다. 호모하빌리스(Homo habilis), 즉 '도구를 쓰는 사람'의 등장이었다.

사바나의 연약한 동물이던 인류가 도구를 쓰면서 만물의 영장에 올랐다는 사실은 두말할 필요조차 없다. 그렇다면 무엇이 인류가 도구를 사용하도록 이끌었을까? 당연히 뇌가 발달한 덕분이다. 연구 결과 호모하빌리스의 뇌 용량은 500~600밀리리터였다. 이는 기존 인류인 오스트랄로피테쿠스 아프리카누스(Australopithecus africanus)의 뇌 용량(440~500밀리리터)보다 10퍼센트 이상 큰 수치다.

하지만 뇌의 발달만이 인류 진화의 유일한 이유는 아니다. 인류가 도구를 만드는 위대한 존재가 된 데는 또 다른 요인이 있다. 그것은 바로 인류가 손을 자유롭게 사용할 수 있었다는 점이다.

생각해 보자. 손이 없다면 무슨 수로 도구를 만들 것인가? 우리가 일상적으로 손을 사용해서 인식하지 못할 뿐이지, 손은 네발로 걷는 짐승과 인류를 완벽하게 구분하는 위대한 도구임에 틀림없다. 인류는 손으로 돌을 섬세하게 갈아서 들소의 뿔과 사자의 이빨에 대항하는 무기를 만들었다.

인류가 손을 자유롭게 사용한 결정적 계기는 직립보행, 즉 두 발로 걸을 수 있었기 때문이다. 두 발로 설 수 있기에 두 손을 자유롭게 사용했고, 그것이 인류 진화의 결정적 동력이 되었다. 그래서 우리는 높은 사람의 최측근을 수족(手足)이라 부르고, 극심한 고통이나 고난을 '수족이 잘리는 아픔'으로 표현한다. 손과 발이 그만큼 중요한 존재라는 뜻이다.

그렇다면 한 가지만 더 상상해 보자. 인간에게 손과 발이 없다면 어떤 일이 벌어질까? 우리는 인간으로서 가장 기본적인 일조차 하지 못하는 처참한 삶을 살게 될 것이다.

그런데 현대사에서 사람의 손과 발을 마구 자르는 끔찍한 일이 벌어진 적이 있다. 잔인한 이야기라며 외면해서는 안 된다. 분명히 실제로 벌어진 일이고, 우리에게는 이 비극이 되풀이되는 것을 막아야 할 의무가 있다. 전 세계가 얽힌 거대한 지하경제의 문제이기 때문이다. 이 비극이 벌어진 나라는 아프리카 서쪽에 위치한 시에라리온이다. 시에라리온의 참극은 다이아몬드 때문에 일어났다.

시에라리온과 라이베리아의 슬픈 역사

시에라리온 바로 오른쪽에는 라이베리아라는 나라가 있다. 이 두 나라는 아프리카 대륙에서 가장 독특한 역사를 갖고 있다. 18세기 후반부터 영국에서는 노예제도를 없애야 한다는 목소리가 높아졌다. 문제는 노예들을 해방시킨다고 해도 자유를 얻은 그들에게 별다른 생계 유지 수단이 없다는 데 있었다. 강제로 고향을 떠난 이들에게 "너희는 이제 자유다!"라고 이야기한들 무슨 자유를 누릴 수 있겠나?

이때 영국인들이 찾은 해법은 해방된 노예들을 다시 아프리카로 돌려보내자는 것이었다. 마침 한 박물학자가 '시에라리온 지역이 넓은 경작지를 나누어 주고 농사짓도록 하기에 적합한 곳'이라는 내용의 보고서를 정부에 제출했다. 노예제 폐지를 추진하던 영국 정부는 이곳에 노예들을 보내기로 결정한다.

1787년 400여 명의 해방 노예들이 영국에서 시에라리온으로 향하는 배에 올랐다. 항해 도중 100명 가까이 되는 이들이 목숨을 잃었고, 나머지 사람들이 겨우 시에라리온에 정착했다. 이들은 서아프리카 부족들에게서 땅을 빼앗아 마을을 만들었다. 즉 시에라리온은 아프리카 원주민들이 건설한 나라가 아니라는 뜻이다.

이웃 라이베리아도 비슷한 역사를 갖고 있다. 19세기 초반 미국에서는 북부 공업지역을 중심으로 노예 신분에서 벗어나 자유로워진 흑인들이 속속 등장했다. 게다가 미국 제3대 대통령이자 노예제 반대론자인 토머스 제퍼슨Thomas Jefferson(재임 1801~1809)은 노예들을 즉각 아프리카로 돌려보내야 한다는 소신을 지닌 인물이었다.

1790년 무렵 시에라리온의 해방 노예 정착지

1787년 영국은 런던에 거주하던 해방 노예 400여 명을 서아프리카 시에라리온에 송환해 식민지를 개척하도록 했다. 하지만 토착 흑인들과 이주 흑인들의 종교, 사고방식 등이 달라서 정착 과정이 순탄치 않았다.

제퍼슨의 주장을 바탕으로 1816년 미국식민협회(American Colonization Society)라는 단체가 설립됐다. 이들은 해방 노예들을 아프리카로 돌려보내기로 했다. 미국식민협회의 도움을 받아 아프리카로 이주한 해방 노예들은 1847년 마침내 독립을 선언했다. 바로 그 나라가 '자유(liberty)의 땅'이라는 뜻의 라이베리아(Liberia)다. 라이베리아 국기가 미국 성조기와 매우 비슷한 이유가 여기에 있다.

얼핏 들으면 아름다워 보이는 이 이야기는 시에라리온과 라이베리아, 두 나라에 크나큰 비극을 안겨 주었다. 영국과 미국에서 이주한 해방 노예들은 그 지역 원주민이 아니었다. 그리고 그 땅에는 당연히 원주민들이 살고 있었다.

문제는 영국과 미국에서 건너온 이주민 대부분이 기독교인이고, 영어를 사용하며, 서구의 선진 문명을 경험했다는 황당한 자부심으로 가득 찼다는 데 있었다. 이들은 영국과 미국의 지원을 바탕으로 원주민들을 처참하게 탄압했다. 노예 출신인 그들이 원주민을 노예로 부리는 끔찍한 일까지 벌어졌다. 영국과 미국이 책임을 회피하기 위해 그들을 아프리카로 이주시킬 때부터 이주민과 원주민 사이의 갈등은 예견된 것이나 다름없었다. 이것이 시에라리온과 라이베리아에서 극심한 분열과 내전이 끊이지 않은 까닭이다.

다이아몬드를 향한 처참한 전쟁

1989년부터 라이베리아에서 극심한 내전이 벌어졌다. 이 전쟁의 승자는 여러 군벌 가운데 가장 막강한 힘을 과시하던 찰스 테일러Charles Taylor(라이베리아 제22대 대통령, 재임 1997~2003)였다. 테일러의 아버지는 미국 출신 이주민이었고, 어머니는 토착 원주민이었다. 이 덕에 테일러는 양측으로부터 고른 지지를 얻을 수 있었다.

그런데 내전 초기인 1991년, 테일러가 이웃 나라 시에라리온의 내전에도 개입하기 시작했다. 시에라리온에 엄청난 양의 다이아몬드가 묻혀 있었기 때문이다. 다이아몬드를 탐낸 테일러는 시에라리온의 반란군 세력인 혁명연합전선(RUF, Revolutionary United Front)에 막대한 자금과 무기를 댔다.

다이아몬드에 눈이 먼 RUF 반란군과 테일러는 자신들에게 반대하

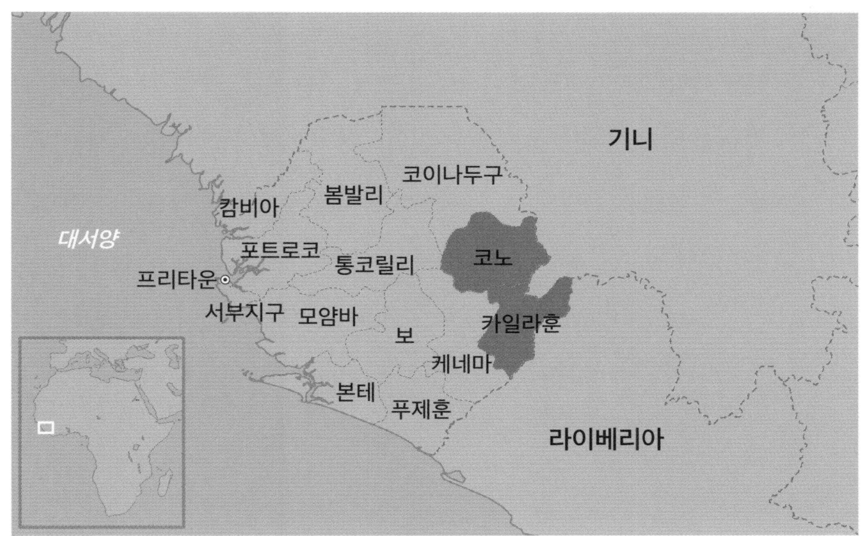

혁명연합전선(RUF)의 거점

RUF는 시에라리온 동부 코노 및 카일라훈 지역의 다이아몬드 광산들을 장악해, 이를 자금원으로 무기를 사들여 세력을 넓혀 갔다. 내전은 갈수록 다이아몬드 광산을 차지하려는 싸움으로 전개됐다.

는 국민을 무차별적으로 살상했다. 그들은 마치 국민을 죽이기 위해 창설된 군대 같았다. 반란군에 속한 부대의 이름은 황당하게도 '집을 불태우는 부대'(Burn House Unit), '손 절단 특공대'(Cut Hands Commando), '유혈 사태 분대'(Bloodshed Squad) 등이었다.

이들 가운데 최악은 '손 절단 특공대'였다. 반란군은 별의별 이유로 사람들의 손을 잘랐다. 현 정부를 위해 다이아몬드를 캤다는 이유로, 투표에서 반대파를 찍었다는 이유로, '대통령에게 너희가 이렇게 고통받고 있다는 사실을 보여 주라'는 말도 안 되는 이유로 말이다.

1991년 시작된 시에라리온 내전(Sierra Leone Civil War)은 2002년까지 11년이나 지속됐으며, 사망자가 적게는 5만 명에서 많게는 7만 명에 이를 것으로 추정된다. 게다가 반란군의 잔혹한 횡포로 손과 발을 잃은 사람이 2만 7,000명에 이른다고 하지만, 정확한 숫자는 헤아릴 수조차 없다. 발로 이동하고 손으로 일하며 생계를 꾸려야 하는 시에라리온 사람들에게 손발이 잘린다는 것은 생명을 빼앗기는 일만큼 잔인한 일이었다.

이 모든 것이 다이아몬드를 향한 탐욕 탓이다. 그래서 사람들은 시에라리온의 다이아몬드를 블러드 다이아몬드(blood diamond), 즉 '핏빛 다이아몬드'라고 부른다.

다이아몬드와 물의 역설

경제학에는 다이아몬드와 물의 역설(diamond-water paradox)이라는 이론이 있다. 물은 인간에게 꼭 필요하다. 인간은 하루라도 물을 안 마시면 살 수가 없다. 반면에 다이아몬드는 그저 좀 단단하고, 그저 좀 반짝거리는 돌멩이일 뿐이다. 그 돌멩이가 인간에게 무슨 소용이 있단 말인가? 그런데도 물과 다이아몬드의 가격은 천지 차이다. 물은 거의 공짜에 가깝지만, 다이아몬드는 작은 것 하나도 수천만 원이 훌쩍 넘는다.

이유가 무엇일까? 경제학은 희소성을 그 이유로 꼽는다. 물은 유용해도 세상 곳곳에 널려 있다. 다이아몬드는 별 쓸모가 없지만 발견하기가 매우 힘들다. 반짝이는 돌멩이가 인류 생존에 꼭 필요한 물보다 비싼 이유다. 이것이 바로 다이아몬드와 물의 역설이다.

하지만 이론의 옳고 그름을 떠나, 이 이론이 현실에 적용되면 그런

슬픈 일이 벌어진다. 단지 탄소 덩어리에 불과한 다이아몬드는 희소하다는 이유로 귀중한 존재가 됐다. 반면에 시에라리온 국민의 목숨은 다이아몬드보다 훨씬 덜 귀하기에 마구 죽여도 되는 것으로 전락했다. 전쟁을 부추긴 라이베리아의 찰스 테일러는 시에라리온 반군으로부터 받은 다이아몬드를 전 세계에 밀수출했는데, 이를 통해 벌어들인 돈이 라이베리아 1년 국내총생산(GDP)보다 많았다고 한다. 결국 문제는 사람이 아니라, 돈이었다는 뜻이다.

수십만 명의 목숨을 앗아 간 시에라리온 내전은 이처럼 참혹한 역사를 남기고 마무리됐다. 시에라리온에서는 지금도 많은 다이아몬드가 채굴된다. 그리고 수많은 시에라리온 사람이 오늘도 다이아몬드를 캔다. 하지만 그들이 광산에서 12시간 동안 일하고 받는 급료는, 하루 쌀 두 컵과 700원 남짓이다. 국제통화기금(IMF, International Monetary Fund)의 발표에 따르면, 시에라리온의 2022년 1인당 국내총생산은 고작 494달러(약 62만 원)로 228개 나라 가운데 226위를 기록했다.

시에라리온에서 다이아몬드가 발견되지 않았다면 그들은 훨씬 행복했을지도 모른다. 그렇게 많은 사람이 죽지 않았을지도 모른다. 반짝이는 돌멩이를 향한 인간의 탐욕 탓에 너무나 많은 이가 죽었고, 너무나 많은 국민이 손과 발을 잃었다.

지구 위 어떤 동물도 돌멩이 때문에 수만에 달하는 동족을 죽이지 않는다. 우리는 정말 진지하게 돌아봐야 한다. 인류가 만물의 영장으로 불릴 자격이 있는가? 인류는 지금 무슨 짓을 하고 있는 것인가?

1991년 걸프전쟁 당시 미국의 공습

1990~1991

◇ 군산복합체
◇ 베트남전쟁
◇ 사막의 폭풍 작전

Chapter 11

걸프전쟁

미국의 군수 자본, 전쟁으로 활로를 찾다

트롤리의 딜레마

윤리학에는 '트롤리의 딜레마'(trolley dilemma)라는 사고실험이 존재한다. 브레이크가 고장 난 열차(트롤리)가 폭주하는데 그 사실을 모르는 다섯 사람이 선로 위에서 일하고 있다. 만약 열차가 이대로 폭주한다면 다섯 명이 목숨을 잃는다. 당신은 선로 밖에서 전환기를 당겨 열차의 진행 방향을 바꿀 수 있다. 하지만 열차의 진행 방향을 바꾸면 다른 선로에 있는 한 명이 죽는다. 당신이라면 선로를 바꿔 다섯 명을 살리고 한 명을 죽일 것인가?

생각 외로 쉬운 문제다. 어차피 누군가 죽어야 한다면, 다섯 명 죽는 것보다 한 명 죽는 것이 더 낫기 때문이다. 실제로 미국의 진화심리학자 마크 하우저Marc Hauser가 5,000명을 대상으로 온라인 설문 조사를 실시했더니 응답자의 89퍼센트가 기꺼이 선로를 바꿔 다섯 명을 살리고 한 명을 죽이는 방향을 선택했다.

질문을 바꿔 보자. 고장 난 열차가 폭주하는 것과 선로를 바꾸지 않으면 다섯 명이 죽는 상황은 아까와 같다. 그런데 열차를 멈출 유일한 방법은 내 옆에 있는 사람을 선로로 밀어서 열차에 치이게 하는 방법

뿐이다. 사람을 친 열차는 그 저항 덕에 멈추게 된다.

이 상황이라면 나는 옆 사람을 밀어서 다섯 명을 살릴 것인가? 이론적으로는 한 사람을 희생해 다섯 명을 살리므로 원래 상황과 달라진 점이 없다. 하지만 쉽게 이런 선택을 하는 사람은 많지 않다. 조금 전까지 내 옆에 있던 사람을 죽여야 하기 때문이다. 내가 선로로 밀어 버린 그 사람은 내 눈앞에서 피가 튀고 살점이 잘려 목숨을 잃는다.

하우저가 실시한 설문 조사에서 다섯 명을 살리는 선택을 하겠다고 답한 사람은 11퍼센트밖에 되지 않는다. 똑같이 '한 명을 살릴 것인가, 다섯 명을 살릴 것인가?'라는 고민인데도 멀리 있는 한 명은 포기하기 쉽지만, 바로 내 옆에 있는 한 명은 다르다. 논리적으론 이해되지 않아도 가슴으로 생각하면 충분히 납득된다. 인간은 눈앞에서 누군가 참혹하게 죽어 나가는 모습을 쉽게 보지 못하는, 온정이 있는 동물이다.

현대의 전쟁이 무서운 까닭도 이 때문이다. 칼과 창을 맞대고 싸울 때는 사람이 죽는 모습을 눈앞에서 봐야 한다. 그런데 현대전은 대량살상무기가 승패를 좌우한다. 버튼 하나 누르면 수십만 명이 죽는 것은 일도 아니다. 이렇게 전쟁이 게임처럼 전개되면 죄책감이 사라진다. 분명 전쟁 속에서 수많은 생명이 죽는데도, 사람들은 그 참혹한 전쟁을 태연히 바라본다.

전쟁과 긴장을 원하는 군산복합체

미국에는 군산복합체(military-industrial complex)라고 불리는 일군의 세력이 있다. 미국은 제1차 세계대전 이후 무기를 팔아 세계에서 가장 많은 돈을 번 국가다. 스톡홀름국제평화연구소(Stockholm International Peace Research Institute)에 따르면, 2017~2021년 세계 무기 수출 시장에서 미국 기업들의 점유율은 39퍼센트로 2위 러시아(19퍼센트)를 멀찍이 제친 압도적 1위다. 우리나라는 사우디아라비아, 오스트레일리아에 이어 세 번째로 미국산 무기를 많이 구입했다. 지금도 무기 수출은 미국 경제를 지탱하는 가장 중요한 버팀목 가운데 하나다.

그렇다면 미국은 언제 무기를 많이 팔 수 있을까? 그들에게 가장 좋은 상황은 ① 전 세계가 팽팽한 긴장 상태라 너도나도 무기가 필요할 때, ② 전쟁이 벌어져서 무기 수요가 급증할 때다. 그래서 미국 군수 자본은 평화를 원하지 않는다. 이들에게 평화는 무기 판매량을 줄이는 최대의 적이다.

미국 군수 자본은 인위적으로라도 긴장과 전쟁을 부추겨야 한다. 그리고 이를 위한 최고의 방법은 미국 군부, 그리고 그 군부의 지지를 받는 강경파 정치인을 구워삶는 것이다. 혹여 정치인 가운데 평화를 지향하는 자가 있다면 군수 자본은 군부와 강경파 정치인을 앞세워 "평화는 무슨, 무력으로 제압해야지!"라는 여론을 조성한다. 군수 자본은 군부와 강경파 정치인에게 거금을 들여 로비한다. 이런 식으로 그들은 이익을 주고받으며 공생의 길을 걷는다. '군부-강경파 정치인-군수 자본'의 삼각 공조를 일컫는 말이 바로 군산복합체다.

군산복합체가 끊임없이 전쟁과 긴장을 조장하는 상황의 위험성을 가장 먼저 경고한 이는 역설적이게도 제2차 세계대전의 영웅이자 군인 출신으로 미국 제34대 대통령 자리에까지 오른 드와이트 아이젠하워다. 그는 1961년 대통령 퇴임식에서 다음과 같은 경고를 남겼다.

> 우리가 연간 군사 안보에 쓰는 돈은 미국 기업들의 순이익을 모두 합친 것보다도 많다. 방대한 군사 체계와 방대한 군수산업의 결합이라는 것은 미국에 새로운 경험이다. (…) 우리는 그 안의 어두운 함의를 놓쳐서는 안 된다. 원하든 원치 않든 군산복합체가 통제 불가능한 영향력을 갖게 될 수도 있으므로 정부의 여러 협의회들은 그 영향력을 경계해야 한다.

아이젠하워는 미국의 민주주의가 군산복합체라는 거대하고 음험한 세력으로부터 큰 위협을 받고 있다고 지적했다. 또한 군산복합체가 존재하는 한 미국은 늘 전쟁의 위협에 놓이게 된다고 생각했다. 실제로 미국 군산복합체는 전쟁을 만들어 낸 전력이 있다. 미국의 베트남 침공이 그것이다. 1964년 미국 정부는 통킹만에서 북베트남 어뢰정이 미국의 구축함에 포격을 가했다는 이유로 베트남을 침공했다. 하지만 이는 사실이 아니었다.

1971년 미국의 유력 일간지 《뉴욕타임스》가 이른바 '펜타곤 페이퍼'(Pentagon Papers)로 불리는 미국 국방부의 기밀문서를 입수해 보도한 바에 따르면 북베트남의 공격을 받아 전쟁에 가담하게 된 미국이, 사실은 베트남전쟁(Vietnam War, 1960~1975)에 개입하기 위해 통킹만 사건을 조작했다고 적혀 있었다. 베트남전쟁 당시 국방 장관이던 로버트 맥너마라Robert McNamara는 1995년 발간한 회고록에서 베트남전쟁은 '미국의 자작극'이었음을 시인했다. 그리고 400만 명이 넘게 죽은 그

미국의 구축함 매덕스(USS Maddox)
통킹만에서 북베트남 해군에 공격당한 것으로 알려졌던 미국의 구축함 매덕스호.
'펜타곤 페이퍼'로 인해 통킹만 사건이 미국의 자작극이었음이 드러났다.

전쟁의 뿌리에는, 무기를 팔아 치우려는 미국 군산복합체의 탐욕이 자리하고 있었다.

국제 망신에서 벗어날 또 다른 전쟁이 필요했다

10년 넘게 진행된 베트남전쟁 동안 미국 정부는 국민 세금으로 엄청난 양의 무기를 사들였다. 미국 군수 자본은 무기를 팔아 어마어마한 이익을 챙겼다. 문제는 그 전쟁이 미국의 패배로 막을 내렸다는 데 있었다. 군산복합체는 이익은 챙겼지만, 명분을 잃었다. 세계 최강대국이

아시아의 작은 나라에 참패한 이 전쟁은 군산복합체의 위신을 땅바닥으로 추락시켰다.

게다가 1990년대 들어서 독일이 통일되고 소련을 비롯한 동유럽 사회주의국가들이 몰락하기 시작했다. 사회주의국가의 몰락은 동서 냉전 시대의 종식과 평화 시대의 출발을 알렸다. 하지만 군산복합체는 결코 평화를 원하지 않았다.

군산복합체는 두 가지 이유로 전쟁을 원했다. 첫째, 베트남전쟁의 참패로 땅에 떨어진 위신을 회복해야 했다. 둘째, 동서 냉전이 종식되어 군사적 긴장이 완화된다면 무기를 대량으로 팔 방법은 전쟁밖에 없었다.

이때 군산복합체의 좋은 먹잇감이 등장했으니, 1990년 8월 이라크의 독재자 사담 후세인Saddam Hussein(이라크 제5대 대통령, 재임 1979~2003)이 이웃 나라 쿠웨이트를 침공한 것이다. 애초에 이 전쟁은 상대가 되지 않는 싸움이었다. 이라크군은 무려 30만 명의 최정예 부대를 내보냈지만, 쿠웨이트의 병력은 3만 명에 불과했다. 쿠웨이트는 삽시간에 무너졌다.

후세인이 전쟁을 일으킨 이유는 여러 가지다. 당시 이란과 8년간의 긴 전쟁을 치른 직후였던 이라크는 석유를 팔아 나랏빚을 갚기 위해 석유 가격이 오르기를 바랐지만, 쿠웨이트가 석유를 너무 많이 생산하는 것이 큰 불만이었다. 유가를 하락시킴으로써 이라크를 경제 위기에 빠뜨리고 있다고 생각한 것이다. 또한 쿠웨이트와의 오랜 영토 분쟁도 전쟁의 빌미가 되었는데, 특히 국경 지대에 걸쳐 있는 유전이 문제였다. 그러니저러니 해도 분명한 점은 후세인이 쿠웨이트가 보유한 막

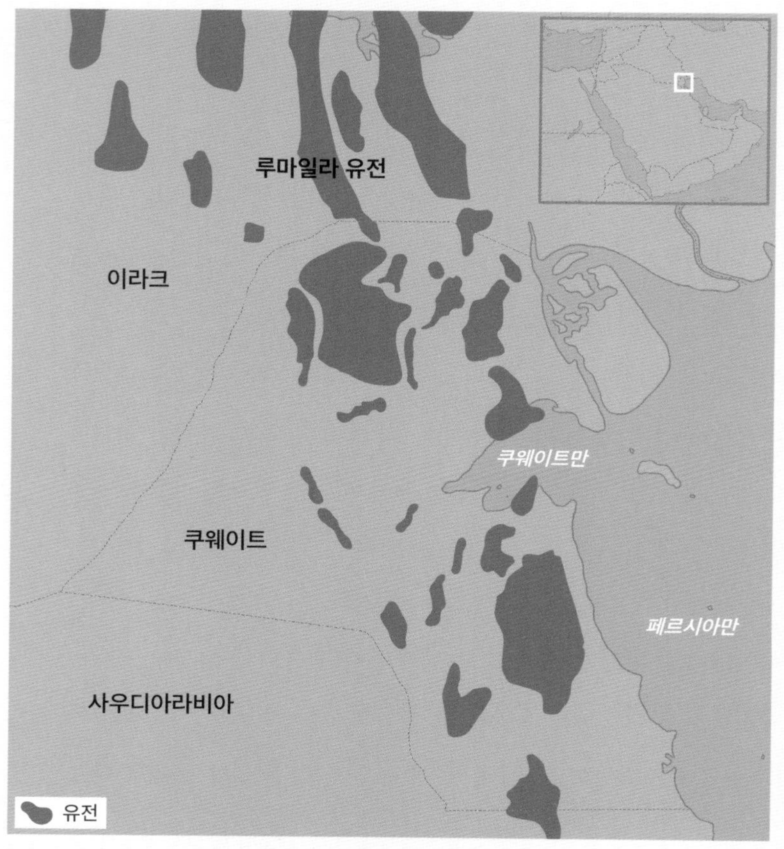

걸프전쟁의 발단 루마일라(Rumaila) 유전

이라크 내 최대 규모 유전인 루마일라는 매장량 50억 배럴 이상의 슈퍼자이언트급 유전으로, 이라크와 쿠웨이트의 국경 지대에 위치한다. 80~90퍼센트가 이라크 쪽에 있고, 나머지 10~20퍼센트가 쿠웨이트 쪽에 있어 채굴을 둘러싸고 분쟁이 잦다. 1990년 이라크는 루마일라 유전에서 쿠웨이트가 석유를 도둑질했다며 쿠웨이트를 침공했다.

대한 양의 석유를 탐냈다는 사실이다. 그는 당시 미국이 석유의 보고인 중동 지역에 감히 쳐들어오지 못할 것이라고 확신한 듯했다. 게다가 100만 명이 넘는 정규군을 보유했던 후세인은 베트남에서 참패한 미국을 얕잡아 보기까지 했다. 사막에서 소모전을 벌이면 자신들도 베트남처럼 미국을 이길 수 있다고 생각한 것이다.

하지만 후세인의 생각은 오판이었다. 미국 군산복합체는 앞서 말한 두 가지 이유로 전쟁을 열망하고 있었다. 그리고 그들은 베트남전쟁 이후 절치부심하여 놀라울 정도로 전력을 향상했다. 미국은 소련 등 국제사회의 중재를 거들떠보지도 않고 1991년 1월 '사막의 폭풍 작전'(Operation Desert Storm)이라고 불린 놀라운 작전으로 이라크를 침공했다. 이라크의 쿠웨이트 침공으로 시작된 걸프전쟁(Gulf War, 1990~1991)이 이때부터 본격화되었다.

'진짜 석유 전쟁'의 예고편

미국이 벌인 사막의 폭풍 작전은 현대 전투에 대한 인간의 고정관념을 완전히 뒤바꿔 놓았다. 그들은 사막에서 총질하며 싸우지 않았다. 미국이 선택한 전쟁 방식은 공중전이다. 여기에 그들이 야심 차게 준비한 각종 신형 전투기와 차세대 정밀유도무기가 총동원됐다.

이 전쟁은 미국이 준비한 새로운 무기들을 시장에 선보이는 쇼케이스와도 같았다. 심지어 미군은 크루즈미사일에 카메라를 달아 미사일이 목표물에 정확히 꽂히는 장면을 전 세계에 생중계했다. 전쟁이 마치 게임의 한 장면처럼 보였다.

전쟁의 결과는 일방적이었다. 미군이 주도한 연합군은 이라크군을 초토화하면서 단 292명만 전사하는 놀라운 결과를 보여 줬다. 정확한 집계는 나오지 않았지만, 이라크군은 최소 2만 5,000명에서 최대 5만 명이 사망했고 부상자는 7만 5,000명이 넘었으며 8만 명이 포로로 잡혔다. 3,300대의 탱크가 파괴됐고, 19척의 함선이 침몰했으며, 110대의 항공기가 박살 났다.

이 전쟁을 보며 미국과 대척점에 있던 소련과 중국은 경악했다. 이라크의 무기 상당수가 소련형, 아니면 중국형 모델이었기 때문이다. 미국은 이 전쟁으로 전 세계에 확실히 보여 줬다. 전쟁에서 이기고 싶다면 미국 군수 자본이 만든 무기를 사야 한다는 사실을.

물론 미국이 걸프전쟁을 벌인 원인은 단지 전 세계에 자신들의 무기를 홍보하고 군수 자본의 무기를 팔아 치우기 위한 것만은 아니다. 미국은 중동 지역에서 안정적으로 석유를 공급받고 싶었다. 그를 위해서는 친미 성향의 쿠웨이트 정부를 보호하고 반미 성향의 이라크를 제압해야 했다. 미국의 전직 대통령 리처드 닉슨Richard Nixon(미국 제37대 대통령, 재임 1969~1974)도 《뉴욕타임스》에 이렇게 고백했다.

> 우리가 쿠웨이트의 민주주의를 위해 전쟁을 벌였다고 주장하는 것은 위선이다. (…) 사담 후세인이 잔인한 지도자이기 때문에 전쟁을 벌였다는 것도 정당화될 수 없다. (…) 잔인한 지도자를 처벌하는 게 우리 방침이라면, 우리는 시리아의 하페즈 알아사드Hafez al-Assad 대통령과 동맹을 맺지 말았어야 했다. (…) 이 전쟁은 후세인

이 우리의 석유 생명선을 쥐고 흔들지 못하게 막으려는 것이다.

하지만 이런 이유만으론 미국이 걸프전쟁을 벌인 까닭이 잘 설명되지 않는다. 왜냐하면 압승을 거둔 이후에도 미국은 이라크의 독재자 사담 후세인을 잠시 살려 뒀기 때문이다.

결국 이 전쟁은 독재자 후세인 제거가 목표라기보다, 베트남전쟁으로 땅에 떨어진 미국 군수 자본의 재기전 성격이 강했다. 그리고 그 재기전은 성공적이었다. 실제로 당시 합참의장이던 콜린 파월Colin Powell은 전쟁이 끝나자마자 "미국은 마침내 베트남 증후군을 이라크 사막에 묻었다."라며 기뻐했다.

게임처럼 치러진 걸프전쟁은 미국인에게 '전쟁? 그거 별것 아니네.'라는 생각을 심어 줬다. 트롤리의 딜레마에서 살펴봤듯, 사람은 눈앞의 죽음에 예민하지만 먼 곳의 죽음엔 둔감하다. 걸프전쟁은 미국인의 마음속에서 전쟁의 공포와 죄책감을 지웠다. 반전 여론으로 들끓던 베트남전쟁 때와 달리, 그들은 걸프전쟁에 열광했다. 군수 자본은 마침내 자신의 이익을 위해 언제, 어디서나 전쟁을 벌일 명분을 얻었다.

그리고 이 전쟁으로 자신감을 얻은 미국은 2003년에 이익만을 좇는 금융 자본의 지원을 받아 다시 이라크를 침공했다. 이 전쟁이 다음 장에서 살펴볼 이라크전쟁이다.

Chapter 12

2003~2011

◇ 9·11 테러 사건
◇ 대량살상무기
◇ 석유 전쟁

2001년 9월 11일 알카에다의 세계무역센터 테러

이라크전쟁

석유를 향한 미국의 광기

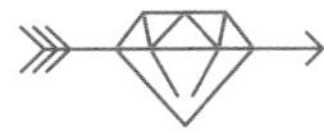

뜻밖의 이라크 공습 감행

2003년 3월 20일, 조지 W. 부시George W. Bush(미국 제43대 대통령, 재임 2001~2009)가 카메라 앞에 섰다. 그는 이 자리에서 비장한 표정으로 "미국과 영국 연합군이 이라크를 공격했다."라고 발표했다. 크루즈 미사일 수십 대가 바그다드 외곽을 폭격한 직후였다. 제2차 걸프전쟁 혹은 이라크전쟁(Iraq War, 2003~2011)으로 불리는 전쟁의 서막이었다.

그 당시 많은 사람은 미국이 곧 전쟁을 일으킬 것이라고 예상했다. 1년 반 전인 2001년 9월 11일, 미국은 이른바 '9·11 테러 사건'으로 불리는 끔찍한 침공을 당했기 때문이다. 사우디아라비아 출신의 테러리스트 오사마 빈라덴Osama bin Laden이 이끈 이슬람 과격 단체 알카에다(Al-Qaeda)는 여러 대의 비행기를 납치해 미국의 주요 시설에 자폭 테러를 감행했다. 미국 경제의 상징인 뉴욕 세계무역센터 두 곳(제1무역센터 및 제2무역센터)이 박살 났고 펜타곤으로 불리는 미국 국방부 건물도 똑같은 공격을 받았다. 3,000명에 이르는 무고한 시민이 목숨을 잃었으며 2만 5,000명이 부상했다. 실로 끔찍한 참사였다.

스스로 세계 최강대국이라 자랑하는 미국이 이를 두고 볼 리가 없었다. 미국이 즉각적인 보복에 나설 것이라는 여론이 지배적인 이유였다. 게다가 부시 대통령은 앞 장에서 살펴본 군산복합체의 절대적인 지지를 받는 공화당 소속이었다. 전쟁은 시간문제였다.

그런데 의외로 미국은 즉각적인 행동에 나서지 않았다. 테러가 벌어진 2001년이 지나갔고, 심지어 2002년도 조용히 흘려보냈다. 그리고 1년 반이 지난 2003년 3월, 마침내 부시가 칼을 뽑았다!

그런데 어라? 미국이 침공을 결정한 나라는 이라크였다. 수많은 사람이 놀랐다. 왜 이라크란 말인가? 2001년 미국에 테러를 가한 알카에다의 수장 빈라덴은 이라크와 별로 관계없는 인물이었다. 심지어 그가 2003년 당시 이라크가 아니라 시리아사막에 숨어 있다는 믿을 만한 첩보도 입수됐다. 그러면 미국은 당연히 시리아사막을 폭격해야 했다. 원수가 거기에 있었으니까!

하지만 미국의 선택은 이라크였다. 게다가 폭격 목표 지점도 민간인 수백만 명이 거주하던 바그다드였다. 이곳을 폭격하면 다수의 민간인 사상자가 나올 것이 불 보듯 뻔했다. 이런 전쟁을 일으키면 국제 여론이 좋을 리 없다. 도대체 왜 미국은 시리아사막이 아닌 이라크의 수도 바그다드를 공격했을까?

화학무기는 어디에?

2003년 3월 20일에 시작된 침공은 두 달도 끌지 않고 5월 1일에 끝났다. 부시 대통령은 "이라크에서 주요 전투는 끝났다. 미국과 연합군은 승리했다."라고 '사실상의 종전'을 선언했다. 전황은 1990년 발발한 제1차 걸프전쟁과 마찬가지로 미국이 주도한 연합군의 일방적 승리였다. 막강한 무기로 무장한 미군에게 이라크군은 스파링 상대조차 되지 못했다. 미군 사망자는 138명에 불과했지만, 이라크군 사망자는 3만 명을 넘어섰다.

하지만 부시 대통령의 종전 선언은 때 이른 것이었다. 후세인 옹호 세력이 반격에 나섰고, 민병대와 알카에다까지 가세해 이라크의 저항이 거세진 것이다. 종전 선언은 했지만, 총질이 멈추지 않은 격이었다. 전쟁은 장기화했고, 미국과 연합국은 이라크 점령의 수렁에 깊이 빠져들었다. 미국이 이라크전쟁 전투 임무 종료를 공식적으로 선언한 것은 버락 오바마Barack Obama(미국 제44대 대통령, 재임 2009~2017) 행정부 시절인 2011년이 되어서였다.

그렇다면 이런 골치 아픈 전쟁을 미국이 왜 벌였을까? 물론 앞 장에서 살펴봤듯 미국 군산복합체는 전쟁이 벌어져야 무기를 팔아 치운다. 하지만 단지 그 이유만으로 미국이 변변한 명분도 없는 전쟁을 일으켰다고 보기는 어렵다.

아무리 강대국이라도 전쟁을 벌일 때는 명분이 중요하다. 무기 팔아먹겠다고 깡패처럼 아무 나라나 두들겨 패면 국제 여론의 지지를 받을 수 없다. 제1차 걸프전쟁 때는 이라크가 쿠웨이트를 먼저 침공하기라도 했지, 이라크전쟁은 미국이 가만히 있는 나라를 사정없이 두들겨 팬 격이었다. 이때 미국이 내세운 전쟁의 명분은 두 가지였다. 하나는 이라크가 알카에다를 비롯한 테러 조직을 지원했다는 점, 그리고 다른 하나는 이라크가 화학무기와 핵무기 등 대량살상무기를 개발해 세계

철거되는 후세인 동상
2003년 4월, 바드다드를 점령한 미군이 후세인 동상을 철거하고 있다.

평화를 위협했다는 점이다.

하지만 아무리 찾아봐도 이라크가 알카에다를 지원했다는 증거가 나오지 않았다. 그렇다면 남은 명분은 이라크가 화학무기를 개발했다는 것인데, 이마저 사실이 아니었다. 실제로 미국이 가장 먼저 폭격한 '대량살상무기 공장'은 미국 언론들이 확인한 바에 따르면 평범한 비료 공장이었다.

2003년 이라크 침공이 종료된 직후 미국과 영국, 오스트레일리아의 정보기관이 중심이 된 이라크사찰단(Iraq Survey Group)이 구성됐다. 이들은 이라크가 대량살상무기를 개발했다는 증거를 찾기 위해 그야말로 이라크 전역을 샅샅이 뒤졌다. 하지만 그런 무기는 발견되지 않았다. 이들은 무려 1년이 넘는 긴 활동 끝에 2004년 10월 1,000페이지에 이르는 장문의 보고서를 완성해서 미국 국회에 제출했다. 이 보고서의 결론은 '이라크에는 대량살상무기가 없다'이다.

전쟁이 벌어진 진짜 이유

그렇다면 미국이 이 무리한 전쟁을 벌인 이유를 다른 곳에서 찾아야 한다. 부시의 때 이른 종전 선언 이후 4년이 지난 2007년 7월, 미국 편에서 전쟁에 참여했던 오스트레일리아의 브렌던 넬슨Brendan Nelson 국방 장관이 『2007 국방백서』를 발표하는 기자회견을 열었다.

그런데 이 자리에서 넬슨 장관은 뜻밖의 이야기를 꺼냈다. "우리가 이라크전쟁에 참여한 이유는 중동 지역의 석유를 안전하게 확보하기 위함이었다."라고 발언한 것이다. 이어서 그는 "이라크는 세계에서 손꼽히는 산유국이다. 우리는 석유를 안정적으로 공급해 줄 곳이 필요했다."라며 참전의 이유를 설명했다.

사실 이라크전쟁은 미국이 석유를 안정적으로 확보하기 위해 벌인 '석유 전쟁'이라는 해석이 지배적이었다. 하지만 그 어떤 나라도 이를 공식적으로 인정하지 않았다. 그도 그럴 것이, 남의 나라 석유가 탐나 그 나라를 침공했다는 사실을 누가 인정할 수 있겠나? 그런데 오스트레일리아 정부가 처음으로 이 사실을 시인한 셈이다.

놀란 기자들이 "이라크전쟁이 진짜로 석유 때문에 벌어졌는가?"라고 되묻자, 실수를 깨달은 넬슨 장관은 "석유는 여러 이유 가운데 하나

일 뿐, 전쟁의 주요 이유는 이라크의 독재자 사담 후세인의 압정으로부터 이라크 국민을 구원하기 위한 것"이라고 뒤늦게 수습에 나섰다. 하지만 장관의 본심은 이미 드러난 이후였다.

오스트레일리아 정부는 장관의 발언을 수습하느라 큰 곤욕을 치렀다. 그들은 악착같이 "장관의 말실수일 뿐, 전쟁은 테러 조직을 소탕하기 위한 것이었다."라고 강변했다. 그런데 이 사태는 뜻밖의 곳에서 메가톤급 폭로로 이어졌다.

앨런 그린스펀Alan Greenspan이라는 사람이 있다. 이 사람이 누구냐면, 1987년부터 2006년까지 무려 19년 동안 미국 연방준비제도이사회(FRB, Federal Reserve Board) 의장을 지낸 사람이다. 연방준비제도는 한국은행처럼 미국의 중앙은행 역할을 하는 곳이다.

한 나라의 중앙은행장은 대통령도 함부로 하지 못하는 중요한 자리다. 일국의 경제에 가장 큰 영향을 미치는 결정권자이기도 하다. 그런데 그린스펀은 평범한 나라도 아니고 세계 최강대국 미국의 중앙은행장을 19년 동안 역임했다. 역대 미국 중앙은행장 중 두 번째로 긴 임기로, 무려 네 명의 대통령(로널드 레이건, 조지 H. W. 부시, 빌 클린턴, 조지 W. 부시) 임기 동안 그 자리를 지켰다. 그의 한마디는 미국 경제뿐 아니라 세계경제를 뒤흔들 정도의 위력을 가졌다. 그래서 재임 기간 그린스펀에게 붙은 별명은 '세계의 경제 대통령'이었다.

그런 그린스펀이 2007년 9월 『격동의 시대: 신세계에서의 모험』(The Age of Turbulence: Adventures in a New World)이라는 회고록을 출간했다. 이 책에 그린스펀은 "이라크전쟁의 주된 원인이 석유라는 것을 모든 사람이 알고 있지만, 그 사실을 인정하는 게 정치적으로 적절하지 않다는 현실이 서글펐다."라는 충격적인 한 문장을 남겼다.

그린스펀은 '뼛속까지 공화당원'이라는 별명을 지닐 정도로 보수적인 인물이다. 그는 이라크전쟁을 일으킨 조지 W. 부시 행정부에서 통화정책을 수행하기도 했다. 그랬던 그가 부시 행정부를 겨냥해, 이라크전쟁의 성격이 미국 정부의 주장과 다르다고 지적한 것이다. 이라크전쟁은 다름 아닌 '이라크가 보유한 석유를 탐낸 미국의 침략 전쟁'이라고 말이다.

금융 자본, 전쟁의 전면에 서다

이라크전쟁이 과거의 전쟁과 또 다른 중요한 특징이 하나 있다. 미국의 금융 자본이 전쟁의 주인공으로 떠올랐다는 점이다. 미국은 군수 자본과 금융 자본, 그리고 IT(정보기술) 자본이 이끄는 나라라고 해도 과언이 아니다. 사실 미국은 제조업이 그다지 발달한 나라가 아니다. 1970년대까지 미국은 철강이나 자동차 등 제조업 분야에 강했지만, 1980년대 이후 그 자리를 독일, 일본, 한국, 중국 등에 조금씩 넘겨줬다.

그런 미국 경제를 지탱해 온 삼각 축이 군수와 금융, IT다. 이 가운데 월스트리트로 대변되는 미국의 금융 자본은 세계경제에 실로 막강한 영향력을 미치는 세력이다. 그런 금융 자본이 전쟁 국면에 모습을 드러냈다.

전쟁이 아직 한창이던 2003년 4월, 미국의 경제 전문 매체 CNN머니(현재 CNN비즈니스)는 "월스트리트가 전쟁 종료를 선언했다."라고 보

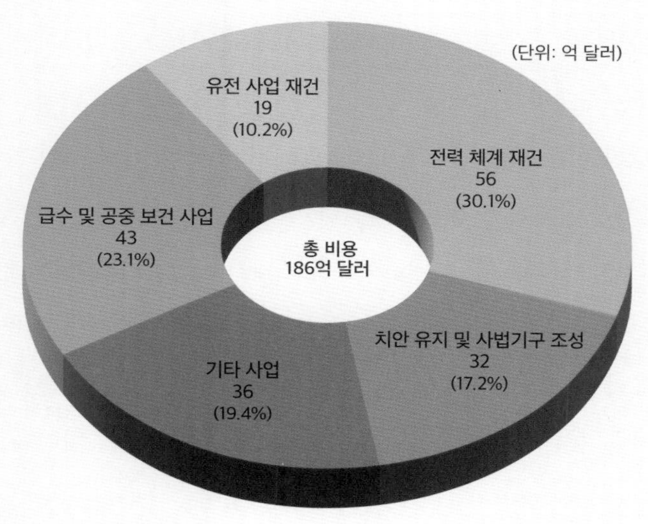

미국이 추진한 제1차 이라크 재건 사업

2003년 12월 미국 국방부는 186억 달러(약 23조 2,000억 원)에 달하는 제1차 이라크 재건 사업 입찰에 프랑스, 독일, 러시아, 캐나다 등 이라크전쟁 반대 국가들을 제외시킨다고 발표했다.

도했다. 실제 미국 금융 자본은 이때부터 "전쟁은 사실상 끝났으며, 우리는 이라크 재건 사업에 관심을 가질 것"이라고 공공연히 떠들었다. 월스트리트의 이익을 대변하는 국제통화기금은 그해 10월 "이라크 재건 사업에 500억 달러(약 62조 원)의 자금이 필요할 것"이라고 밝혔다. 전쟁으로 폐허가 된 이라크의 수도 바그다드에 월스트리트의 금융 자본이 재건 사업이라는 명목으로 투자를 시작한 것이다.

실제로 바그다드 재건 사업에 참여한 대부분의 미국 금융 자본은 열 배에 가까운 투자 수익을 올렸다. 심지어 폭격이 끝난 뒤 건물에 붙은 불을 끄는 소방 업무도 미국 기업들이 차지했다. 그리고 이들은 그 대가를 석유로 받았다. 미국이 시작한 전쟁의 비용을 이라크가 석유로 물어 주는 구조였다.

게다가 미국은 이 전쟁에 반대했던 나라들이 이라크 재건 사업에 참여하지 못하도록 빗장마저 걸었다. 이라크와의 전쟁에 반대했던 프랑스, 독일, 러시아, 캐나다 등이 이라크 재건 사업 참여로부터 배제된 것이다. 이건 실로 어처구니없는 일이었다. 미국은 그전까지 자유무역의 신봉자임을 자처하며 "세계 모든 나라가 시장에서 자유롭게 경쟁해야 한다"고 주장했기 때문이다. 진정 미국이 이라크의 재건을 원했다면 보다 많은 나라의 기업이 경쟁적으로 뛰어들어 이라크가 더 좋은 가격, 더 뛰어난 품질의 재건 기회를 얻도록 해야 했다. 하지만 미국은 재건 사업을 돈벌이의 기회로 여겼고, 그 기회는 대부분 미국과 일부 참전국들이 독점했다.

이 전쟁을 미래의 역사가들이 어떻게 평가할지는 아무도 모른다. 하지만 분명한 점은 미국이 내세운 전쟁 명분은 대부분 허위였으며, 미국의 군수 자본과 금융 자본은 전쟁으로 막대한 이익을 얻었다는 사실이다. 만약 이 전쟁이 정말로 돈과 석유 때문에 일어난 것이라면 그 결과는 너무 참혹하다. 이라크의 테러 희생자 수를 집계하는 민간단체 이라크보디카운트(Iraq Body Count)의 2012년 발표에 따르면 이라크전쟁의 사망자는 총 16만 2,000여 명이고, 그중 목숨을 잃은 민간인은 무려 12만 7,980명이다.

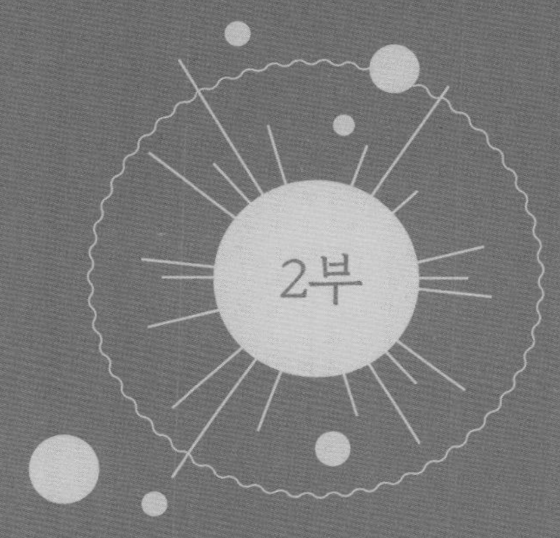

2부

차가운 전쟁

체제 경쟁부터 무역 분쟁까지,
총성 없는 경제 대결의 역사

Chapter 13

1930

◇ 대공황
◇ 보호무역
◇ GATT 협정

1931년 대공황 당시 미국의 실업자들

스무트-홀리 관세법

미국이 꺼내 든 보호무역 카드의 참패

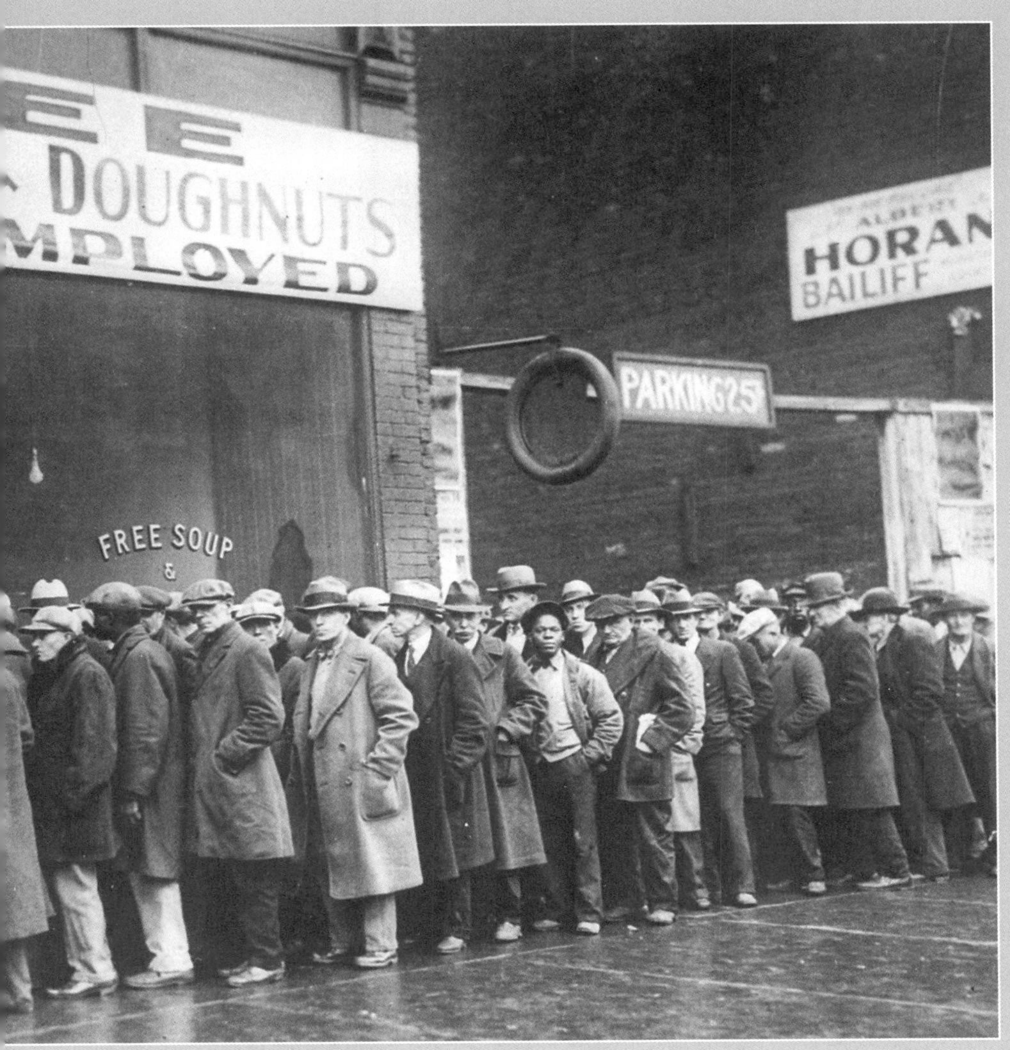

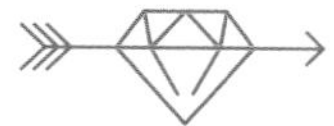

대공황이라는 참사

오렌지 가격이 곤두박질쳤다. 농장 주인들은 가치가 없어진 오렌지를 땅에 묻어 버렸다. 그때 농장 밖에는 영양실조에 걸린 사람들이 득실거렸다. 이들은 배고픔을 견디다 못해 농장의 담을 넘어 땅에 묻힌 (다 썩어 가는!) 오렌지를 훔쳐 먹었다.

하지만 농장 주인은 이를 허락하지 않았다. 자기 땅에 무단으로 침입한 이들을 향해 총을 갈겨 대는 건 미국인들의 오래된(고약한) 습관이다. 화가 난 빈민들이 항의 집회를 열었지만 소용이 없었다. 이들 대부분이 무자비하게 진압당하고 말았다.

아프리카 어느 가난한 나라에서 일어난 일이 아니다. 이 일은 1930년대 풍요로움의 상징이었던 미국 캘리포니아에서 벌어진 사건이다. 미국은 제1차 세계대전을 마치고 세계에서 가장 잘사는 나라가 됐다. 농업과 공업 모든 면에서 미국은 유럽 국가들을 제치고 최강국의 자리에 올라선 것이다. 제1차 세계대전이 시작되는 1914년경 미국의 경제 규모는 이미 영국의 두 배에 이르렀는데, 격차가 점점 커져 1929년경에는 세 배에 달할 정도였다. 그랬던 미국이 삽시간에 극빈국처럼 돌변

미국 대공황기의 떠돌이 농민 여성

1936년 미국의 사진작가 도러시아 랭Dorothea Lange이 농업안정국 조사 팀과 작업하면서 찍은 〈이민자의 어머니〉(Migrant Mother). 사진 속 여성은 캘리포니아주 완두콩 농장에서 일하던 32세 여성으로, 들판에서 주운 채소와 아이들이 잡아 온 날짐승으로 끼니를 때웠다. 이 사진은 미국 대공황을 상징하는 아이콘이 되었다.

했다. 사람들은 일자리를 잃었고, 가난에 찌들어 죽었다.

역사학자들은 이때를 대공황(Great Depression, 1929~1939)이라고 부른다. 대공황으로 수많은 사람들이 굶어 죽었다. 그런데 여기서 인류를 더욱 비참하게 만들었던 것은 당시 미국에 먹을 것이 부족해서 사람들이 굶어 죽은 게 아니었다는 점이다. 캘리포니아 농장의 사례에서도 알 수 있듯이 당시 미국에는 오렌지가 남아돌아 농장 주인들이 이를 땅에 묻어 버릴 정도였다. 식량도 전혀 부족하지 않았다. 물건도 마찬가지였다. 상점에는 생필품이 산더미처럼 쌓여 있었다. 그런데 정작 사람들은 비누 하나 구하지 못해 쩔쩔매다 더러운 환경에서 병에 걸려 죽어 갔다.

도대체 왜 이런 황당한 일이 벌어졌을까? 경제학에서는 이 대공황을 '수요와 공급이 일치하지 못해 벌어진 참사'로 기록한다. 당시 미국에서는 이른바 포드시스템(Ford System)이라고 불리는 혁신적인 대량생산 체제가 도입됐다. 공장에 컨베이어 벨트가 도입되면서 생산성이 비약적으로 향상된 것이다.

그런데 인류를 풍요롭게 만들어 줄 것 같았던 기계화는 정반대의 참사를 불러일으켰다. 인간이 해야 할 일을 기계가 대신 해 주면서 노동자들이 일자리를 잃게 된 것이다. 이것이 바로 자본주의 시대 최악의 참사로 불리는 대공황의 출발점이었다.

경제학에서는 공황을 '자본주의 체제의 근본적 모순이 순간적으로 폭발해 나타나는 경제 불황'이라고 정의한다. 그러니까 공황은 순수하게 자본주의 시장경제에만 해당되는 경제 불황이다. 예를 들어 조선 시대에 가뭄이 들어서 백성들이 굶어 죽는 현상은 공황이 아니다. 조선

시대는 자본주의 체제가 아니었으니까.

공황이 발생하는 형태는 다양하지만 원인은 보통 한 가지다. 앞에서도 살펴봤듯이 수요와 공급이 맞지 않아서다. 특히 공급이 수요에 비해 심각하게 많을 때 공황이 발생한다. 팔려는 물건은 산더미같이 쌓여 있는데(공급 과잉) 사려는 사람들의 호주머니가 텅 비어 있을 때(수요 부족) 이런 일이 벌어진다.

그런데 1930년 미국이 겪었던 것은 그냥 공황도 아니고 무려 대(大)공황이었다. 얼마나 공황이 심각했으면 이런 이름이 붙었겠나? 대공황 직전까지 미국은 세계경제의 왕좌에 앉아 있었다. 당시 부의 상징이었던 금만 보더라도 세계에서 유통되는 금의 60퍼센트가 미국 금고에 쌓여 있었다. 하지만 대공황 이후 미국은 경제적으로 완전히 다른 나라가 돼 있었다. 1932년 미국의 실업자는 1,200만 명을 넘어섰다. 노동자의 임금은 3분의 1로 주저앉았다. 공산품 생산은 절반으로 줄어들었다. 무역 거래량도 3분의 1토막으로 감소했다. 이 정도면 나라가 완전 거덜이 났다고 봐도 과언이 아니다. 당시 경제 위기가 얼마나 심했는지 짐작이 가고도 남는 끔찍한 수치들이다.

어긋나 버린 수요와 공급의 균형

'경제학의 아버지'로 불리는 애덤 스미스는 "자본주의 시장경제는 늘 수요와 공급이 일치한다."라고 주장했다. 아무도 개입하지 않아도 수요와 공급은 늘 저절로 딱딱 맞아떨어진다는 게 스미스의 주장이었다. 이것을 가능하게 만드는 것이 바로 '가격'이라는 녀석이다.

예를 들어 공장이 물건을 잔뜩 생산해서 상점에 물건이 남아도는 일이 발생했다고 치자. 스미스에 따르면 이때 가격이라는 녀석이 등장한다. 물건이 남아돈다는 것은 수요가 공급보다 부족하다는 뜻이다. 이럴 경우 물건의 가격이 떨어진다. 가격이 떨어지면 사람들은 그 물건을 더 많이 사려고 한다. 싼 맛에 물건을 사려는 사람이 생길 테니까. 이래서 수요가 다시 늘어나고 결국 공급과 수요가 일치한다. 그런데 대공황 때에는 이런 현상이 일어나지 않았다.

대공황 때에도 물건이 넘쳐 나는 바람에 가격이 떨어졌다. 물건 가격이 내렸으니 당연히 그 물건을 사려는 사람, 즉 수요가 늘어나야 한다. 하지만 불행히도 당시 미국인들의 호주머니에는 돈이라는 것 자체가 없었다. 특히 기계화가 빠르게 진행되면서 실업자들이 엄청나게 늘어나 더더욱 국민들이 가난한 상황이었다. 그러니 물건값이 아무리 떨어져도 수요가 늘어날 수 없었던 것이다.

국민들이 가난해지니 물건이 안 팔리고, 물건이 안 팔리니 공장이 망하고, 공장이 망하니 일자리가 줄어 국민들이 더 가난해진다. 이 지겨운 악순환이 시작되면서 미국은 자본주의 역사상 가장 참혹한 대공황을 맞게 된 것이다.

불타는 경제에 기름을 끼얹다

그런데 1930년 이 참혹한 사태에 기름을 끼얹는 일이 벌어졌다. 다

소의 논란은 있지만, 대부분의 경제학자들은 1929년을 미국의 경제 대공황이 시작된 해로 본다. 그런데 대공황 직후, 그러니까 경제가 악화일로에 접어든 1930년, 미국 정부가 자국 산업을 지켜 경제를 살리겠답시고 강력한 보호무역 카드를 들고 나온 것이다. 바로 「스무트-홀리 관세법」(Smoot-Hawley Tariff Act)이라는 것이었다.

대공황이 시작될 당시 미국의 대통령은 공화당 소속의 허버트 후버 Herbert Hoover(미국 제31대 대통령, 재임 1929~1933)였다. 후버는 대공황이 일어날 것이라고는 조금도 상상하지 못했던 인물이었다. 그는 1928년 민주당의 앨 스미스Al Smith 후보와 대선에서 맞붙었는데, 당시 미국 경제가 사상 최고의 호황을 계속 이어 갈 것이라 확신했다. 선거 때 후버가 유권자들에게 외친 구호는 "모든 미국인의 차고에 자동차를! 모든 미국인의 식탁에 닭고기를!"이었다.

대선에서 승리한 후버는 1929년 3월 대통령에 취임했는데, 이때까지도 그는 사태의 심각성을 인식하지 못했다. 후버는 취임식에서 자신 있게 말했다. "빈곤에 대한 최후의 승리가 눈앞에 다가왔다."라고 말이다. 하지만 역사는 그의 기대를 그야말로 박살 냈다. 그가 "빈곤에 대한 최후 승리"를 외친지 고작 7개월 뒤인 그해 10월 29일, '검은 목요일'로 불리는 주가 대폭락 사건이 벌어졌다. 대공황이 시작된 것이다.

이듬해인 1930년 후버는 해결책이랍시고 당시 미국이 수입하던 물건에 관세를 대폭 올리는 전략을 들고나왔다. 관세를 높이면 당연히 수입품의 가격이 오른다. 100원짜리 물건에 10원 관세를 물리면 시장에서는 110원에 팔리는 것이다. 가격이 오를수록 물건이 잘 안 팔리는 것은 당연지사다. 따라서 관세 인상은 외국 물건의 수입을 막고 싶을 때 그 나라 정부가 빼 들 수 있는 강력한 무기다.

후버의 생각은 이랬다. 당시 미국은 주로 영국 등 유럽에서 물품을 수입했는데, 이 수입품의 가격이 높아지면 소비자들은 어쩔 수 없이 미국 국산 제품을 사용하게 될 것이다. 그러면 안 돌아가던 공장이 돌아갈 것이고, 위기에 처한 기업들이 살아날 것이다.

후버의 생각을 이어받아 공화당 소속 상원 의원 리드 스무트Reed Smoot와 역시 공화당 소속 하원 의원 윌리스 홀리Willis Hawley가 이를 법안으로 만들었다. 그 법에는 2만여 개가 넘는 외국 수입품에 대한 관세율을 인상하는 내용이 들어 있었다. 이 법안으로 관세 부과 품목의 평균 관세율이 1929년에는 40퍼센트였다가, 1932년에는 무려 59퍼센트까지 올라갔다. 현대 경제사에서 가장 아둔한 보호무역 법안으로 불리는 「스무트-홀리 관세법」의 등장이었다.

사실 스무트와 홀리가 처음 법안을 만들 때만 해도 이게 이렇게 커질 일은 아니었다. 왜냐하면 이 법의 초안은 미국 농가를 보호하기 위해 수입 농산품에만 관세를 올리는 것이었기 때문이다. 하지만 법안 내용이 알려지자 미국 기업들이 정부와 의회에 강력한 로비를 펼치기 시작했다. "농업만 산업이냐! 우리도 보호해 달라."라고 징징거린 것이다. 여기에 후버 대통령이 적극 동조하면서 이 법은 온갖 민원을 다 구겨 넣어 무려 2만여 개에 달하는 수입품에 고율의 관세를 매기는 내용으로 탈바꿈했다.

이 법안이 가져온 후폭풍은 처참했다. 유럽에서 수입되던 물품의 가격이 15퍼센트 가까이 오르자 당연히 미국 국민들은 국산품을 쓰기 시작했다. 문제는 이에 격분한 유럽 국가들이 미국 수출품에 대해 보복

윌리스 홀리 하원 의원(왼쪽)과 리드 스무트 상원 의원(오른쪽)

관세를 매기기 시작했다는 점이다. 미국의 가장 큰 교역 상대국이던 북아메리카 대륙의 캐나다에 이어 영국과 프랑스, 독일 등 유럽 열강마저 미국에 보복관세를 매기는 대열에 합류했다. 가격경쟁력을 잃은 미국 제품은 유럽에서 죽을 쑤기 시작했다. 1932년 미국의 대유럽 수출은 1929년에 비해 3분의 1 수준으로 급감했다.

그나마 미국 국민들이 자국산 제품을 더 줄기차게 사 주면 상황은 좀 나았을 텐데, 앞에서도 말했듯이 미국 국민들의 호주머니는 당시 텅 비어 있었다. 「스무트-홀리 관세법」 통과 직후 반짝 살아나는 듯 보였던 미국 국산품의 내수는 이후 빠른 속도로 추락했다. 수출과 내수가 동시에 망하니 기업들이 견딜 방법이 없었다. 수요와 공급의 불균형이 유발한 경제 악화는 보호무역이라는 최악의 무역정책이 더해지며 대

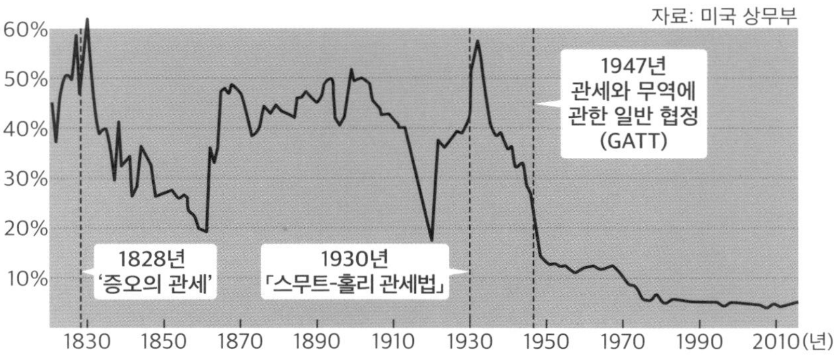

미국의 평균 관세율 추이

허버트 후버 대통령은 1930년 6월 「스무트-홀리 관세법」에 서명함으로써 2만여 수입 제품에 대한 관세를 1828년 이후 가장 높은 수준으로 인상했다.

공황을 가속화했다.

이후 사태는 잘 알려졌다시피 1933년 새 대통령 프랭클린 루스벨트Franklin Roosevelt(미국 제32대 대통령, 재임 1933~1945)가 취임하며 진정됐다. 루스벨트는 경제학자 존 메이너드 케인스의 의견을 받아들여 공급 중심 경제(감세, 규제 완화 등의 조치로 기업을 돌봐 주는 정책)에서 수요 중심 경제(소비자들의 지갑을 먼저 두둑하게 만드는 정책)로 정책의 방향을 바꾸며 위기를 돌파했다. 유명한 공공사업 정책인 뉴딜 정책이 등장한 것도 이때의 일이다.

루스벨트는 또 「스무트-홀리 관세법」이 망쳐 놓은 보호무역의 비효율도 해소했다. 루스벨트는 1934년 6월 12일 '호혜관세법'으로도 불리는 「상호무역협정법」(Reciprocal Trade Agreement Act)을 통과시켜 「스무트-홀리 관세법」을 폐지했다. 새로운 법에는 상대 국가가 미국에 대한 관세를 낮춰 줄 경우 미국도 그 나라 물건에 대한 관세율을 최고

50퍼센트까지 낮추겠다는 내용을 담고 있었다. 미국이 다시 자유무역 시장으로 복귀한 것이다.

이후 미국은 2017년 트럼프 행정부가 등장하기 전까지 세계 무역 시장에서 자유무역의 전도사 역할을 했다. 대공황 당시 보호무역의 지독한 비효율을 경험했던 데다가, 이후 미국이 자유 진영 최강대국의 지위를 공고히 하면서 자유무역이 미국에 압도적으로 유리하게 작용했기 때문이다.

제2차 세계대전이 마무리되자 미국은 전 지구적인 자유무역 시스템을 구축하는 데 골몰했다. 1947년 미국의 주도 아래 스위스 제네바에서 23개 국가가 모여 GATT(General Agreement on Tariffs and Trade), 즉 '관세와 무역에 관한 일반 협정'이라는 것을 체결하면서 인류는 전 지구적인 자유무역의 시대를 맞았다. 중상주의 시대 이후 치열하게 전개됐던 자유무역 대 보호무역의 경쟁이 마침내 자유무역의 승리로 마무리되는 순간이었다.

Chapter 14

1898~1934
1993~2012

◇ 유나이티드프루트컴퍼니
◇ 바나나 공화국
◇ 로메협정

1915년경 유나이티드프루트컴퍼니의 바나나 수송 철도

바나나 전쟁'들'

바나나 제국의 끝나지 않는 대리전

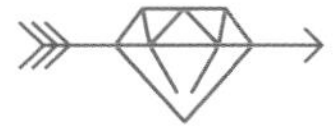

플랜테이션의 비극

1부에서 잠깐 다룬 플랜테이션 농업을 기억하는가. 백인들이 노예를 사고파는 처참한 짓을 벌인 원인이 됐던 농업 방식 말이다. 플랜테이션 농업의 사전적 정의는 '환금작물(cash crop), 즉 돈이 되는 농작물을 전문으로 재배하는 대규모 상업적 농업'이다. 환금작물이란 우리가 보통 식량으로 이용하는 곡물이 아니라 커피, 사탕수수(설탕), 담배, 차, 목화, 고무처럼 팔기 위해 재배를 하는 것들이다. 이런 환금작물은 대개 열대기후나 아열대기후에서 잘 자란다. 이 때문에 플랜테이션은 지리적으로 동남아시아, 아프리카, 남아메리카 등지에서 주로 이뤄진다.

그런데 교과서나 사전 등에서는 이 플랜테이션을 "서구의 기술력과 자본 및 원주민의 값싼 노동력이 결합해 이뤄지는 농업 방식"이라고 설명한다. 마치 이 둘이 잘 조화를 이뤄 환금작물이 재배되는 것처럼 서술한 셈이다.

하지만 플랜테이션은 이 설명처럼 아름다운 컬래버레이션이 절대 아니다. 국제구호개발기구 옥스팜(Oxfam)에 따르면, 2021년 기준 식량 위기를 겪고 있는 전 세계 인구는 무려 1억 5,500만 명이다. 1분에

11명, 즉 5.5초마다 1명이 굶어 죽는다. 잠시 읽는 것을 멈추고, 천천히 큰 숨을 쉬어 보시라. 숨을 들이마셨다가 편하게 후 하고 내뱉는 그 짧은 시간 동안, 이 지구 위에서는 누군가가 굶어서 죽는다.

문제는 기아에 시달리는 대부분의 사람들이 플랜테이션 농업이 만연한 동남아시아, 아프리카, 남아메리카에 살고 있다는 점이다. 그렇다면 그곳의 넓은 땅에 돈이 되는 환금작물부터 재배하는 것이 옳은가, 그 땅에 사는 사람들이 굶어 죽지 않도록 곡물부터 재배하는 것이 옳은가?

"거기서 플랜테이션을 하지 않으면 우리는 어떻게 커피와 설탕, 담배를 얻는단 말이냐?"라는 반론은 너무 잔인하다. 커피, 설탕, 담배는 기호 식품(嗜好食品)이다. 그리고 기호 식품은 말 그대로 맛과 향기를 즐기기 위한 음식들이다. 속된 말로 그거 없어도 사람이 죽지 않는다는 뜻이다. 하지만 주식(主食)으로 이용되는 곡물이 없으면 진짜로 사람이 죽는다. 우리의 맛과 향기를 위해 누군가가 5초에 한 명씩 죽어도 괜찮다는 말인가?

플랜테이션은 동남아시아, 아프리카, 남아메리카의 농업 구조를 완전히 바꿔 놓았다. 원래 이 지역 농민들이 주로 재배하던 것은 당연히 주식으로 사용할 곡물이었다. 담배나 설탕 같은 기호 식품용 작물은 말 그대로 기호를 충족할 만큼만 재배했다. 하지만 서구 자본이 이 지역을 휩쓸면서 곡물을 재배해야 할 농경지는 삽시간에 기호 식품을 위한 작물을 재배하는 플랜테이션 농지로 바뀌었다.

아프리카 세네갈의 경우, 과거에는 수수와 조를 주로 재배했으나 19세기에 프랑스 식민지가 된 이후에는 땅콩을 주로 재배하기 시작했다. 지금 세네갈은 이 땅콩을 수출해 번 돈으로 동남아시아에서 쌀을 수입하는 황당한 지경에 처해 있다. 그렇게 땅콩을 판 돈으로 쌀을 수입해 굶어 죽지 않으면 된 것 아니냐고? 천만의 말씀이다.

2018년 국제연합식량농업기구(FAO, Food and Agriculture Organization of the United Nations)가 발간한 보고서에 따르면 세네갈의 식량 상황은 심각하다. 부르키나파소, 차드, 말리, 모리타니, 니제르, 나이지리아와 함께 서아프리카 사헬지역[8] 국가로 분류되는 세네갈은 세계에서 가장 빠른 속도로 기근이 늘어나는 곳 중 하나다. 2018년만 해도, 식량 부족으로 고통을 받는 인구수가 직전 해인 2017년에 비해 무려 세 배 증가했다.

더 잔인한 이야기를 하나 해 보자. 기아가 극심한 여러 대륙의 농지에서는 옥수수가 재배된다. 옥수수는 담배나 설탕 같은 기호 식품과는 달라서 사람이 먹으면 얼마든지 기아에서 벗어날 수 있다. 그런데 놀라운 것은, 그곳 원주민들은 이 옥수수를 먹지 못한다는 사실이다. 재배되는 옥수수의 대부분을 사람이 아니라 소가 먹기 때문이다.

지금 지구에서 생산되는 곡물의 4분의 1을 사람이 아니라 소가 먹는다는 사실을 알고 있는가? 5.5초마다 1명씩 굶어 죽는 판에 도대체 왜 이런 황당한 일이 벌어질까?

이유는 옥수수를 소에게 먹인 뒤 그 소고기로 햄버거를 만들어 팔면 돈을 벌 수 있지만, 옥수수를 굶주리는 민중들에게 팔면 돈을 별로 못 벌기 때문이다. 패스트푸드 회사들이 기아에 시달리는 빈민들보다

[8] 아프리카의 사하라사막 남쪽 가장자리에 있는 지역으로, 원래 초원 지대였지만 점점 사막화되고 있다.

훨씬 더 비싼 가격에 옥수수를 사 줄 능력이 있다는 이야기다.

여기에 2007년부터 시작된 바이오 연료 열풍도 이 사태를 부채질한 중요한 원인이었다. 옥수수에서 나오는 전분을 이용하면 에탄올이라는 물질을 만들 수 있다. 그런데 이 에탄올을 가공해 연료로 만들면 석유나 석탄에 비해 훨씬 친환경적이라는 주장이 제기된 것이다. 이때부터 수많은 대기업들이 바이오 연료를 개발하기 위해 아프리카에서 옥수수를 재배하기 시작했다. 금융 자본이 여기에 뛰어들면서(돈이 될 것 같으니까!) 아프리카의 농토는 사람이 먹을 곡물이 아니라 자동차에 넣을 연료를 생산하는 곳으로 탈바꿈했다. 스위스의 사회학자이자 국제연합인권위원회(UNCHR, United Nations Commission on Human Rights) 식량특별조사관으로 활동한 장 지글러Jean Ziegler는 이런 현실에 대해 다음과 같이 폭로했다.

> 스위스 로잔에 본사를 둔 다국적기업 아닥스바이오에너지(Addax-Bioenergy)는 최근 세계 최빈국인 시에라리온에서 2만 헥타르의 땅을 매입했다. 이 회사는 그 땅에 바이오에탄올 제조에 쓰이는 사탕수수를 심을 예정이다.
> 이 같은 약탈에 필요한 대금을 지원하는 세계은행이나 유럽투자은행, 아프리카개발은행의 논리는 한마디로 사악하기 그지없다. 아프리카 농부들의 생산성이 너무도 낮으므로 그 땅을 가장 효과적으로 이용할 수 있는 '생산자들'에게 맡기는 편이 낫다는 것이다.
> 로잔에 근거지를 둔 약탈자들이 차지한 땅은 아프리카 농부들, 특히 벼농사를 짓는 수천 가구의 삶의 터전이었다. (…)

아닥스 사는 한껏 너그러움을 과시한다. 제한적인 수에 불과하겠지만 그래도 이들 농부들의 자식들에게 "일자리를 제공하겠다"는 것이다.

— 장 지글러, 『왜 세계의 절반은 굶주리는가』(갈라파고스, 유영미 옮김, 2016), 22쪽

있는 경작지는 식량 생산에도 쓰기 바쁜 아프리카에서, 상당 부분의 농지를 자동차 연료 개발 명목으로 떼어 주고 있는 셈이다. 이것이 대체에너지를 위한 플랜테이션의 추악한 민낯이다.

미국, 바나나를 매개로 중남미를 들쑤시다

우리가 즐겨 먹는 바나나도 플랜테이션 작물에 속한다. 바나나를 주식으로 삼는 국가가 없지는 않지만, 지구에서 재배되는 대부분의 바나나는 서구 자본의 주도 아래 재배돼 기호 식품으로 수출된다고 봐야 한다.

그런데 바나나는 역사상 가장 독특하고 비극적인 장면을 많이 만들어 낸 과일이기도 하다. 전후 사정을 잘 모르는 사람들이 흔히 하는 말 가운데 "열대 국가에는 바나나가 그렇게 주렁주렁 열려 있는데 왜 사람들이 굶어 죽는지 모르겠다"는 것이 있다.

하지만 열대 국가에 주렁주렁 매달린 바나나는 대부분 그 나라 국민들 것이 아니다. 전 세계 바나나의 대부분은 치키타(Chiquita), 돌(Dole), 델몬트(Del Monte), 스미후루(Sumifru) 등 4대 메이저 브랜드에

서 생산된다. 이들 브랜드를 소유한 기업들이 이미 오래전부터 열대 국가의 농경지를 대량으로 사들여 바나나를 재배하고 있기 때문이다. 이 중 일본 회사였다가 최근 주식 매각을 통해 싱가포르를 본거지로 삼게 된 스미후르를 제외한 나머지 세 회사(치키타브랜즈인터내셔널, 돌, 델몬트푸즈)는 모두 미국을 기반으로 한 다국적기업이다.

나는 개인적으로 바나나를 옥수수와 함께 가장 슬픈 운명(!)을 지닌 농작물이라고 생각하는데 이유는 이렇다. 바나나가 세계적(?) 과일이 된 때는 20세기 초반이었다. 미국은 19세기 중후반 벌어진 미국-멕시코 전쟁(1846~1848)과 미국-에스파냐 전쟁(1898)의 연이은 승리로 중남미(중앙아메리카·남아메리카) 지역에서 영향력을 크게 확대한 상태였다.

그런데 이 시절 미국 사업가 마이너 키스Minor Keith라는 자가 코스타리카로 건너가 철도를 깔고 그 주변의 부지를 모조리 바나나 농장으로 바꿔 버렸다. 처음에는 철도 건설 인부들의 밥값을 아끼려고 철도 노선을 따라 바나나를 키우던 것이, 어느새 커다란 수익을 안겨 주는 사업으로 발전했다. 키스가 설립한 과일 무역 회사 이름이 유나이티드프루트컴퍼니(UFC, United Fruit Company)였는데, 이 회사가 바로 바나나 4대 메이저 중 하나인 치키타브랜즈인터내셔널의 모태다. UFC는 코스타리카에 이어 과테말라의 땅도 싹쓸이해 바나나 플랜테이션 농장으로 만들었다.

알다시피 바나나는 무르기 쉬운 과일이다. 따라서 과일의 신선도를 유지하기 위해 운송을 어떻게 하느냐가 매우 중요하다. UFC는 바나나를 잘 운송해야 한다는 명목으로 코스타리카와 과테말라의 철도 부설권까지 꽉 쥐고 있었다. 땅도 땅이지만, 철도 부설권은 그 나라의 젖줄이다. 일제가 조선을 강점한 뒤 제일 먼저 철도 부설권부터 챙긴 이유도 그것이었다. 이 때문에 어떤 경우도 철도 부설권은 외국 기업에 함부로 넘겨서는 안 된다. 하지만 코스타리카와 과테말라 정부는 이 중요한 권리를 UFC에 덜컥 넘겼다.

왜 이런 일이 벌어졌을까? 첫째, UFC는 철도 부설권을 얻기 위해 이들 나라의 독재자들과 긴밀한 관계를 맺었다. 둘째, 이게 더 중요한 이유인데, 이 과정에서 미국 정부가 개입을 하기 시작했다. 19세기 후반부터 중남미 지역에 막강한 영향력을 행사하던 미국은 UFC 같은 자국 기업을 보호한다는 명목으로 중남미 독재자들과 손을 잡고 내정에 깊숙이 개입했다. 이를테면 온두라스에서 바나나 무역 회사 쿠야멜프루트컴퍼니(나중에 UFC에 인수된다)를 운영하던 미국의 사업가 새뮤얼 제머리Samuel Zemurray라는 자는, 자신의 요구 사항이 관철되지 않자 용병을 고용해서 온두라스 대통령을 끌어내리기까지 했다.

제1차 세계대전을 전후해서 미국은 자국의 바나나 기업을 보호한다는 명목으로 쿠바, 푸에르토리코, 온두라스, 니카라과, 아이티 등에 거침없이 군사를 파견했다. 군대를 동원해 바나나 농장 노동자들의 파업을 진압하기도 했다. UFC뿐 아니라 하와이를 기반으로 출범했던 과일 업체 돌(설립 당시 '하와이언파인애플컴퍼니')도 이와 비슷한 과정을 거쳐 중남미 지역을 장악했다. 미국은 미국-에스파냐 전쟁의 승리로 에스파냐의 식민지였던 필리핀을 차지했는데, 필리핀에서도 이 짓을 반복했다. 1920년대부터 필리핀의 바나나 플랜테이션 농업을 주도한 회사는 델몬트푸즈(설립 당시 '캘리포니아패킹코퍼레이션')였다. 1898년 미

중남미의 바나나 공화국

바나나 같은 1차 생산물 수출에 절대적으로 의지하며, 외국자본과 결탁한 독재 정권 치하의 나라를 '바나나 공화국'이라고 부른다. 미국의 농업 기업들은 뇌물로 현지 권력자를 매수해서 플랜테이션에 유리한 환경을 조성한 뒤, 노동자를 싼값에 부려 폭리를 취했다.

국-에스파냐전쟁이 끝나면서 시작되어 35년이 넘게 이어진 이른바 '바나나 전쟁'의 추악한 실체다.

미국의 비도덕성을 만천하에 드러낸 중남미 지역 바나나 전쟁은 1934년 루스벨트 대통령이 "중남미 지역에 군사개입을 중단하고 선린 외교를 펼치겠다"고 발표하면서 일단락됐다. 하지만 그것도 잠시뿐, 중남미 땅에서 영향력을 유지하려는 미국의 야욕은 멈추지 않았다. 냉전 이후 미국은 공산주의 세력의 확산을 막기 위해 끊임없이 중남미 정치에 개입해 민주 정부를 붕괴시켰고, 자기들의 입맛에 맞는 독재자를 지원했다.

간혹 이들 나라에서 국민들의 열망으로 민주 정부가 수립되기라도

1954년 과테말라 군부 쿠데타

멕시코 화가 디에고 리베라Diego Rivera의 〈영광의 승리〉(Gloriosa Victoria). 1954년 미국이 지원한 과테말라 군부 쿠데타를 표현한 풍자화다.

하면 미국은 조금도 주저하지 않고 그 나라의 내정에 개입해 민주 정부를 무너뜨렸다. 당시 중남미의 민주 정부들은 미국 기업들이 점유한 광활한 토지를 되찾기 위해 토지개혁을 추진했는데, 이때마다 미국은 전가의 보도인 "저들은 빨갱이다!"를 내세우며 쿠데타를 부추겨 민주 정부를 붕괴시켰다. 합법적인 선거로 출범한 과테말라의 하코보 아르벤스Jacobo Árbenz(과테말라 제25대 대통령, 재임 1951~1954) 정부가 1954년 군부 쿠데타로 무너진 것도 이 때문이다.

북아프리카 국경선이 직선인 까닭

20세기 최고의 패권 국가이자 제국주의 국가였던 미국의 중남미 침탈 이야기를 했으니, 이번에는 미국 이전에 세계를 제패했던 유럽 국가들에 대한 이야기를 해 보자. 영국과 프랑스, 에스파냐를 필두로 한 유럽 국가들이 안 들쑤시고 다닌 지역이 없지만, 이들의 악랄함이 극명하게 드러난 대륙은 단연 아프리카였다. 1부에서 언급한 그 참혹한 노예무역도 유럽인들이 아프리카에서 벌인 일이었다.

그들이 벌인 참상을 다 나열하자면 끝이 없을 지경인데, 그중 시각적(!)으로 가장 황당한 것이 북아프리카 지역의 국경선이다. 아프리카 지도를 한번 보라. 북부 아프리카 지역의 국경선이 모두 직선으로 돼 있다. 원래 국경이란 산이나 강 같은 자연 지형에 의해 결정되는 게 일반적이다. 하지만 이곳의 국경은 그냥 직선이다.

도대체 왜 이런 황당한 일이 벌어졌을까? 1880년대 유럽 제국주의 국가들은 본격적으로 아프리카 쟁탈전을 시작했다. 프랑스는 1881년 튀니지를, 1882년 기니를 독립된 식민지로 분리해 프랑스 보호령으로 삼았다. 프랑스의 영원한 라이벌 영국도 1882년 이집트 점령 이후 이웃 나라 수단에 대한 간섭을 시작하더니, 1884년에는 소말리아를 자기 땅으로 삼았다. 독일도 1884년에 토고, 카메룬, 나미비아를 각각 자국의 식민지라고 선언했다(편의상 현재 아프리카 나라 이름 기준으로 설명하면 대략 이러하다).

유럽 국가들이 너도나도 아프리카 땅을 탐내니 분쟁이 치열해질 수밖에 없었다. 결국 경쟁이 가열되자 유럽 각 나라들은 전쟁을 막고 평화를 유지(응?)한다는 명목으로 독일 베를린에 모였다. 그리고 이들은 아프리카 지도를 펼쳐 놓고 자를 갖다 댄 뒤 펜으로 죽죽 선을 그으며 각자의 땅을 지정했다. 이것이 바로 그 유명한 베를린회의(Berlin Conference, 1884~1885)[9]다. 그러니까 북아프리카 국가들의 국경선이 일직선인 이유는, 한마디로 베를린에 모인 유럽인들이 자기들 멋대로 국경선을 그어 버렸기 때문이다. 유럽인들이 얼마나 오만방자했는지를 드러

[9] 1878년의 베를린회의와 구분해서 '베를린 서아프리카 회의'라고도 한다.

내는 극단적 사례다.

아프리카 국가 상당수는 제2차 세계대전 직후에 독립을 쟁취했다. 유럽의 횡포가 워낙 오랫동안 지속된 탓에 아프리카 국가들이 유럽에 대한 강력한 적개심을 갖고 있을 법도 한데, 사정이 또 꼭 그렇지만은 않았다. 아프리카 대륙은 유럽에 인접해 있었고, 유럽의 지원이 없다면 생계를 유지하기 힘들 정도로 가난했기 때문이다.

동서 냉전이 격화된 이후 아프리카 국가들은 제3세계라는 이름으로 하나의 세력을 형성했다. 유럽 열강은 과거 식민 지배라는 인연(?)이 있던 이들에게 적당한 지원을 제공하며 이들을 자기편으로 끌어들였다.

역사상 가장 길었던 무역 분쟁

이런 길고도 복잡한 역사적 배경 때문에 미국은 중남미를, 유럽은 아프리카를 자기네 앞마당으로 생각하는 성향을 보였다. 미국이 오랫동안 중남미를 주물럭거렸고, 유럽이 수백 년 동안 아프리카를 수탈한 인연(!)의 결과다. 그런데 이런 상반된 성향을 가진 미국과 유럽이 20세기 후반부터 21세기 초반에 걸쳐 바나나를 사이에 두고 일대 격전을 벌이는 사건이 발생한다. 바로 두 번째 바나나 전쟁이다.

사건은 1993년 11월, 유럽연합(EU, European Union)이 공식적으로 출발하면서 시작됐다. 프랑스, 독일, 네덜란드 등 과거 아프리카 수탈의 경험이 있는 유럽 12개국이 경제 시스템을 큰 틀에서 통합한 것이다. 통합된 경제에 따라 중요한 무역정책도 EU가 일괄적으로 결정하기로 했다.

그런데 그해 7월, EU의 출범을 앞두고 이런저런 논의를 하던 유럽 국가들이 통합된 무역정책으로 이른바 ACP 국가들, 즉 아프리카(Africa)와 카리브해(Caribbean), 그리고 태평양(Pacific) 연안국 그룹으로부터 수입되는 바나나에 무역 특혜를 주겠다고 밝혔다. 앞서 1975년 유럽공동체(EC, European Community)는 ACP 소속 국가들에 무역 특혜를 보장해 주는 로메협정을 체결했는데, 국가별로 쪼개져 있는 정책을 EU 단위로 합치겠다는 거였다.

ACP가 어떤 곳인가? 아프리카와 태평양 연안은 유럽이 오랫동안 식민지로 지배한 지역이다. 카리브해 연안도 마찬가지다. 바하마, 바베이도스, 그레나다, 자메이카 등 ACP 그룹에 속한 카리브해 연안 국가들은 모두 유럽 열강의 식민지였다. 콜럼버스가 아메리카 대륙을 발견한 이래로 이곳은 유럽과 활발한 교역을 이어 간 지역이었다. 그래서 카리브해 연안 국가들은 지리적으로 중앙아메리카에 위치해 있는데도, 여타 중남미 국가들과 달리 미국의 영향력이 적은 곳이었다. 즉 이곳은 유럽이 원조 몇 푼 던져 주며 국제적으로 자기편으로 관리해 오던 지역이었다는 뜻이다.

바나나 특혜는 유럽이 이들 국가에 던져 준 또 하나의 떡고물이었다. EU는 ACP 국가들로부터 수입되는 바나나 상당량을 무관세로 수입하기로 한 반면, 그 외의 나라에서 수입하는 바나나에는 높은 관세를 부과하기로 했다. EU가 대놓고 "우리는 ACP에서 생산되는 바나나만 사 먹을 거예요."라고 선언한 셈이다.

1900년대 초 자메이카의 바나나 노동자

19세기에서 20세기 초 영국인들은 서인도제도의 몇몇 섬, 특히 자메이카에서 소규모로 바나나를 생산했다. 자메이카는 1655년 영국의 식민지가 된 이래로 1962년 영연방 국가로 독립할 때까지 300년 넘게 영국의 지배를 받았다.

문제는 미국의 영향력 아래 있던 과테말라, 에콰도르, 온두라스 같은 중남미 국가들 또한 바나나 수출이 매우 중요한 돈벌이 수단이었다는 데 있었다. EU의 이 같은 정책으로 유럽에 바나나 수출길이 막힌 중남미 국가들이 격렬히 반발했다. 이전까지 유럽이 소비하는 바나나의 75퍼센트는 중남미 국가들로부터 수입된 것이었다.

중남미 독재자들을 지원하며 이들을 자기편으로 관리하던 미국 또한 EU의 조치에 발끈하고 나섰다. 게다가 중남미에서 나는 바나나의 수출은 치키타, 돌 등 미국 브랜드의 실적과도 직결돼 있었다. 미국은 1993년과 1994년 두 차례에 걸쳐 당시 국제무역을 규제하던 GATT에 제소했지만 별 성과가 없었다. 이를 갈고 있던 미국은 1995년에 세계

무역기구(WTO, World Trade Organization)가 출범하자 중남미 네 개 국가들과 손잡고 즉각 EU를 제소했다.

자유무역을 지향하는 WTO는 당연히 미국의 손을 들어 주었다. "별 이유 없이 중남미 국가들이 수출하는 바나나에만 높은 관세를 물리는 것은 자유무역 정신에 위배된다"는 이유였다.

하지만 EU는 콧방귀도 뀌지 않았다. 아무리 미국이 강대국이라 해도 자신들은 무려 유럽'연합'이었다. 이들이 다른 역사적 배경에도 불구하고 연합을 만든 이유도 이런 일이 벌어졌을 때 미국 같은 초강대국과 비등하게 싸우기 위해서였다. EU는 애초부터 바나나 분쟁에서 물러날 생각이 없었던 것이다.

1999년, 미국이 EU를 향한 무역 보복의 칼을 꺼내 들었다. EU가 수출하는 치즈와 캐시미어 등 14개 품목에 무려 100퍼센트의 관세를 부과한 것이다. 한마디로, EU더러 "우리 미국에는 치즈와 캐시미어 등을 수출할 생각을 아예 하지 말라"는 경고였다.

'연합'의 위세를 과시하고자 했던 EU 또한 가만히 있지 않았다. EU는 미국 구형 항공기의 EU 상공 통과를 막았다. "미국의 노후 항공기가 소음 기준을 초과하는 것은 물론이고, 환경오염까지 유발한다"는 게 그 이유였다. 이에 질세라 미국도 "EU의 콩코드 여객기 소음이 너무 심하다"며 이 항공기의 미국 취항을 금지해 버렸다. 진짜 유치짬뽕 아닌가?

물론 이 유치짬뽕한 일이 벌어진 데에는 좀 더 심오한 이유가 있긴 하다. 미국과 EU 모두 항공기 수출로 큰돈을 버는 라이벌이었기 때문이다. 이에 관해서는 다음 장에서 자세히 살펴볼 테니, 이번 장에서는 생략하기로 한다. 하지만 아무리 깊은 속사정이 있다 한들 이들이 항공기를 두고 벌인 이 분쟁은 실로 유치짬뽕이었다. 20세기 패권 국가와 19세기 패권 국가들은 이 유치짬뽕을 조금도 부끄러워하지 않았다.

이후 이 싸움은 EU가 미국산 소고기를 수입 금지하는 등 악화일로를 걷다가, 2009년 말 EU가 중남미 지역으로부터 수입되던 바나나의 관세를 내리고 ACP 그룹에 제공하던 무역 특혜를 점차 중단하기로 합의하면서 막을 내렸다. 양측은 2012년, WTO에 제소했던 분쟁을 모두 일괄 타결하며 20년 가까이 끌던 싸움을 마무리했다. 외형상 승리는 20세기 최강대국 미국의 몫이었다.

하지만 누가 이겼건 이 분쟁을 통해 강대국들의 추악한 민낯이 여과 없이 드러났다는 사실은 부인할 수 없다. 원활한 자유무역을 위해 WTO를 만든 것도 이들 강대국이었고, "자유무역이 세상을 이롭게 한다"며 약소국들의 시장을 강제로 개방토록 한 것도 이들이었기 때문이다. 그러던 자들이 정작 자국의 이익이 걸리자, 너희 비행기는 낡았다는 둥 너희 비행기는 시끄럽다는 둥 하면서 무역 보복을 주고받은 것이다. '세상에서 가장 슬픈 과일' 바나나는 세계경제사의 한 페이지를 장식했고, 미국과 EU의 바나나 분쟁은 강대국들의 이중성을 만천하에 알린 채 이렇게 마무리됐다.

Chapter 15

2004~2021

◇ 퍼스트 무버

◇ 보조금

◇ 보잉 vs. 에어버스

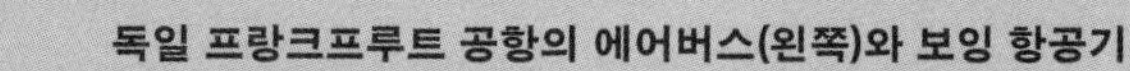

독일 프랑크프루트 공항의 에어버스(왼쪽)와 보잉 항공기

항공기 보조금 분쟁

자유무역을 내팽개친 미국과 유럽의 2차전

패스트 팔로워와 퍼스트 무버

우리나라에는 아직도 '정주영 신화'라는 것이 나돌고 있다. "현대그룹 창업주 정주영이 우리나라를 공업 강국으로 만들었다"는 찬사가 그것이다. 일각에서는 정주영을 "자동차(현대자동차)와 조선(현대중공업) 등의 분야를 개척해 경공업 위주 산업구조를 중화학공업 위주로 바꿔 놓은 위대한 선각자"라고 높게 평가하기도 한다.

그렇다면 정주영이 정녕 위대한 선각자인가? 이 질문에 대한 답은 생각만큼 간단하지 않다. 고려해야 할 요소가 너무 많기 때문이다. 일단 자동차와 조선은 정주영이 개발한 산업이 아니다. 선진국이 하던 것을 따라 한 산업이다. 이런 방식을 패스트 팔로워(fast follower) 경영이라고 부른다. 남들이 새 분야를 개척하면 번개같이 흉내를 내는 방식이다. 반면에 혁신을 통해 새로운 분야를 개척하는 방식을 퍼스트 무버(first mover) 경영이라고 부른다. 선각자라는 단어는 이 퍼스트 무버에 어울리는 용어다.

패스트 팔로워 분야에서 재능을 나타낸 대표적 나라가 일본이다. 생각해 보라. 일본이 뭔가 새로운 분야를 개척한 적이 있었던가? 그들은 그냥 서구 사회에서 개척한 산업을 열심히 따라 했을 뿐이다. 물론 그 따라 하는 것을 잘하긴 했다. 서구 사회가 녹음기를 만들면, 그걸 엄청 정교하게 다듬어 초소형 카세트로 변모시키는 식으로 말이다. 하지만 따라 하는 데 재능이 있다고 일본 같은 따라쟁이를 선각자라고 부를 수는 없는 노릇이다.

요즘 이 분야에서 두각을 나타내는 나라는 단연 중국이다. 중국은 엄청난 인구를 바탕으로 뭘 베껴서 싸게 만드는 분야에 독보적인 재능(!)을 과시하는 중이다. 하지만 마찬가지로 그런 걸 잘한다고 중국을 선각자라고 부르지는 않는다. 선각자는커녕, 좀 얄미운 존재 아닌가?

정주영도 마찬가지다. 그는 패스트 팔로워였을 뿐 퍼스트 무버가 아니었다. 그래서 그에게 선각자 칭호는 전혀 어울리지 않는다는 게 내 생각이다. 선각자가 아니라면 '위대한' 경영인이기는 했나? 여기에 대해서는 숱한 논쟁이 있을 수 있다. 그가 남긴 공과가 너무 뚜렷하기 때문이다.

나는 종합적으로 판단할 때 정주영이 전혀 위대한 경영인이 아니라고 보는 쪽이다. 그가 이뤄 낸 대부분의 성취는 타인의 희생에 엄청난 행운이 더해진 결과물이었기 때문이다. 게다가 '황제 경영'으로 불리는 그의 경영 방식은 모범적이지도 않았다. 요즘 누군가가 정주영처럼 경영했다가는 단번에 기업을 말아먹을 것이다. 모범이 되지 않는 경영을 어찌 위대하다고 할 수 있겠나?

하지만 정주영에 대한 평가는 이 책의 주제가 아니므로 이 문제는 이쯤에서 접기로 하자. 다만 정주영에 대한 평가 중 짚고 넘어가고 싶은 것이 있다. 정주영이 과연 순전히 자기 힘만으로 자동차와 조선 분야에서 성공을 거둘 수 있었을까? 이건 정말 천만의 말씀이다. 그리고 이 점을 제대로 검토해야 보호무역과 자유무역에 어떤 중대한 차이가 있는지를 정확히 확인할 수 있다.

한국이 자동차 제조국이 된 까닭

정주영의 현대는 1975년 12월 1일 최초의 고유 모델 국산 차 포니를 생산했다. 당시 포니의 성능은 처음 만든 것치고는 괜찮았지만, 다른 나라의 고급 승용차들과 같은 선상에서 놓고 비교하자면 한없이 초라했다. 한 번도 차를 만들어 본 적이 없는 나라가 자동차라는 것을 만들었는데, 그게 성능이 뛰어나면 되레 이상한 것 아닌가?

하지만 포니는 허접한 성능에 비해 상상하기 어려울 정도의 대성공을 거뒀다. 첫 청약을 받은 1976년 1월 26일, 현대자동차는 하루 만에 1,000대가 넘는 주문을 받았다. 국민들이 한 번도 본 적이 없는 자동차를, 정식 출시 전부터 미리 사겠다고 줄을 섰다는 이야기다.

왜 이런 일이 벌어졌을까? 1970년대부터 우리나라에서는 "국산 차를 사랑하는 것이 애국"이라는 이상한 분위기가 형성됐다. 심지어 "수입차를 타는 것은 범죄"라는 인식마저 없지 않았다. 수입차는 종종 '외제차'라고 불리며 주위의 따가운 눈총을 받아야 했다. 예를 들어 보자. 1971년 정부는 밀수를 단속하기 위해 '외제차 자진 신고 기간'이라는 것을 만들었다. 수입차 소유자는 빨리 자수하라는 이야기인데, 수입차 타는 게 무슨 간첩 짓인가? 그게 뭐라고 자수까지 해야 한단 말인가?

1970년대 포니 생산 공장

그뿐이 아니다. 수입차를 사면 세무조사를 각오해야 했고, 공직자의 경우 내부 감사를 받기도 했다. 자동차 한 대 샀을 뿐인데, 범죄자가 따로 없었다.

현대차가 포니를 앞세워 국내시장을 완전히 장악한 이유는 바로 이런 사회 분위기 덕이었다. 수입차 타는 것을 지탄하는 사회 분위기가 없었다면 포니가 미국이나 일본, 독일의 유수의 자동차 브랜드와 경쟁해 이기는 것은 사실상 불가능했다.

1970년대는 박정희(대한민국 제5~9대 대통령, 재임 1963~1979) 독재 시절이었는데, 당시 수입차를 보도한 신문 기사 제목이 이러했다. "관세청 외제차 가두 단속 나서", "외제 고급 승용차 불법 반입에서 팔기까지, 절약 아랑곳 없는 '달리는 탈법'", "외제차 교묘히 사용, 기관장 탈선에 골치"…. 언론마저 통제되던 시절이었으니, 언론이 수입차 타는 것이 범죄라는 식의 기사를 쏟아 낸 것도 박정희의 의중이었다고 봐야 한다. 이게 무슨 뜻이냐면, 박정희 시절 한국은 절대 자유무역 시장에 동참하는 나라가 아니었다는 이야기다. 정부가 나서서 수입차를 배격하며 국내 기업을 보호하는 정책을 펼치는데, 그게 무슨 자유무역인가? 대놓고 보호무역이지!

그리고 이런 일은 자유무역 시장에서 결코 일어날 수 없는 일이다. 자유무역 시대에 이런 짓(!)을 하면 미국 등 강대국이 절대 가만 놔두지 않는다. 압력을 행사하건 무역 보복을 가하건 어떤 형태로든 그 국가를 강력히 응징한다. 1부에서도 살펴봤지만 아프리카와 동남아시아의 수많은 빈곤 국가들이 아직도 공업화를 이루지 못한 이유가 바로 자유무역의 횡포 탓이었다.

그런데도 우리나라가 보호무역 정책을 펼칠 수 있었던 이유는 자유 진영의 맹주 미국이 이를 허용했기 때문이다. 한국은 동아시아 지역에서 대륙과 연결된 유일한 자유 진영 국가였다. 한국을 제외한 다른 국가들, 즉 북한, 중국, 러시아, 몽골 등은 모두 사회주의국가였다. 물론 일본이 있긴 했지만, 일본은 대륙과 떨어진 섬나라였다. 이 말은, 지리적으로 볼 때 한국을 잃으면 미국은 아시아 대륙의 가장 중요한 거점을 잃는다는 뜻이기도 하다. 미국 입장에서 한국은 무슨 일이 있어도 지켜야 하는, 동아시아 자유 진영 최후의 보루였던 셈이다.

1948년 대한민국 정부 수립 이후 1950년대 말까지 한국에 밀가루 등 먹을 것을 원조해 주던 미국은 1960년대 초부터 정책을 바꾸기 시작했다. 한국이 북한과의 체제 경쟁에서 승리하지 못한다면 공산화될 위험이 크다는 판단 때문이었다.

이런 판단 아래 미국은 한국의 공업화를 집중적으로 지원하기 시작했다. 1978년 미국 하원이 작성한 일명 '프레이저 보고서'(Fraser Report)에는 존 F. 케네디John F. Kennedy(미국 제35대 대통령, 재임 1961~1963)가 재임 당시 남한의 경제 발전에 영향력을 행사한 내용이 상세히 적혀 있다. 또한 케네디 정부 시절 주한미국대사인 월터 매카너기Walter McConaughy가 1961년 올린 긴급 보고서에 따르면 '미국이 개입했다는 비난을 듣지 않으면서 남한의 경제를 발전시켜야 한다'는 취지의 견해를 행정부에 피력한 것으로 드러났다.

즉 1970년대에 한국이 대놓고 보호무역을 실시할 수 있었던 이유는 정주영이 위대해서, 혹은 박정희 같은 독재자가 뛰어난 정책을 펼쳐서가 아니라 미국의 정책 덕분이었다는 이야기다.

보조금, 보호무역의 은밀한 무기

경제학 교과서에는 관세, 수입 할당제, 그리고 수출 보조금 제도 등 세 가지가 보호무역을 대표하는 정책으로 나온다. 관세는 외국으로부터 수입되는 물건에 세금을 매겨 가격을 높이는 것을 말한다. 앞에서 살펴봤듯 영란전쟁이나 미국 남북전쟁도 모두 관세에서 시작된 것이었다. 미국의 대공황을 가속화시켰던 것도, 앞 장에서 살펴본 바나나 전쟁도 마찬가지다.

그렇다면 수입 할당제란 무엇인가? 보통 '쿼터'(quota)라는 표현이 들어간 정책이 수입 할당제에 해당한다고 보면 된다. 외국으로부터 수입되는 물품량의 상한선을 정해 놓고 그 이상은 절대 수입하지 않는 정책을 뜻한다. 예를 들어 1970년대 박정희 정권은 한국 영화를 보호한다는 명목으로 1년에 수입되는 외화 숫자를 연간 40편으로 제한했다. 이런 게 바로 대표적인 수입 할당제다. 다시 한번 강조하지만 1970년대 한국은 절대 자유무역을 지지하는 국가가 아니었다.

2000년대 중반 사회적으로 큰 이슈가 된 '스크린쿼터제'도 같은 맥락의 정책이다. 물론 스크린쿼터제는 수입되는 외국영화의 양을 제한한 것이 아니라, 한국 영화의 의무 상영일을 정한 제도였다. 하지만 이렇게 해도 외국영화의 수입을 제한하는 효과가 나타나는 것은 마찬가지다. '1년에 100일 이상 한국 영화를 틀어야 한다'는 규칙은 '1년에 외국 영화를 265일 이하로 상영해야 한다'고 할당한 것과 다르지 않기 때문이다.

일본도 오랫동안 수입 할당제를 운용해 왔다. 자국 어민을 보호하겠다며 한국산 김과 고등어, 대구 등 17개 수산물에 대해 수입쿼터제를 적용하고 있기 때문이다. 우리 정부는 2004년부터 이 제도의 철폐를 요구하며 세계무역기구(WTO)에 일본의 행태를 항의해 왔는데, 일본은 그때마다 찔끔찔끔 쿼터의 양을 늘리는 식으로 대응해 왔다.

마지막으로 수출 보조금 정책을 살펴보자. 이 제도는 정부가 외국에 물건을 수출하는 자국 기업에 보조금 등 각종 지원을 퍼부어 수출을 보다 잘할 수 있도록 돕는 것을 뜻한다. 이 제도가 각광받는 이유는 관세와 수입 할당제에 비해 독특한 장점이 있기 때문이다. 관세와 수입

할당제가 "너희 물건 안 살 거야!"라는 노골적 선언인 반면, 수출 보조금은 "우리 기업 힘내라!" 식의 응원이기 때문이다. 당연히 노골적 선언에 비해 응원이 상대의 반감을 덜 사기 마련이다.

그래서 수출 보조금 정책은 많은 국가들이 즐겨 사용하는 대표적인 보호무역 정책으로 자리를 잡았다. 말로는 자유무역을 지향한다고 하면서 자국 기업을 유무형으로 지원하는 보조금이 결코 사라지지 않는 이유다.

유럽, 보잉에 맞서 다국적 연합 기업을 설립하다

19세기 이전까지 패권 세력이었던 유럽과 20세기 이후 패권 세력인 미국은 아직도 곳곳에서 경제적으로 충돌을 한다. 두 진영 모두 세계경제를 선도하는 첨단산업을 이끌고 있기 때문이다.

양 세력이 충돌하는 대표적 분야가 바로 항공 산업, 특히 비행기 제조 산업이다. 자동차 산업이나 배를 만드는 조선 산업에서는 한국과 일본(최근에는 중국도 여기에 끼려고 노력 중이다) 등 아시아 국가들도 선두 그룹에서 각축을 벌이지만, 항공 산업에서만큼은 미국과 유럽이 양대 산맥의 철옹성을 구축하고 있다.

항공 산업은 규모 자체가 어마어마하다. 여객기 한 대 가격이 작은 것은 1,000억 원, 큰 것은 4,000억 원을 넘는다. 큰 비행기 한 대를 팔면 대략 자동차 1만 대를 파는 것과 비슷한 매출이 나오는 셈이다. 게다가 항공기는 정기적으로 교체해 주는 것이 좋다. 물론 오래 타자면 못 탈

것도 없는데, 이게 경제적으로 별로 효율적이지 않다. 오래된 비행기일수록 연료도 많이 먹고, 고장도 잦아 수리비가 많이 들기 때문이다. 이 때문에 대부분 항공사들은 비행기 나이(기령)가 30년 정도 되면 교체를 고려한다. 짧게는 20년 만에 교체되는 항공기도 여럿 있다. 비행기 제조 산업이 정기적으로 엄청난 매출을 유발하는 이유다.

이 노다지 산업 분야의 터줏대감은 미국의 보잉(Boeing)이었다. 1916년 윌리엄 보잉William Boeing에 의해 설립된 보잉은 여객기뿐 아니라 전투기와 우주선 등 하늘을 나는 모든 기체에서 압도적인 선두를 달린 대표적 기업이었다. 유럽을 대표하는 에어버스(Airbus)가 등장하기 전까지는 말이다.

에어버스의 출발은 항공기 제조라는 노다지 산업을 미국이 독식하는 것에 대응하기 위해 유럽 국가들이 연합 전선 구축에 나서면서 시작되었다. 프랑스, 독일, 영국, 에스파냐 등 유럽을 대표하는 각 나라 정부가 돈을 대 1970년 컨소시엄 형식으로 다국적 항공 기업 에어버스인더스트리(Airbus Industrie)를 설립한 것이다.

물론 후발 주자 에어버스가 압도적 강자 보잉을 따라잡는 일이 쉽지만은 않았다. 하지만 유럽 국가들은 에어버스에 '유럽의 자존심'을 걸었다. 각국 정부는 이 다국적 연합 기업에 지원을 아끼지 않았다. 그 덕에 에어버스는 야금야금 보잉을 따라잡기 시작했다. 1991년까지만 해도 80퍼센트가 넘는 압도적 시장점유율을 자랑했던 보잉의 기세는 2000년대 들어 현저하게 꺾이기 시작했다.

에어버스는 1999년 말 시장점유율을 30퍼센트 가까이로 끌어올리더니 2001년 38퍼센트, 2002년 44퍼센트로 점유율을 높여 나갔다. 그리고 2003년 마침내 52퍼센트의 점유율로 40퍼센트대에 그친 보잉을 역전했다. 이후 두 회사는 전체 항공기 시장의 90퍼센트를 절반씩 나눠 가지며 앞서거니 뒤서거니를 계속했다. 지금도 두 회사는 시장점유율 45퍼센트 내외의 우열을 가리기 힘든 경쟁을 계속 중이다.

보잉과 에어버스의 낯 뜨거운 보조금 분쟁

미국과 유럽은 이 두 기업의 경쟁에 자존심을 걸었다. 앞 장에서 살펴봤듯이 "너네 비행기 때문에 환경오염이 심각해.", "무슨 소리, 너네 비행기는 시끄러워!" 이런 유치짬뽕한 다툼이 벌어진 배경이다.

돈과 자존심이 걸린 싸움이 벌어지자 미국과 유럽은 이 두 기업에 각종 지원을 퍼부었다. 평소 자유무역의 수호자를 자처하던 미국과 유럽은 정작 자기들끼리 경쟁이 벌어지자, 그 가면을 미련 없이 벗어던졌다. 에어버스가 시장점유율에서 보잉을 역전시킨 2000년대 초반, 미국이 먼저 칼을 빼 들었다. 미국 정부의 사주(!)를 받은 보잉이 "유럽연합(EU)이 에어버스에 보조금을 퍼 주고 있다"며 WTO에 제소를 한 것이다(2004).

그런데 사실 이는 맞는 이야기면서 웃긴 이야기이기도 하다. EU가 에어버스에 보조금을 준 것은 사실이지만, 미국 정부도 보잉에 유무형의 지원을 퍼붓고 있었기 때문이다. EU도 즉각 반격에 나섰다. "보잉도 연구 및 개발 측면에서 미국 정부와 항공우주국(NASA, National Aeronautics and Space Administration)의 집중적 지원을 받고 있으며 다양한 형

항공기 보조금 분쟁 휴전
EU와 미국은 2021년 벨기에 브뤼셀에서 정상회담을 갖고 17년 동안 이어져 온 항공기 보조금 분쟁을 끝내기로 합의했다. 사진은 우르줄라 폰데어라이엔Ursula von der Leyen EU 집행위원장(왼쪽)과 조 바이든 미국 대통령(오른쪽).

태의 세금 우대 혜택까지 누리고 있다. 이게 보조금 받는 것과 뭐가 다르냐?"라는 게 EU의 주장이었다.

말로 으르렁거리던 양측은 2019년 미국이 실질적 보복에 나서면서 본격적인 멱살다짐을 시작했다. 미국은 "EU가 에어버스에 불법 보조금을 지급했기 때문에 미국은 연간 75억 달러(약 9조 4,000억 원) 상당의 유럽산 수입품에 관세를 부과할 권리가 있다"는 WTO 판정을 근거로 에어버스 항공기에 10퍼센트, 위스키와 치즈, 와인 등 수입품에 25퍼센트 관세를 매겼다. 이듬해인 2020년 미국은 에어버스 항공기의 수입 관세를 15퍼센트로 인상하며 분쟁 수위를 높였다.

당연히 EU도 가만히 있지 않았다. 2020년 EU는 미국의 보복에 대한 재보복 차원에서 미국에서 수입되는 물품 40억 달러(약 5조 원)어치에 관세를 물렸다. 이 조치 역시 "미국도 보잉에 실질적인 보조금을 지급했으므로 무역 규정에 어긋난다"는 WTO 결정을 근거로 이뤄졌다. 결국 똥 묻은 개와 겨 묻은 개의 싸움이 벌어진 셈인데, 이 두 마리의 개는 "나는 겨만 묻은 개고, 쟤야말로 똥이 묻은 개다."라며 서로를 헐뜯었다.

이 분쟁은 2021년 양측이 상대에게 부과했던 관세를 5년 동안 유예하기로 하면서 휴전에 돌입했다. 이런 싸움을 계속해 봐야 양쪽 다 얻는 게 없다는 것을 깨달았기 때문일 수도 있고, 항공기 산업 진출에 박차를 가하는 중국이라는 또 다른 경쟁자의 등장이 영향을 미쳤기 때문일 수도 있다. 아무튼, 자유무역의 수호자를 자처하던 미국과 EU가 바나나 전쟁에 이어 다시 한번 벌인 낯 뜨거운 분쟁은 이렇게 수면 아래로 가라앉았다.

Chapter 16

1955~1975

◇ 스푸트니크 쇼크
◇ 보스토크 계획
◇ 아폴로 계획

1971년 아폴로 15호의 달 탐사(네 번째 유인 달 착륙)

우주 경쟁

미소의 자존심 싸움, 인류의 발걸음을 우주로 이끌다

후광효과

행동경제학과 경영학에는 후광효과(halo effect) 이론이라는 것이 있다. '헤일로 이펙트'라고 읽는데, 이 헤일로(halo)라는 단어가 '후광'이라는 뜻이다. 하나의 일에 대한 평가가 나머지, 혹은 전부의 평가에 꽤 강한 영향을 미치는 현상을 말한다. 어떤 일에 대한 후광이 다른 것들을 밝게 비추는 효과라고나 할까? 우리말로 풀이하자면 "하나를 보면 열을 안다"쯤 되는 개념이다.

『헤일로 이펙트』(The Halo Effect, 2008)의 저자 필 로젠츠바이크Phil Rosenzweig 스위스 국제경영개발원 교수는 이런 예를 든다. 어떤 기업의 매출과 이익이 치솟았다고 하자. 그러면 그 좋아진 실적이 온갖 후광효과를 발휘해 그 기업의 모든 것을 아름답게 보이도록 만든다. 사람들은 그 기업의 리더가 매우 뛰어난 전략과 비전을 가진 사람이라 믿고, 그 회사 노동자들도 상당히 유능하며 기업 문화도 탁월하다고 생각한다.

그런데 꼼꼼히 따져 보면 그렇지 않은 경우가 훨씬 많다. 예를 들어 정주영의 현대그룹이 성공을 거뒀다는 후광효과에 눈이 멀어 정주영처럼 무모한 도전을 일삼았다가는 기업 말아먹기 딱 좋다는 거다. 하나를 보면 하나만 알아야지, 하나를 보고 함부로 열을 예단해서는 안 된다는 이야기다.

후광효과의 위력에 관해 미국 미시간대학 심리학과 리처드 니스벳Richard Nisbett 교수가 1977년 흥미로운 실험을 한 적이 있었다. 니스벳은 학생들을 두 그룹으로 나눈 뒤 강사의 강의 평가를 부탁했다. A 그룹 강사는 학생들의 질문에 웃는 표정으로 친절히 답을 하고, 강의 도중 쉴 새 없이 청중들과 눈을 맞추며 소통했다. 반면에 B 그룹 강사는 학생들과 눈도 마주치지 않고 냉정한 표정과 차가운 말투로 강의를 진행했다.

니스벳이 학생들에게 평가를 부탁한 항목은 강의 실력이 아니라 강사의 외모, 매너, 어휘 구사력에 관한 것이었다. 집계 결과 친절한 강사에게 수업을 받은 A 그룹이 냉정한 강사에게 수업을 받은 B 그룹에 비해 강사의 외모, 매너, 어휘 구사력 등을 모두 높게 평가했다.

여기까지는 뭐 당연히 그럴 수 있다고 생각되는 대목이다. 그런데 이 실험에는 반전이 있다. A 그룹과 B 그룹에 강의를 한 강사가 동일 인물이었다는 점이다. 심지어 이 강사는 똑같은 옷을 입고, 똑같은 어휘를 구사하며 강의를 진행했다. 단지 하나의 차이는 따뜻하고 친절하게 강의했느냐, 차갑고 냉정하게 강의했느냐 뿐이었다. 그런데도 듣는 사람들은 A 그룹 강사의 외모와 복장을 B 그룹 강사의 그것보다 훨씬 높게 평가했다. 심지어 강의의 질도 다르게 받아들였다.

놀라운 점이 하나 더 있다. 학생들에게 "강사의 매력이 강의 평가에 영향을 미쳤느냐?"라고 물어봤을 때 응답자의 대부분이 "전혀 미치지 않았다"고 단호히 답을 했다는 점이다. 응답자들은 강사의 친절한 매력 따위에 전혀 현혹되지 않았다고 자부했다. 하지만 그것은 사실이 아니다. 사실 그들은 모두 친절함이라는 후광에 끌려 강의의 품질과 강사의 외모를 다르게 받아들였다. 그렇지 않고서야 같은 강사의 같은 강의가 이토록 큰 평가의 차이를 가져올 이유가 있겠는가.

한 가지 팩트에 대한 강력한 후광은 이처럼 상대가 인식하지 못한 상태에서 상대의 마음속 깊숙한 곳까지 파고들어 긍정적인 평가를 이끌어 낸다. 그것도 아주 많은 부분에서 말이다.

쓸데없는 고퀄 경쟁

지금부터 우리는 20세기 중반을 수놓은(!) 미국과 소련의 치열했던 우주 경쟁(Space Race)을 살펴볼 것이다. 그런데 나는 이 부분을 회고할 때마다 '쓸데없이 고퀄(높은 퀄리티)'이라는 말이 생각난다.

1955년 미국이 조만간 인공위성을 발사하겠다고 발표한 데 이어, 1957년 소련이 세계 최초의 인공위성 스푸트니크 1호(Sputnik 1)를 쏘아 올리는 데 성공하면서 미국과 소련 두 나라의 우주 경쟁이 막을 올렸다. 그리고 이는 1970년대 중반까지 약 20년 동안 '스페이스 레이스'라는 말에 걸맞을 정도로 치열하게 전개됐다.

그런데 아무리 이성적으로 생각해 봐도 '두 나라가 이 일에 이렇게 미친 듯이 매달릴 필요가 있었나?'라는 의문을 지울 수 없다. 물론 이 시기 미소 양국이 이룬 기술적 성취는 실로 엄청났다. 20세기 동서 냉전이 인류에게 안겨 준 가장 긍정적 효과 중 하나가 이것이 아니었나

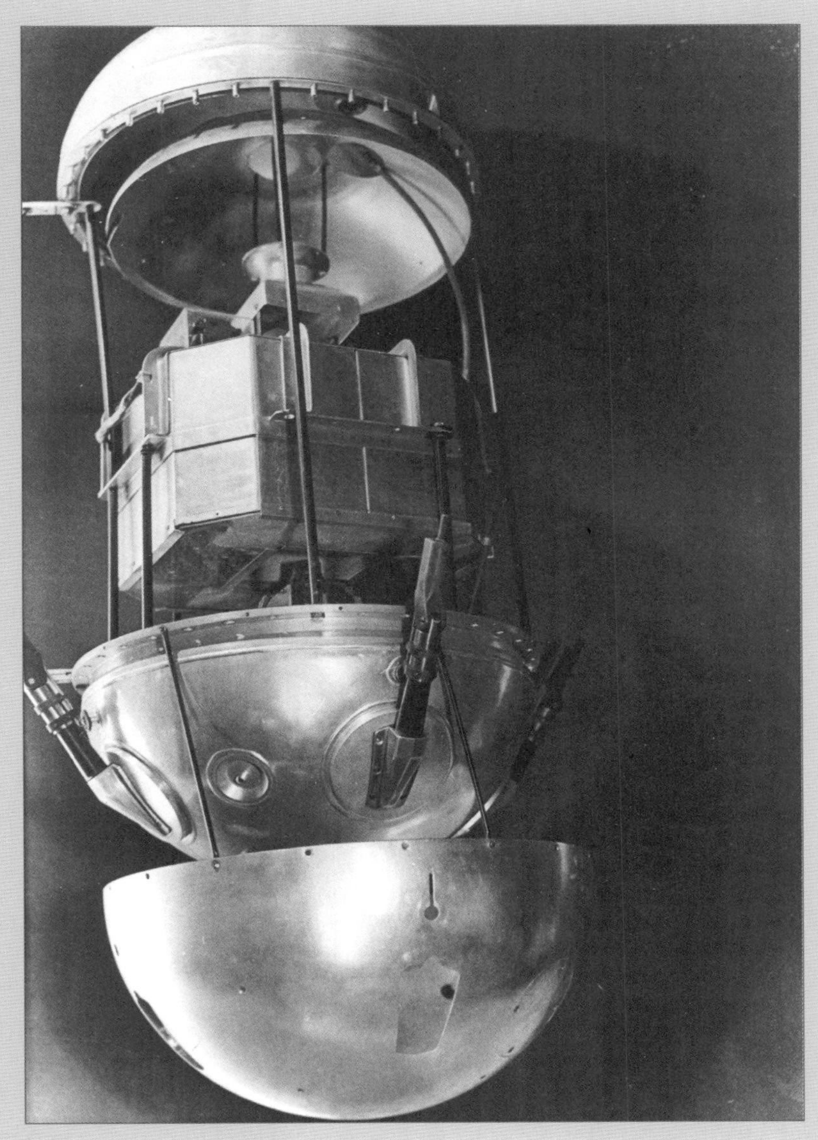

스푸트니크 1호의 내부 구조

스푸트니크 1호의 발사 성공은 우주 경쟁의 방아쇠를 당겼다.

싶을 정도로 말이다.

하지만 그 시대 상황에만 국한해서 생각한다면, 이 엄청난 기술의 발전은 그 시절 현실에 비해 뛰어나도 너무 뛰어났다. 상상해 보라. 1957년이면 아직 자동차도 충분히 대중화되지 않았던 때다. 그런데 인공위성이 막 하늘을 날아다닌 거다.

1959년 소련의 루나 3호(Luna 3)는 달 뒷면 촬영에 성공했는데, 이 시기는 일반인들이 카메라를 가지고 있는 경우조차 드물었다. 그런데 비행체를 날려 달의 앞면도 아니고, 뒷면까지 사진을 찍은 거다.

1969년 미국은 마침내 달 표면에 인류를 착륙시켰다. 그런데 1969년이면 경부고속도로도 개통되지 않은 때였다. 서울에서 부산을 가려면 기차로 12시간씩 걸리던 시절이었는데 인류가 달에 착륙하다니, 놀랍기도 하면서 '아니, 지금 그게 급한 게 아니잖아?'라는 생각이 들지 않을 수가 없다. 이게 '쓸데없이 고퀄'이 아니고 무어란 말인가?

원래는 미사일을 쏘고 싶었다

앞에서도 언급했지만 우주 경쟁의 시발점은 1957년 소련이 세계 최초의 인공위성 스푸트니크 1호 발사에 성공한 것에서 시작됐다. 그런데 소련이 개발한 이 인공위성은 애초부터 우주를 향한 순수한 열정에서 시작된 게 아니었다.

당시 미국에 비해 경제력과 첨단 군사기술 면에서 뒤처졌던 소련은 미국에 맞서기 위해 기어코 핵무기를 개발했다. 미국에 이어 소련이 세계에서 두 번째로 핵보유국이 된 것이다. 그런데 문제는 전쟁이 벌어졌을 때 이 핵무기를 미국에 떨어뜨릴 마땅한 수단이 없다는 데 있었다. 물론 미국이 일본 히로시마에서 했던 것처럼 폭격기를 출격시켜 미국 본토에 핵무기를 떨어뜨릴 수는 있다. 하지만 당시 소련의 기술력으로는 그 넓은 태평양을 건너 미국 공군과 해군의 강력한 방어선을 뚫고 미국 본토까지 날아갈 첨단 전투기를 만들 능력이 없었다.

사정이 이렇다 보니 소련의 핵무기는 '빛 좋은 개살구' 꼴이 될 수밖에 없었다. 상대방에 폭격을 가할 수 없는 핵무기가 무슨 소용이란 말인가? 그래서 소련이 새롭게 총력을 기울인 분야가 대륙을 슝슝 날아다니는 장거리 미사일 기술이었다. 최소 사정거리가 수천 킬로미터에서 최장 수만 킬로미터에 이르는 대륙간탄도미사일(ICBM, Intercontinental Ballistic Missile)이 바로 그것이다. 미국 본토에 핵무기를 투하할 능력을 갖추겠다는 의지로 똘똘 뭉친 소련은 1953년부터 개발에 착수해 총력을 기울인 끝에 마침내 1957년 ICBM를 만들어 냈다. 흔히 R-7이라 부르는 로켓이다.

그런데 이 기술을 개발하던 와중에 소련은 '미사일을 아예 대기권 밖으로 쏘아 올린 뒤 미국 본토로 내리꽂으면 어떨까?'라는 엉뚱한 생각을 하기에 이른다. 이는 단지 생각에 그치지 않았다. R-7 로켓 시험 발사에 성공한 지 한 달 반 만에 소련은 R-7을 이용해 인공위성(스푸트니크 1호)을 지구 대기권 밖으로 날려 보내는 데까지 성공했으니까. 중간고사에서 만점 받으려고 열심히 영어 공부 하다 보니 실력이 쭉쭉 올라가 토플에서도 만점 받을 수준에 이르렀다고나 할까?

우주를 향한 꿈, 아니면 체제 선전의 도구

뜻밖의 성과를 얻은 소련은 이 기술을 체제 선전에 사용하기로 결심했다. 대기권 밖으로 위성을 쏘아 올리는 기술은 그 자체로도 군사적 의미가 상당하지만, 소련의 기술력을 만천하에 알리는 엄청난 홍보 효과도 가져다줄 수 있기 때문이었다.

사회주의 맹주라고는 하지만 당시 소련은 여러 면에서 미국에 비해 한참 열세인 나라였다. 그런데 그 상황에서 소련이 우주선을 먼저 쏘아 올린다? 이건 사회주의 체제의 우월성을 단번에 만천하에 알릴 수 있는 절호의 기회였다. '우주로 향한 첫 번째 나라가 소련'이라는 훈장이야말로 "사회주의가 자본주의보다 우월하다."라는 결론을 이끌어 낼 최고의 후광효과 아닌가?

실제 소련이 스푸트니크 1호를 우주로 쏘아 올리자 미국이 받은 충격은 어마어마했다. 재래식무기로 육지에서나 힘 좀 쓰는 것으로 알려졌던 소련이 단번에 미국에 버금가는, 아니 미국을 뛰어넘는 기술 강국의 반열에 올랐기 때문이다. 당시 미국이 받은 충격이 얼마나 대단했는지 미국에서는 이를 '스푸트니크 쇼크'라고 부를 정도였다.

그런데 이 쇼크는 서막에 불과했다. 스푸트니크 1호가 우주로 날아오른 지 한 달 뒤인 11월 3일, 소련은 살아 있는 개를 태운 스푸트니크 2호(Sputnik 2)를 우주로 쏘아 올려 미국을 경악에 빠뜨렸다(최초로 우주여행을 한 개 '라이카'가 바로 그 개다). 사실 미국 본토에 미사일을 꽂는 것이 목적이라면 인공위성에 굳이 개를 태울 이유가 없었다. 개가 인공위성을 운전할 것도 아니지 않나? 하지만 어느 순간부터 스페이스 레이스는 사회주의와 자본주의 중 어느 쪽 체제가 우월한가를 다투는 어마어마한 문제로 비약돼 있었다.

한 달 뒤인 12월 6일, 미국은 개발 중이던 인공위성 발사체 뱅가드 TV 3호(Vanguard Test Vehicle-3)를 발사대에 올렸다. 예정대로라면 뱅가드 로켓은 이듬해 말이나 돼야 발사될 예정이었는데, 스푸트니크 쇼크로 자존심에 상처 입은 미국이 일을 서두르는 바람에 발사가 1년 가까이 당겨진 것이다.

그런데 야심 차게 쏘아 올린 뱅가드 로켓이 고작 1미터 남짓 떠오르다가 그대로 폭발하는 대참사가 벌어졌다. 미국 정부는 체제 선전을 위해 발사 장면을 TV로 생중계까지 했는데, 뱅가드는 수영 못하는 사람이 버둥대다 가라앉는 듯한 처참한 모습으로 폭발해 버렸다. 망신도 이런 망신이 없었다.

이 장면을 지켜본 소련이 얼마나 기뻤겠나? 당시 소련의 지도자 니키타 흐루쇼프Nikita Khrushchyov(소련공산당 제1서기, 재임 1953~1964)는 폭발 참사 이후 미국에 공식 조문을 보냈다. 사람이 죽은 것도 아닌데 조문은 무슨 조문인가? 흐루쇼프는 그냥 미국을 조롱하고 싶었던 것이다. 게다가 흐루쇼프는 '선봉'이라는 뜻의 뱅가드라는 이름에 대해 "뱅가드보다 리어가드(rearguard, 후위)로 부르는 게 낫겠다."라고 비아냥거리면서 미국의 염장을 제대로 질렀다.

이듬해인 1958년 1월, 미국이 마침내 인공위성 익스플로러 1호(Explorer 1) 발사에 성공하며 체면을 살리는 듯했으나, 2월 재기전에 나선 뱅가드 로켓이 발사대를 떠난 지 1분이 조금 되지 않아 두 동강이 나면서 스페이스 레이스의 초반 주도권을 완전히 소련에 넘겨주고 말았다.

미국의 승리로 막을 내린 후광효과 경쟁

이후 두 나라는 누가 먼저 사람을 우주로 쏘아 보내느냐에 사활을 걸었다. 스푸트니크 쇼크와 뱅가드 발사 실패로 체면을 구긴 미국은 사람을 우주로 보내는 일에서만큼은 반드시 소련을 이기겠다고 결심했다. 미국 정부는 육해공군이 각자 추진하던 우주개발 창구를 NASA로 일원화하고 새 프로젝트에 돌입했다. 세계 최초의 유인(有人) 우주 비행을 꿈꿨던 머큐리 계획(Project Mercury)이 그것이다.

하지만 소련은 이 분야에서마저도 미국에 앞서 나갔다. 1961년 4월 12일 인류 최초의 우주 비행사 유리 가가린Yurii Gagarin을 태운 보스토크 1호(Vostok 1)가 대기권을 벗어나 지구궤도를 선회하는 데 성공한 것이다. 미국의 첫 유인 우주 비행이 그해 5월 5일이었으니, 미국은 단 20여 일 차이로 다시 한번 세계 최초 타이틀을 소련에 넘겨주고 말았다.

미국은 1969년 7월 20일 마침내 아폴로 11호(Apollo 11)를 달에 착륙시키며 전세를 역전했다. 인류가 지구 밖 천체에 최초로 발자국을 찍은 순간이었다. 이후 1975년 미국과 소련의 우주선이 지구 저궤도에서 도킹하는 역사적인 '아폴로-소유즈 시험 계획'(Apollo-Soyuz Test Project)이 성사된 것을 계기로 스페이스 레이스는 경쟁에서 협력으로 탈바꿈한다. 물론 그 뒤에도 미국과 소련의 체제 경쟁은 계속됐지만, 소련에는 이 경쟁을 최종 승리로 이끌 지구력이 부족했다. 다음 장에서 자세히 살펴보겠지만, 1980년대 이후 미국의 대(對)소련 경제 공세가 제대로 먹히면서 양측의 경제력 격차가 날이 갈수록 벌어졌기 때문이다. 1991년 소련이 사실상 붕괴되면서 이 경쟁은 미국의 승리로 끝났다.

Feature Index

23 PAGES TODAY

Where Progress...

Covers The Valley!

The Huntsville Times

VOL. 51, NO. 21 | CHICAGO DAILY NEWS SERVICE | HUNTSVILLE, ALABAMA, WEDNESDAY, APR. 12, 1961 | ASSOCIATED PRESS — WIREPHOTO | 45c PER WEEK

Man Enters Space

'So Close, Yet So Far,' Sighs Cape

U.S. Had Hoped For Own Launch

CAPE CANAVERAL, Fla. (AP) — The Redstone rocket which the United States had hoped would boost the first man into space stands on a launching pad here. The Soviet Union beat its firing date by at least two weeks.

"So close, yet so far," commented a technician who is helping groom the Redstone to send one of America's astronauts on a short sub-orbital flight, hopefully late this month or early in May.

"If we hadn't had those troubles last fall and on the chimp and Little Joe shots this year, we might have made it," the technician said.

"But you have to give the Russian scientists credit. They've accomplished a remarkable breakthrough."

Dr. Hugh Dryden, deputy direc-

Hobbs Admits 1944 Slaying

Soviet Officer Orbits Globe In 5-Ton Ship

Maximum Height Reached Reported As 188 Miles

MOSCOW (AP)—A Soviet astronaut has orbited the globe for more than an hour and returned safely to receive the plaudits of scientists and political leaders alike. Soviet announcement of the feat brought praise from President Kennedy and U. S. space experts left behind in the contest to put the first man into successful space flight.

By the Soviet account, Maj. Yuri Alekseyvich Gargarin, rode a five-ton spaceship once around the earth in an orbit taking an hour and 30 minutes. He was in the air a total of an hour and 48 minutes.

The whole sequence of events and the announcements relating to it raised a number of questions. The Soviet announcement said the flight took place today between 9:07 and 10:55 a.m., but some persons in Moscow's Western colony were skeptical that the

VON BRAUN'S REACTION:

'To Keep Up, U. S. A. Must Run Like Hell'

미국의 지역신문 〈헌츠빌타임스〉에 실린 유리 가가린의 우주 비행

최초의 우주 비행은 인류가 거둔 성과임이 분명했지만, 미국은 그저 앉아서 축하해 줄 수만은 없었다. 머릿기사 오른쪽 하단에 "미국이 따라잡기 위해서는 죽도록 달려야 한다"는 문구가 보인다.

스페이스 레이스의 본질은 미국과 소련 간의 체제 경쟁이었지만, 이 경쟁은 결과적으로 인류 기술의 비약적 진보를 낳았다. 또 냉전 시절 미국과 소련이 벌인 그 어떤 지저분한 경쟁에 비해서도 낭만적이었다.

유리 가가린이 "지구는 푸른빛이었다."라는 메시지를 보내왔을 때 인류의 가슴은 얼마나 뜨거워졌으며, 닐 암스트롱Neil Armstrong이 달에 발자국을 찍었을 때 인류가 품은 꿈의 크기는 또 얼마나 커졌던가? 체제를 빛나게 할 후광효과를 노린 이 레이스가 인류의 시선을 끝없는 우주로 향하게 한 것이다.

Chapter 17

1982

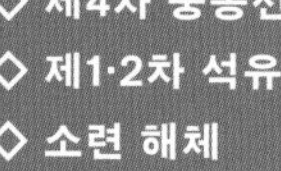

◇ 제4차 중동전쟁
◇ 제1·2차 석유파동
◇ 소련 해체

1990년 루마니아의 레닌 동상 철거

소련 경제 붕괴 작전

석유로 흥한 자, 석유로 망하게 하라

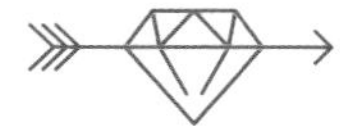

산유국을 향한 꿈

1976년 박정희 대통령이 연두 기자회견에서 "영일만 부근 내륙에서 양질의 원유가 나왔고, 제7광구엔 석유가 묻혀 있을 가능성이 높아 보인다"고 발표했을 때 수많은 국민들이 환호성을 질렀다. 몇몇 국민들은 우리도 산유국이 될 수 있다는 희망에 감격의 눈물을 흘렸다.

1980년 가수 정난이는 '제7광구'라는 제목의 노래를 발표했는데 "나의 꿈이 출렁이는 바다 깊은 곳/흑진주 빛을 잃고 숨어 있는 곳/제7광구! 검은 진주~"라는 가사를 담은 이 가요는 당시 국민들의 큰 사랑을 받았다. 지금 정서로는 도저히 이해할 수 없지만(대중가요 가사 주제가 '우리는 산유국이 되고 싶어요!'라니, 얼마나 황당한가?) 그만큼 당시 우리 국민들은 대한민국이 산유국이 되기를 열망했다.

하지만 이 사건은 결국 해프닝으로 끝났다. 박정희 대통령이 탐사도 제대로 하지 않은 채 석유 매장 가능성을 서둘러 발표한 것이다. 이후 제7광구는 한일 양국이 몇 차례 공동 개발에 나섰지만 별 소득을 얻지 못했다. 결국 이곳은 "석유가 매장돼 있어도 경제성이 없다"는 결론으로 마무리됐다.

참고로 제7광구 문제는 아직도 진행 중이다. 제7광구에 엄청난 양의 석유가 매장됐을 가능성이 여전히 남아 있기 때문이다. 하지만 이 지역은 한일 양국의 복잡한 정치적 이해관계가 엇갈리며 아직 제대로 된 조사가 이뤄지지 않고 있다. 다만 이 이야기는 이번 장의 주제가 아니니, 여기서 생략하기로 한다.

궁금한 점은 1970년대 국민들이 왜 그처럼 제7광구에 열광했느냐다. 물론 석유가 나오면 나쁠 게 없다. 지금도 제7광구에서 석유가 쏟아진다면 우리는 모두 기뻐할 것이다. 하지만 이게 눈물을 흘리면서까지 기뻐할 일인가? 〈제7광구〉라는 노래가 가요 차트에 등장할 정도로 흥분할 일인가 말이다.

그런데 당시 국민들이 그런 정서를 보인 데에는 다 이유가 있었다. 차차 살펴보겠지만, 1970년대 중동 국가들의 담합으로 석유 가격이 어마어마하게 올랐기 때문이다. 이른바 석유파동이라고 불리는 역사적 사건이다. 당시 대한민국 경제는 석유파동으로 인해 극심한 위기에 빠졌다.

여기서 한 가지 짚어 볼 점이 있다. 만약 당시 영일만에서 석유가 쏟아졌다면 우리나라의 미래는 어떻게 바뀌었을까? 그 시절 국민들의 열망처럼 우리도 산유국 자리에 올라 부자 나라가 됐을까? 꼭 그렇지만은 않을 수도 있다는 게 경제학의 우려 섞인 대답이다.

1993년 영국 랭커스터대학 리처드 오티Richard Auty 교수가 자원의 저주(resource curse)라는 개념을 처음 소개했다. 우리는 상식적으로 풍부한 천연자원을 보유한 나라가 그렇지 못한 나라보다 더 풍요롭게 살 것이라고 생각한다. 그러나 실제로는 그렇지 않은 경우가 비일비재하다.

일단 천연자원이 발견된 나라는 그 자원만 믿고 다른 산업 발전에 힘을 쏟지 않는 경우가 많다. 정부도 수입의 대부분을 자원을 팔아 번 돈으로 채우기 때문에 세금을 걷는 일에 소홀해진다. '세금을 덜 걷으면 국민들 입장에서는 좋은 것 아니냐'는 생각이 들 수 있는데, 현실은 좀 다르다. 국민들은 세금 부담이 없으니 어떤 지도자가 나라를 다스리건 별 관심이 없다. 그렇다 보니 자원 부국에서는 종종 독재가 발생한다. 독재는 정치적 불안정과 경제적 비효율을 유발하고, 그 때문에 경제 발전은 더뎌진다.

또 자원을 둘러싼 내부 세력들의 다툼 때문에 자원 부국은 내전에 빠지기 쉽다. 그래서 리처드 오티는 "자원을 가진 많은 나라들이 그렇지 못한 나라들보다 경제성장 속도가 늦고 정치적·경제적·사회적으로 불평등이 심한 경우가 많다"고 지적했다. 풍부한 자원이 꼭 엄청난 행운인 것만은 아니라는 이야기다.

소련, 석유로 흥하다

현대 경제사에서 소련만큼 극적인 경제적 부침을 겪은 나라는 찾기 어려울 것이다. 1917년 세계 최초의 사회주의혁명인 러시아혁명이 벌어지던 당시, 러시아는 땅만 넓었지 유럽에서도 별 볼 일 없는 농업 중심의 후진국이었다.

그런 러시아가 사회주의의 맹주 소련으로 변모한 이후 보여 준 경제성장은 실로 놀라웠다. 제2차 세계대전 이후 압도적 최강자였던 미

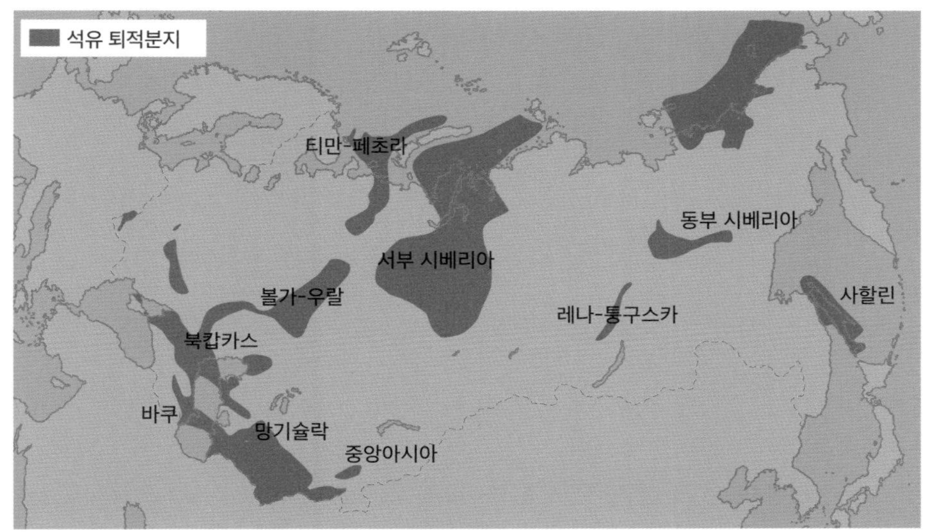

자료: 미국 중앙정보국(CIA), (1982), Soviet Union Petroleum Deposits and Pipelines

소련의 석유산업

러시아혁명이 일어난 1917년 전까지 초기 러시아의 석유 생산은 캅카스산맥 부근의 바쿠 유전이 중심이었다. 하지만 1950년경 볼가-우랄 지역이 개발되면서 소련 석유 생산의 중심이 이동했으며, 1965년 이후에는 서부 시베리아 분지의 석유 생산이 활발해지면서 볼가-우랄 지역의 생산 비중은 차츰 감소했다.

국과 단번에 자웅을 겨룰 경제 대국으로 성장한 것이다. 스페이스 레이스에서는 소련이 초반 미국을 압도하기까지 했다. 어떻게 이런 일이 가능했을까? 과거 사회주의를 지지하던 사람들은 "사회주의경제의 효율성 덕분이다."라며 소련과 사회주의를 칭송했지만, 사실 소련의 경제 부흥은 엄청난 행운의 산물이었다. 그 행운의 계기가 바로 석유다.

1948년 소련의 서부 볼가강과 우랄산맥 사이에서 로마시키노(Romashkino) 유전이 발견됐다. 그런데 이 유전이 상상을 초월한 대박이었다. 매장량이 50억 배럴 이상의 슈퍼자이언트급 유전이었던 것이다. 게다가 개발에 나선 소련이 1950년대 들어 이곳에서 매장량 5억 배럴 이상의 자이언트급 유전을 세 개나 잇따라 발견했다.

볼가-우랄 지역에서 터진 유전으로 소련은 1961년 단번에 미국에 이어 세계 2위의 산유국으로 발돋움했다. 그런데 '뛰는 놈, 나는 놈 위에 운 좋은 놈'이라고 소련의 행운은 이것으로 그치지 않았다. 석유 수출이 소련의 주요 산업으로 떠올랐을 무렵, 1970년대 뜻밖의 석유파동이 터진 것이다.

이스라엘이 일으킨 중동 분쟁

이번 장의 주제와는 좀 동떨어졌지만 석유파동은 현대 경제사에 가장 큰 영향을 끼친 사건 중 하나이므로 이를 좀 자세히 살펴보고자 한다. 석유파동을 이해하기 위해서는 19세기 말 중동의 역사부터 짚고 넘어가야 한다. 먼저 살펴볼 것이 이스라엘의 건국 과정이다.

이스라엘은 지중해 동쪽 연안에 자리한 세계에서 하나밖에 없는 유대인 국가다. 이 지역을 아랍계 원주민들은 팔레스타인이라고 불러 왔다. 당연히 아랍계 원주민들은 이곳을 자신들의 땅이라고 생각했다. 그리고 이곳에서는 꽤 오랫동안 팔레스타인 사람들과 유대인들이 비교적 평화롭게 지냈다.

그런데 19세기 말, 유럽에서 거센 민족주의 열풍이 일었다. 이 시기 대부분의 유대인은 유럽에서 살고 있었는데, 특히 기독교 중심의 서유럽 사회를 휩쓴 공격적이고 보수적인 민족주의 열풍에 유대인들은 소수자로서 큰 핍박을 받기 시작했다. 고난을 겪던 유대인들은 유럽의 민족주의에 대한 응전으로 '유대인들만의 독립국가를 수립하자'는 시온주의(Zionism)를 채택했다.

시온은 원래 성경에 나오는 성(城)의 이름이자 유대인들이 신성시하는 산(언덕)의 이름이기도 하다. 유대교도는 시온 언덕이 있는 예루살렘을 종교적 성지로 여기는데, 시온주의는 '시온으로 돌아가자'는 운동을 뜻한다. 즉 유대인들이 조상의 땅에 유대인의 국가를 세우자는 운동인 것이다.

19세기 말 시온주의를 바탕으로 유럽의 유대인들은 팔레스타인 지역으로 대거 이주해 간 뒤, 마치 팔레스타인을 자기 땅처럼 여기며 주인 행세를 하기 시작했다. 수천 년 동안 이곳에서 머물던 아랍 사람들이 이를 용인할 리가 없었다. 양측의 충돌이 거세지자, 1947년 국제연합(UN)은 팔레스타인 땅을 둘로 나눠 두 민족을 분리시켰다. 하지만 아랍인들은 이를 받아들이지 않았다. UN의 분리안은 유대인 쪽에 일방적으로 유리하게 돼 있었기 때문이다. 1945년경 유대인은 고작 팔레스타인 땅의 7퍼센트 정도를 차지하고 있었는데, UN 결의안으로 절반 이상 되는 땅을 분할받게 된 것이다. 아랍인들의 거센 반발에도 불구하고, 유대인들은 이를 즉각 받아들여 1948년 마침내 자기들만의 나라 이스라엘을 건국해 버렸다.

이슬람교를 믿는 주변 아랍 국가들은 거세게 반발했다. 영토를 침탈당한 아랍인들은 이집트와 요르단을 중심으로 연합군을 구성해 이스라엘을 향해 전쟁을 선포했다(제1차 중동전쟁, 1948~1949). 하지만 세 차례에 걸친 전쟁에서 아랍인들은 이스라엘에 참패를 거듭했다. 이스라엘의 군사력이 생각 외로 강하기도 했거니와, 무엇보다 이스라엘의 배후에는 세계 초강대국인 미국이 버티고 있었기 때문이다.

1948년 제1차 중동전쟁 이후 이스라엘의 영토는 팔레스타인 지역의 56퍼센트에서 80퍼센트까지 확대됐다. 1956년 제2차 중동전쟁 때에도 이스라엘은 영국 및 프랑스와의 동맹을 바탕으로 승리를 거머쥐었다. 1967년 제3차 중동전쟁 이후 이스라엘의 영토는 건국 초기에 비해 무려 여덟 배나 넓어졌다.

세 차례의 전쟁에서 영토를 빼앗긴 이집트와 시리아는 1973년 10월 6일 이스라엘에 기습 공격을 감행했다(제4차 중동전쟁). 하지만 전쟁 초기 잠시 밀리는 듯 보였던 이스라엘은 곧 미국의 지원을 받아 빠르게 전세를 회복했다. 전황은 삽시간에 뒤집어졌고, 이집트와 시리아는 자국의 수도를 빼앗길 위험에 처했다. 사태가 심각해지자 아랍을 은근히 지원하던 소련은 이스라엘을 대놓고 지원하던 미국에 휴전을 제안했다. 결국 전쟁이 시작된 지 19일 만인 10월 25일, 양측은 휴전협정을 맺는다.

두 차례의 석유파동

전쟁이 끝나고 일시적인 평화가 찾아왔다. 그런데 이 제4차 중동전쟁은 엉뚱한 방향으로 세계의 역사를 뒤바꿔 놓았다. 전쟁에서 참패한 아랍 국가들이 미국에 대한 보복 차원으로 석유 가격을 대폭 올린 것이다.

이전까지만 해도 중동 지역의 석유는 대부분 서구 기업들이 장악하고 있었다. 생각해 보면 이것도 참 웃긴 게, 석유는 중동에서 나는데 그 석유의 채굴권과 판매권은 미국과 유럽 기업들이 가지고 있었다는 이야기다. 당시 중동 지역 석유의 대부분을 스탠더드오일컴퍼니(Standard Oil Company)나 로열더치쉘(Royal Dutch Shell), 텍사코(Texaco) 같은 세계적 정유 회사 일곱 곳이 좌우했다. 석유 시장 장악력이 워낙 커서 이들에게는 '7공주'(Seven Sisters)라는 별명까지 붙었다.

하지만 전쟁에서 참패한 중동 국가들은 석유가 자국의 지하자원임을 분명히 한 뒤, 이들 7공주가 장악했던 석유 채굴권과 판매권을 되찾았다. 그리고 이스라엘과 미국에 대한 보복 조치로 석유 가격을 확 올려 버렸다. 그러자 전쟁 직전 배럴당 2.99달러였던 석유 가격이 1974년 1월 무려 11.59달러로 네 배 가까이 폭등했다. 이것이 바로 제1차 석유파동이다. 이때부터 석유 가격의 결정권은 서구 세계의 7공주에서 아랍 산유국들에 완전히 넘어갔다. 그리고 아랍 국가들은 깨달았다. 석유를 좌우하는 것이 얼마나 큰 힘을 발휘하는지를 말이다.

1978년 12월 이란에서 강성 이슬람 지도자 루홀라 호메이니Ruhollah Khomeini(이란 초대 최고지도자, 재임 1979~1989)가 혁명을 일으켜 이듬해 정권을 잡았다. 호메이니는 집권하자마자 오랫동안 이스라엘을 지원하던 서구 국가들에 대한 응징의 차원으로 석유 수출을 전면적으로 중단했다. 세계 4위 산유국의 갑작스러운 수출 중단 선언에 석유 가격이 또다시 급등했다(제2차 석유파동).

게다가 다른 산유국들도 유가 급등으로 인한 이익을 키우기 위해 앞다퉈 감산 대열에 합류했다. 석유의 씨가 마를지도 모른다는 공포가 세계를 강타하자 서구 선진국들은 만일을 대비해 석유를 비축하기 시

제1·2차 석유파동 당시 국제 유가 변동 추이

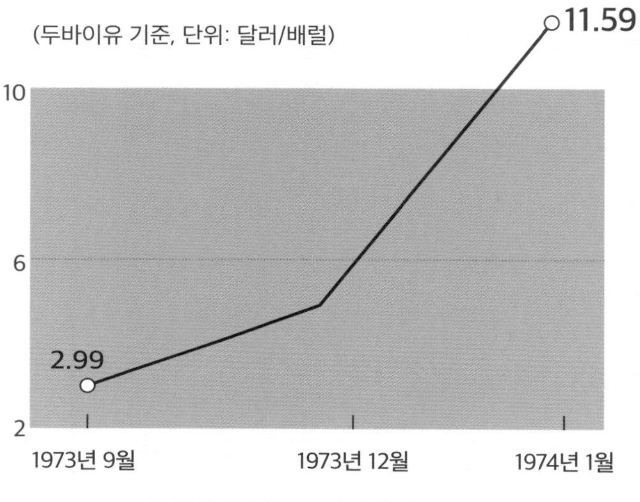

제4차 중동전쟁으로 인한 제1차 석유파동

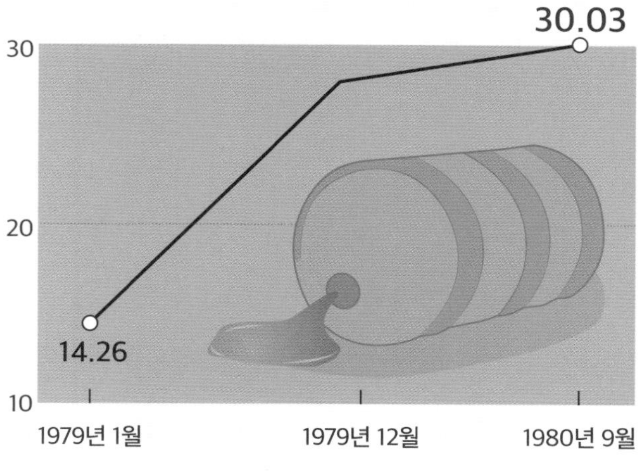

이란의 석유 수출 중단으로 인한 제2차 석유파동

자료: 한국석유공사

작했다. 안 그래도 중동에서 수출되는 석유의 양이 줄었는데, 겁을 집어먹은 선진국들이 너도나도 석유를 사재기하는 통에 유가는 그야말로 천장이 뚫린 듯 폭등했다.

제2차 석유파동 직전 10달러대에 머무르던 석유 가격은 금세 20달러를 돌파하더니, 1980년 9월에 30달러 벽이 깨졌다. 서방 선진국들의 경제성장률은 1978년 4.0퍼센트에서 석유파동이 본격화한 1979년 2.9퍼센트로 하락했다. 반면에 물가는 끝없이 치솟아 선진국의 경우에는 10퍼센트, 개발도상국의 경우에는 무려 32퍼센트가 폭등했다. 세계경제가 그야말로 아수라장이 된 셈이다.

석유는 소련의 약점이기도 했다

두 차례의 석유파동은 소련에 일확천금의 기회를 안겨 줬다. 볼가-우랄 지역 유전 발견으로 세계적인 산유국 반열에 오른 소련은 가만히 있어도 유가가 몇 배씩 뛰는 상황이 벌어지자 그야말로 앉아서 돈을 긁어모았다.

게다가 석유파동을 일으킨 아랍 국가들은 친(親)소련 경향을 보이기까지 했다. 제1차 석유파동을 주도한 리비아의 독재자 무아마르 알 카다피Muammar al Qaddafi(리비아 국가원수, 집권 1969~2011)는 강경한 아랍 지도자였다. 그는 이스라엘을 추방하고 아랍의 패권을 장악하고 싶어 했기 때문에 미국의 눈엣가시였다. 카다피는 자연스럽게 이스라엘을 지원하는 미국과 원수 사이가 되었고, 원수(미국)의 원수인 소련과는 가깝게 지냈다. 실로 여러 면에서 석유파동은 소련에 엄청난 행운이었던 셈이다.

그런데 이런 호황 속에는 엄청난 위험이 도사리고 있었다. 소련이 유가 급등으로 흥청거리는 동안 내부적으로는 사회주의경제의 비효율이 높아지고 있었기 때문이다. 역사에 가정은 없다지만, 만약 이때 석유를 통해 얻은 이익을 바탕으로 국가 경제의 재정비에 돌입했다면 1980년대 소련 경제가 그토록 쉽게 몰락하지 않았을지도 모른다. 하지만 대부분 자원의 저주에 걸린 나라들이 그렇듯 소련은 치솟는 유가로 얻은 소중한 기회를 살리지 못했다.

소련은 석유로 번 돈의 대부분을 국방 예산에 쏟아부었다. 1970년대 말 소련의 국내총생산(GDP)은 미국의 3분의 1에 머물렀지만, 국방비는 미국을 능가했다. 그러니 GDP에서 국방비가 차지하는 몫으로 보면, 경제에 미치는 부담은 소련이 훨씬 더 컸다. 치솟는 군비를 마련하기 위해 소련 경제는 석유 수출에 더욱 의지해야 했다.

이 와중에 1980년 미국에서는 로널드 레이건Ronald Reagan이 제40대 대통령(재임 1981~1989)에 당선됐다. 레이건은 "미국을 다시 위대하게 만들자."(Let's Make America Great Again.)라는 구호로 대통령 자리에 오른 동서 냉전 시대의 초강경파였다. '위대한 미국'을 앞세워 대통령에 당선된 레이건의 당면 목표는 당연히 숙적 소련의 무릎을 꿇리는 일이었다. 레이건 행정부는 소련 경제의 약점을 정확하게 간파하고 있었다. 바로 석유였다.

당시 소련 경제는 수출의 60퍼센트 이상을 원유에 의존할 정도로 석유에 목숨을 걸고 있었다. 이 말은, 석유만 제대로 공략한다면 소련 경제는 한 번에 곤두박질칠 가능성이 높다는 뜻이기도 했다. 1970년대 소련 경제를 흥하게 했던 석유는 어느덧 소련 경제의 가장 치명적인 약점으로 바뀌고 있었다.

미국, 소련 경제의 아킬레스건을 노리다

1982년 11월 29일, 레이건 미국 대통령이 'NSDD-66'으로 불리는 서류에 직접 서명을 했다. NSDD란 국가안보결정지침(National Security Decision Directives)의 줄임말로, 레이건이 국가 안보에 관해 내린 여러 결정들을 뜻한다. 레이건은 8년의 집권 기간 동안 모두 325회의 NSDD를 내렸는데, 그중 NSDD-66은 소련 경제 붕괴를 위한 비밀 경제 작전이었다.

NSDD-66의 핵심은 소련 경제의 결정적인 요소를 공격함으로써 소련 경제를 파탄시킨다는 것이었다. 그리고 그 결정적인 요소란, 당연히 석유였다. 미국은 이 지침을 근거로 서구 자유 진영 국가들과 연대해 소련의 석유와 천연가스 수입을 줄여 나갔다. 서방국가들의 불편을 없애기 위해 노르웨이의 북해산(産) 유전을 활용키로 하는 등 대안도 마련했다.

미국은 또 친미 성향의 사우디아라비아를 부추겨 대대적인 석유 증산에 나서게 만들었다. 1985년 세계 최대 산유국 중 하나였던 사우디아라비아가 본격적인 증산에 나서자 석유 시장에서 주도권을 빼앗길 것을 우려한 이웃 중동 산유국들도 너도나도 증산에 나섰다.

그런데 1980년대 중반은 1970년대 제1·2차 석유파동 여파로 세계 경제가 침체에 빠져들어 석유에 대한 수요가 줄어든 상황이었다. 이런 판국에 주요 산유국들이 석유를 과거보다 몇 배씩 증산을 하고 나서니, 석유 가격이 버틸 리가 없었다. 1985년 배럴당 28달러였던 국제 유가는 6개월 만에 10달러 선으로 폭락했다. 소련은 급락한 유가로 천문학적인 손실을 입었다. 석유를 공략해 소련 경제를 붕괴시키려 했던 미국의 전략이 멋지게(!) 성공을 한 셈이다.

소련 붕괴 후 러시아 행정부에서 재무 장관과 총리 대행을 지낸 예고르 가이다르Yegor Gaidar는 2006년 미국기업연구소를 대상으로 한 연설에서 당시를 이렇게 회고했다.

"소련 붕괴의 시작점은 1985년 9월 13일로 거슬러 올라간다. 사우디아라비아가 석유 정책을 급선회하기로 결정했다고 선언한 바로 그날이다. (…) 그 후 6개월 동안 사우디아라비아의 석유 생산량은 네 배 증가했고, 석유 가격도 실질 가격 기준으로 4분의 1로 폭락했다. 소련으로서는 매년 200억 달러의 손실을 보게 된 것인데, 그 돈이 없으면 소련은 살아남는 것 자체가 불가능한 상황이었다."

가이다르의 말처럼 소련은 당시 입은 내상을 끝내 회복하지 못하고 붕괴됐다. 1922년 12월 30일에 건국된 소련은 건국 69주년을 4일 앞둔 1991년 12월 26일 마침내 해체되며 역사의 뒤안길로 사라졌다. 유전 발굴과 두 차례에 걸친 석유파동으로 막대한 이익을 얻은 소련이, 바로 그 석유를 집중 공략한 미국의 전략에 대응하지 못하고 패배한 것이다.

자원의 저주를 떠올리게 하는 이 역사의 아이러니를 보며 다시 한

번 곱씹어 본다. 제2차 세계대전 이후 볼가-우랄 지역에서 발견된 거대한 유전은 과연 소련에게 축복이었을까? 아니면 소련의 몰락을 부추긴 재앙의 씨앗이었을까?

Chapter 18

1971

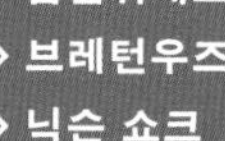

◇ 금본위제도
◇ 브레턴우즈체제
◇ 닉슨 쇼크

1944년 미국 뉴햄프셔주 브레턴우즈에서 열린 연합국 통화 금융 회의

스미스소니언협정

달러는 어떻게 기축통화가 됐나

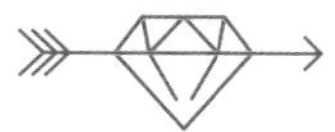

기축통화란 무엇일까?

외국 여행 중 식당에 들러서 밥을 먹었다. 그런데 마침 그 나라 돈이 다 떨어졌다. 이때 당당하게 지갑에서 우리나라 돈을 꺼내 지불한다면? 식당 주인은 매우 황당해할 것이다. 아무리 "두 유 노우 세종대왕?", "신사임당 이즈 베리 페이머스 인 마이 컨트리!"라고 우겨도 소용이 없다. 한국 돈은 한국에서나 통용되는 거지, 다른 나라에서는 일반적으로 통용되지 않기 때문이다.

하지만 이때 지갑에 달러가 들어 있다면 이야기가 다르다. 나라에 따라 식당에서 달러를 받는 곳도 있고 안 받는 곳도 있다. 하지만 적어도 달러를 들이미는 순간 사기꾼 취급은 절대 받지 않는다(세종대왕을 들이밀면 사기꾼 취급을 받을 수 있다는 이야기다). 달러를 본 식당 주인은 '이 사람이 돈은 있는데 환전을 못 했구나.'라고 생각할 것이다. 아마 식당 주인은 "길 건너에 환전소가 있으니 우리 돈으로 바꿔 오세요."라고 친절히 안내해 줄지도 모른다.

이처럼 국제사회에서 달러와 원화는 취급받는 차원이 다르다. 1부에서 살펴봤듯이 짐바브웨 같은 나라는 아예 자기 나라 화폐를 없애고 달러를 공식 화폐로 지정하기도 했다. 요즘은 유럽연합(EU)의 화폐인 유로(euro)도 꽤 대접을 받지만, 그래도 역시 가장 인정받는 화폐는 달러다.

국가가 무역을 할 때 사용하는 화폐를 기축통화(基軸通貨)라고 부른다. '기본적으로 축이 되는 통화'라는 뜻이다. 영어로는 'key currency'라고 적는다. 나라끼리 물건을 사고팔 때 "두 유 노우 세종대왕?", "노, 아이 돈 노우 세종대왕!" 하는 식의 다툼을 막기 위해 두 나라가 사용할 화폐를 미리 정해 두는 것이다. 대부분의 무역 거래에서 사용되는 화폐가 바로 달러다. 즉 달러는 명실상부한 세계 제1의 기축통화다.

금본위제도

제2차 세계대전 이전까지 기축통화는 당시 최강대국이던 영국의 화폐 파운드였다. 하지만 전쟁 직후 영국의 지위가 약화되면서 파운드를 기축통화로 쓰는 나라가 줄어들기 시작했다. 각 나라는 새로운 무역 질서를 구축하기 위해 어떤 화폐를 기축통화로 삼아야 안전할지를 놓고 논쟁을 벌였다.

그 결과 새로운 기축통화로 낙점된 것이 당시 초강대국으로 떠오른 미국의 화폐 달러였다. 다만 이 약속에는 조건이 붙어 있었다. 달러가 종이 쪼가리에 그치지 않는다는 사실을 보장하기 위해 미국 정부는 보유한 금의 양만큼만 달러를 찍어 내기로 국제사회에 약속을 한 것이다. 이런 제도를 금본위제도(金本位制度)라고 부른다. '본위'(本位)란 '뿌리에 해당하는 지위', 혹은 '근원적 지위'라는 뜻이다.

화폐의 역사를 살펴보면 금본위제도 말고 은본위제도(銀本位制度)라는 말도 있었다. 글자 그대로 풀이해 보면 '금본위제도'란 화폐의 근원을 금으로 삼는 제도를 뜻하고, '은본위제도'란 화폐의 근원을 은으로 삼는 제도를 말한다. 금본위제도가 확립되기 전까지 사람들은 금화와 은화 두 가지 모두를 사용했다. 이런 제도를 금은복본위제도(金銀複本位制度), 즉 '금과 은 모두를 뿌리로 삼고 있는 제도'라고 불렀다.

그런데 앞에서 살펴봤듯 유럽인들은 이른바 대항해시대에 아메리카 대륙을 발견했다. 이들이 아메리카 대륙에서 찾으려 한 곳은 '엘도라도'(El Dorado)라고 불린 황금의 마을이었지만, 정작 찾은 것은 막대한 양의 은이 묻힌 은광이었다. 특히 잉카제국이 버려 두었던 페루 지역의 포토시(Potosí, 오늘날 볼리비아에 위치)에서 발견한 은광의 매장량이 엄청났다. 뒤이어 오늘날 멕시코에서도 사카테카스(Zacatecas) 은광이 발견되었다. 16세기 초 페루와 멕시코를 정복한 에스파냐 사람들은 신나게 은을 채굴했고 이것을 은화로 만들었다. 16~19세기 에스파냐에서 새로 만든 멕시코산 은화는 30만 개에 이르렀다.

문제는 금화에 비해 늘어난 은화의 양이 너무 많다는 데 있었다. 종전에는 은화 10개를 가져가면 금화 1개로 바꿔 줬는데, 신대륙에서 은화가 대거 만들어진 이후 이것이 불가능해졌다. 계속 은화 10개로 금화 1개를 바꿨다가는 온 세계 금화를 다 동원해도 유통되는 은화의 양을 따라잡지 못하는 사태가 벌어질 터였다. 점차 금화의 가치는 높아졌고, 시중에 널린 은화의 가치는 폭락했다. 처음에는 은화 10개면 금화 1개를 내주었지만 나중에는 은화 20개, 아니 30개를 제안해도 금화

1739년 멕시코에서 주조된 에스파냐 은화

1535년 에스파냐령 멕시코에서 처음 주조된 멕시코 은화는 중량이나 순도가 거의 일정해서 16세기 이후에는 국제통화로서의 기능을 수행했다.

1개를 얻기 어려워졌다.

한 세상에 우두머리가 둘이 있을 수 없다고 했던가? 금화와 은화 두 가지가 모두 화폐의 뿌리로 인정받은 금은복본위제도는 서서히 무너지기 시작했다. 금이나 은, 둘 중 하나를 선택해야 하는 시점이 다가온 것이다.

제일 먼저 칼을 빼 든 곳은 영국이었다. 애초 영국은 신대륙을 독차지하고 은화로 떵떵거리던 에스파냐를 매우 못마땅하게 여겼다. 세계의 패권을 차지한 영국은 1816년 더 이상 은화를 화폐로 쳐주지 않겠다고 선언했다. 5년 뒤인 1821년, 최강대국 영국은 정식으로 금본위제도를 채택했다.

이후에도 한동안 금과 은은 세계 곳곳에서 경쟁적으로 통용됐지만, 1870년대 들어 대세가 금으로 완전히 기울었다. 1871년 독일이 정식으로 금본위제도를 채택했고, 1873년에는 덴마크와 노르웨이, 스웨덴,

네덜란드가 금본위제도 대열에 합류했다. 그해 11월, 영국이라면 끔찍이도 싫어하던 프랑스마저 금본위제도를 채택했다. 1897년 저 멀리 아시아의 일본도 금본위제도를 받아들이면서 은화의 시대는 저물고 마침내 금이 화폐의 유일한 뿌리로 인정받게 됐다.

돈을 들고 가면 금을 내주다

금이 유일한 화폐의 뿌리가 됐다고 해서 실제로 금화가 세상에 요란스럽게 유통된 것은 아니다. 일단 금화는 들고 다니기에 무겁고 불편했다. 게다가 금화가 유통되면서 이를 속임수에 이용하는 사람들도 생겨났다.

동그란 모양의 금화 테두리 부분을 사포로 갈아 내면 금가루가 떨어진다. 이렇게 하면 금화의 무게가 줄어들지만, 사람들이 금화를 사용할 때 무게를 일일이 재 보지는 않기 때문에 문제가 되지 않았다. 이런 식으로 여러 금화의 테두리를 살짝씩 깎아 내고 갈면 꽤 많은 양의 금가루를 모을 수 있었다. '누가 그런 미친 짓을 하느냐?'라고 가볍게 생각해서는 안 된다. '티끌 모아 태산'이다. 실제 이런 식으로 금화에서 금가루를 긁어모아 새로운 금화를 만든 사람들이 정말로 존재했다.

궁금하다면 지금 집 안에 굴러다니는 100원짜리나 500원짜리 동전을 하나 꺼내 보라. 테두리 부분을 보면 오톨도톨한 홈이 있는 것을 확인할 수 있을 것이다. 그게 바로 동전을 갈아 내는 것을 막기 위한 장치다. 오톨도톨한 부분이 사라졌다면 누군가 동전을 갈았다는 뜻이 된다.

그러면 정부는 그 동전을 즉시 폐기하고 범인을 추적하기 시작한다.

아무튼 진짜로 그런 짓을 하는 사람들이 있었기에 사람들은 금을 은행에 보관하고, 대신 은행이 발행한 지폐를 거래에 사용하기 시작했다. 당연히 은행은 금고에 보관한 금의 양만큼 지폐를 찍어 내야 했다. 언제든지 고객들이 지폐를 은행에 들고 가면 은행은 그 액수만큼 금을 내줘야 했다는 뜻이다. 금화가 시중에 유통되는 모습은 점차 사라졌지만, 금본위제도 아래에서 금은 여전히 세상의 주인공이었다. 금을 많이 보유한 자는 그만큼의 지폐를 소유할 수 있었기 때문이다.

달러가 기축통화가 된 사연

19세기의 최강국이 영국이었다면 20세기 최강국은 미국이었다. 특히 제2차 세계대전이 막바지에 다다른 1940년대 초반 미국의 위세는 국제사회에서 하늘을 찌를 정도였다. 승리를 목전에 둔 연합국은 전쟁 이후의 세상을 설계하게 된다. 이때 주요 논의 안건이 바로 금본위 체제를 어떤 식으로 재편하느냐였다.

물론 이 시기에도 금본위 체제의 철학만큼은 달라지지 않았다. 은행은 보유한 금을 기반으로 지폐를 발행해야 한다는 사실 말이다. 문제는 이 역할을 할 은행을 어디로 통일하느냐였다. 미국은 이미 자신이 최강대국이 된 만큼 자국 화폐인 '달러'를 국제무역에 사용하자고 주장했다. 그 대신 미국은 중앙은행이 보유한 금의 양만큼만 달러를 찍어 내고 각 나라가 언제건 달러를 들고 오면 '금 1트로이온스(약 31.1그램)

대 35달러'의 비율로 금을 내주겠다고 약속했다.

반면에 당시 세계 경제학계에서 가장 널리 이름을 알리던 경제학자 존 메이너드 케인스의 생각은 달랐다. 19세기 최강국이던 영국 국적의 케인스는 미국의 달러 대신 아예 방코르(bancor)라는 새로운 화폐를 만들어 무역에 사용하자고 주장했다.

1944년 7월, 미국의 북동부 뉴햄프셔주 북부의 휴양지로 유명한 브레턴우즈(Bretton Woods)에서 미국과 소련을 포함한 44개 연합국과 이들의 식민지를 대표하는 730명의 대표단이 모였다. 이 회의의 목표는 새로운 기축통화를 무엇으로 정하느냐였다.

방코르를 앞세운 케인스에 맞서 미국은 경제학자이자 재부무 고위 관료였던 해리 덱스터 화이트Harry Dexter White를 대표로 앞세워 달러 기축통화의 정당성을 설파했다. 세계를 주름잡던 케인스에 비해 하버드대학 박사 출신인 화이트의 명성은 부족해도 너무 부족했다. 하지만 그 싸움은 명성의 싸움이 아니라, 힘의 싸움이었다. 미국이라는 강대국의 힘을 뒤에 업은 화이트는 세계적 경제학자 케인스의 주장을 잠재우고 마침내 동맹국들의 동의를 얻어 달러를 기축통화의 지위에 올려놓았다. 이것을 브레턴우즈체제(Bretton Woods System)라 부른다.

브레턴우즈체제가 시작된 이후 약속에 따라 미국은 연방 정부에 저장된 금의 양만큼만 달러를 발행했다. 다른 나라가 달러를 미국 정부에 내밀면, 미국은 언제든지 그 양만큼 금을 내주었다. 이때까지만 해도 달러는 단순한 종이 쪼가리가 아니라 금을 기반으로 한 매우 안정적인 화폐였다. 그런데 1960년대 중반부터 이상한 조짐이 감지됐다. 서구 세계에 영향력을 확대하기 위해 미국은 온 나라에 군대를 파견했고,

원조를 퍼부었다. 당연히 미국은 달러를 찍어 내면서 이 자금을 감당했다. 아무리 봐도 미국이 새로 찍어 내는 달러의 양은 미국이 보유한 금의 양을 훨씬 초과했다.

1965년 불안해진 프랑스의 샤를 드골Charles de Gaulle 대통령(프랑스 제18대 대통령, 재임 1959~1969)이 군함을 미국으로 보내서 보관했던 금을 찾아가는 사건이 발생했다. 이 사건 이후 불안해진 선진국들은 너도나도 미국 연방 정부로 달려가 달러를 내밀면서 금을 내 달라고 요청했다. 하지만 미국의 리처드 닉슨 대통령은 1971년 8월, 너무도 태연히 "우리는 그만한 양의 금이 없어서 내줄 수 없다"고 선언해 버렸다. 보유한 금의 양만큼만 달러를 찍겠다는 약속을 미국이 헌신짝처럼 내던진 것이다. 이것이 바로 닉슨 쇼크(Nixon shock)라 불리는 사태다.

이건 한마디로 전 세계를 속인 엄청난 사기극이었다. 지금 생각해도 미국이 참 대단한(?) 것이, 사기를 쳐도 적당히 쳐야지 유럽 열강 전체를 대상으로 사기를 치다니 진짜 간이 배 밖으로 튀어나온 것 아닌가? 아무리 유럽이 지는 해여도 그곳에는 한때 세계를 호령했던 영국이 있고, 영국의 영원한 라이벌 프랑스가 있으며, 바다의 패권자였던 에스파냐가 있었다.

정상적이라면 유럽 사회가 이에 극렬히 반발해 미국 대 유럽의 엄청난 경제 분쟁이 벌어져야 했을 것이다. 하지만 서구 사회는 이 희대의 사기꾼 미국을 응징할 힘이 없었다. 제2차 세계대전 이후 미국으로부터 막대한 원조를 받았던 유럽은 미국과 달러의 붕괴를 용인할 용기도 없었다.

그래서 영국, 프랑스, 독일, 캐나다, 일본 등 선진 10개국 재무부 장

1972년 이전의 달러(위)와 이후의 달러(아래)

1972년 이전의 금본위제 시절 미국의 10달러에는 지폐와 동등한 가치의 금의 지급을 보장한다는 "TEN DOLLARS IN GOLD COIN PAYABLE TO THE BEARER ON DEMAND"라는 문구가 표시되어 있었다. 하지만 1972년 이후에는 이 문구가 사라졌다.

관들은 1971년 12월 미국 워싱턴 D.C.의 스미소니언박물관에 모여 이 희대의 사기꾼을 용서하기로 했다. 그리고 이들은 용서를 넘어, 앞으로는 미국이 금을 갖고 있지 않아도 달러를 기축통화로 인정하기로 했다. 응징은커녕 단지 사기꾼의 힘이 세다는 이유로 사기꾼에게 면류관을 씌워 준 셈이다. 이것이 바로 미국 달러를 완벽한 기축통화 지위에 올려 준 스미스소니언협정(Smithsonian Agreement)이다.

이때부터 미국의 달러는 완벽한 종이 쪼가리로 변신했다. 달러를 들고 간다고 미국 정부가 금을 내준다는 보장은 사라졌기 때문이다. 그런데도 이 종이 쪼가리는 미국이 발행했다는 이유로 여전히 기축통화의 지위를 유지했다. 강대국의 힘이란 이런 것이다.

기축통화가 보장해 주는 국가의 안위

그렇다면 미국은 왜 약속을 파기하면서까지 달러를 기축통화로 유지하려고 애를 썼을까? 자국의 화폐가 기축통화가 되면 그 나라가 얻는 이익이 실로 막대하기 때문이다. 미국이 달러를 지배하고 있다는 사실은 미국이 곧 세상을 지배하고 있다는 증거다. 미국은 달러 덕에 경제적으로 결코 망하지 않는 불멸의 제국을 건설했다.

모든 나라는 빚이라는 것을 지고 산다. 그리고 빌린 돈을 갚지 못할 지경이 되면 당연히 그 나라는 망한다. 우리도 1997년 외환 위기 때 국가 부도를 경험했다. 왜 부도가 났을까? 외국으로부터 빌린 돈을 갚지 못했기 때문이다. 당시 한국 정부의 빚은 무려 304억 달러(당시 환율 기준 약 40조 원)나 됐지만 정부의 금고에는 빚을 갚을 달러가 전혀 남아 있지 않았다.

1998년 1월 KBS의 캠페인을 계기로 역사적인 '금 모으기 운동'이 벌어진 것도 이런 이유 때문이었다. 달러를 확보하기 위해 국민들이 반지와 결혼 패물 등을 아낌없이 내놓았다. 3월 14일 종료된 이 운동에서 무려 225톤의 금이 모였다. 이 돈은 당시 시세로 21억 7,000만 달러(당시 환율 기준 약 3조 원)나 됐다. 참으로 대단한 민족이라 하지 않을 수 없다. 하지만 한국과 달리 미국은 이런 참사를 겪지 않는다. 달러가 기축통화이기 때문이다. 돈을 빌린 뒤 갚지 못할 상황이 되면 미국은 종이 쪼가리에 벤저민 프랭클린 얼굴을 그려 놓고 "이게 100달러짜리 돈입니다. 이걸로 빌린 돈 갚습니다."라고 하면 그만이다. 실제로 2008년 세계 금융 위기가 벌어졌을 때 미국은 위기를 극복하기 위해 무려 16조 달러(약 1경 9,980조 원)나 달러를 찍어서 빚을 갚는 데 사용했다. 한국 정부 1년 예산이 600조 원 정도니 미국은 우리나라 1년 예산의 33배가 넘는 거금을 그냥 종이에 찍어 당당하게 사용한 것이다.

이처럼 기축통화를 보유하면 그 나라 경제는 아무리 큰 위기가 닥쳐도 쉽게 벗어날 수 있다. 그리고 달러가 보장해 준 미국 경제의 안정성은 오늘날 미국이 최강대국 지위를 유지하는 데 가장 강력한 수단이 됐다. 유럽 국가들이 문화의 차이를 극복하면서까지 EU를 건설하고 통합화폐(유로)를 만들었던 이유도, 중국이 위안화의 영향력 확대를 위해 수많은 노력을 쏟아붓는 이유도 여기에 있다. 미국이 달러를 통해 누렸던 기축통화의 막대한 이익을 이들도 누리고 싶은 것이다.

기축통화의 딜레마

마지막으로 기축통화에 대해 한 가지만 더 덧붙인다. 그렇다면 기축통화를 보유한 것이 무조건 좋기만 할까? 꼭 그렇지만도 않다. 미국은 전 세계에서 사례를 찾아보기 어려울 정도로 오랜 무역 적자에 시달린 나라다. 무역 적자가 생겼다는 것은 다른 나라와 거래를 하면서 내 나라가 판 물건보다 다른 나라로부터 수입한 물건이 훨씬 더 많다는 뜻이다. 미국의 경우 1년마다 수지 타산을 계산해 보면 수출로 벌어들인 달러보다 수입으로 쓴 달러가 훨씬 많다.

왜 이런 현상이 벌어질까? 미국의 무역 적자는 사실 미국 정부가 용인한 측면이 크다. 기축통화를 보유한 나라는 무역 흑자를 지속해서는 안 된다. 이것을 경제학 용어로 '기축통화의 딜레마'라고 부른다.

만약 미국이 수십 년 동안 흑자를 봤다면 지금 세상은 어떻게 변했을까? 미국이 흑자를 많이 냈다는 것은 그들이 그만큼 돈을 많이 벌었다는 것을 뜻한다. 이는 전 세계에 돌아다니는 달러가 계속 미국으로 흡수됐다는 것을 의미하기도 한다.

그런데 달러가 미국으로 흡수될수록 세계시장에서 사용되는 달러의 양은 점점 줄어든다. 명색이 기축통화인데, 각 나라끼리 무역을 할 때 사용해야 할 달러가 부족해지는 것이다. 이러면 당연히 각 나라들은 달러로 결제하는 데 불편함을 느끼고, 달러 대신 다른 기축통화를 찾는다. 그래서 미국은 달러의 기축통화 지위를 유지하기 위해서 무역 흑자를 내서는 안 되는 묘한 운명을 가진 나라다. 기축통화를 보유하면 그 나라 경제가 절대 망하지 않는다는 장점이 있지만, 매년 무역에서 적자를 감수해야 한다는 단점이 있는 것이다.

2020년까지 미국 대통령을 지낸 도널드 트럼프(미국 제45대 대통령, 재임 2017~2021)는 미국의 만성적인 무역 적자를 극복하기 위해 미국 우선주의와 보호무역주의에 기반한 다양한 경제정책을 내놓은 바 있다. 미국이 무역에서 너무 손해를 많이 보고 있으니 이를 극복하자는 취지였다. 하지만 미국 학계, 그리고 미국 경제를 좌우하는 월스트리트에서는 이를 매우 우려스러운 눈빛으로 바라봤다. 흑자를 내면 당장 돈을 벌어서 좋기는 하지만, 달러가 미국으로 흡수되면서 기축통화의 지위가 약화되기 때문이다. 더군다나 최근에는 기축통화의 지위를 호시탐탐 노리는 유로와 위안화의 위상이 크게 높아진 상황이었다. 따라서 만약 달러가 기축통화의 지위를 내려놓는다면 더 이상 미국은 세계의 패권 국가로 남지 못할 것이라는 불안감이 그 어느 때보다 컸다.

트럼프는 2020년 대선에서 패했다. 새 대통령 조 바이든Joe Biden(미국 제46대 대통령, 재임 2021~)은 트럼프의 정책 대부분을 부정하고 그와는 정반대의 정책으로 나라를 이끄는 중이다. 그래서 보호무역을 내세우던 트럼프의 시대가 끝나고, 세계는 다시 자유무역의 분위기로 복귀할 것이라는 예측이 있었다. 하지만 바이든 행정부는 취임 후 예상과는 달리 트럼프의 보호무역주의 정책을 그대로 유지하고 있다.

대통령이 공약을 지키지 않고 있다는 부정적인 평가가 나올 만큼 바이든의 정책은 미국의 정계와 재계에 커다란 논란을 낳고 있다. 미국이 트럼프 이전처럼 막대한 무역 적자를 지속하면서 기축통화의 지위를 계속 누릴 것인가, 아니면 트럼프가 그랬던 것처럼 기축통화의 이익을 일부 포기하면서 무역 적자 폭을 줄일 것인가. 이 두 가지 길 사이에서 미국 경제는 극심한 분열을 겪고 있다. 전자를 선택하자니 적자 폭이 너무 크고, 후자를 선택하자니 기축통화가 갖는 막대한 장점을 포기해야 하기 때문이다. 스미스소니언박물관에서 유럽 열강을 협박해 종이 쪼가리를 기축통화 지위로 올려놓았던 미국은 50년이 지난 지금 심각한 기축통화의 딜레마 속에서 헤매고 있다.

Chapter 19

1985

◇ 미국의 대일 무역 적자
◇ 엔달러 환율
◇ 일본 장기 불황

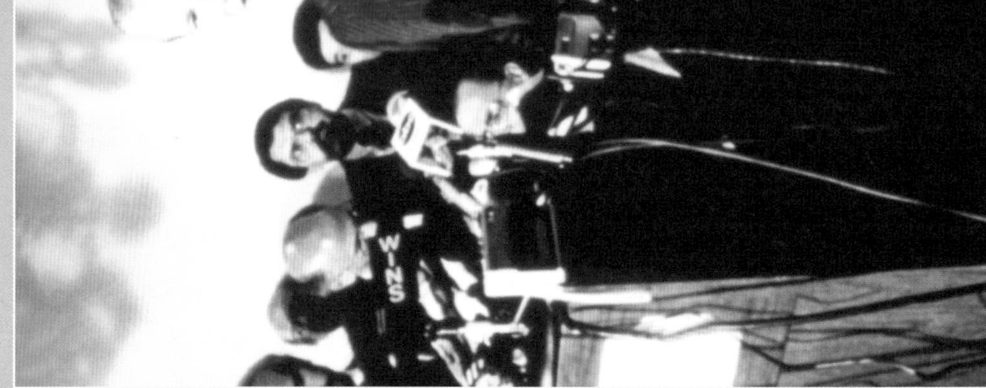

1985년 미국 재무 장관의 플라자 합의 발표

플라자 합의

미국, 경제 대국을 꿈꾼 일본의 야망을 꺾다

세계 4위 부자가 한국에 있었다?

미국의 경제 잡지 《포브스》는 매년 세계 부자 순위(Forbes World's Billionaires)를 발표한다. 주식이나 부동산 등 가치 측정이 가능한 재산을 금액으로 환산해, 세계에서 누가 제일 부자인지 순위를 매기는 것이다. 물론 이 순위가 아주 정확하다고 할 수는 없다. 《포브스》는 독재자나 왕실 등 권력을 이용해 부를 축적한 자들은 순위에서 배제하기 때문이다. 또 비자금처럼 겉으로 드러나지 않은 재산을 가진 이들의 순위도 매기지 못한다.

하지만 이런 한계에도 불구하고 《포브스》의 순위는 발표될 때마다 세계인의 관심을 끈다. 2022년 세계 1위 부자는 미국 전기 자동차 업체 테슬라(Tesla)를 이끄는 일론 머스크Elon Musk로, 그의 재산은 2,190억 달러(약 273조 1,900억 원)로 집계됐다. 미국 전자 쇼핑몰 아마존(Amazon)을 이끄는 제프 베이조스Jeff Bezos가 1,710억 달러(약 213조 3,100억 원)로 2위를 차지했고, 명품 브랜드 루이비통이 속한 프랑스 패션 그룹 루이비통모엣헤네시(LVMH)를 이끄는 베르나르 아르노Bernard Arnault 가문이 1,180달러(약 147조 2,000억 원)로 3위에 올랐다.

순위를 볼 때 주의할 점이 있다. 《포브스》가 측정하는 재산은 모두 미국 달러를 기준으로 한다. 앞으로 자세히 살펴보겠지만, 달러로 재산을 측정하기 때문에 환율 변화에 따라 비(非)미국인들의 재산은 요동친다. 실제 재산은 전혀 변동이 없는데, 단지 환율이 변했다는 이유로 재산이 늘거나 주는 일이 생긴다는 뜻이다.

2022년 한국인으로 최고 순위에 오른 인물은 이재용 삼성전자 부회장(현재 삼성전자 회장)과 카카오 창업자 김범수다. 두 사람의 재산은 각각 91억 달러(약 11조 3,500억 원)로 집계돼 나란히 공동 223위에 올랐다. 그 뒤를 이어서 제약 회사 셀트리온의 서정진 명예 회장이 81억 달러(약 8조 7,300억 원)로 343위, 게임 회사 스마일게이트의 권혁빈 창업자가 68억 달러(약 8조 4,800억 원)로 363위에 올랐다.

살펴본 것처럼 한국의 부자들 가운데 세계 200위 안에 든 인물은 단 한 명도 없다. 200~300위에 두 명, 300~400위에도 두 명밖에 없다. 세상은 넓고 부자는 많은 법이어서 이런 결과가 그다지 이상해 보이지는 않는다. 그런데 제24회 서울올림픽이 열린 1988년, 《포브스》 부자 순위에 놀라운 인물이 톱 10에 올랐다. 롯데그룹 창업주 고(故) 신격호 회장이 무려 세계 4위 부자로 선정된 것이다. 신 회장은 이듬해인 1989년에도 세계 5위 부자에 이름을 올렸다.

신격호 회장이 부자이긴 했지만, 당시 롯데는 글로벌 기업이 아니었다. 국내에서도 유통과 제과에 의존하던 그룹이다. 이런 그룹의 총수가 어떻게 세계 4·5위 부자가 됐을까? 이 미스터리를 이해하려면 이번 장의 주제인 플라자 합의와 환율의 마술에 대해 알아야 한다.

환율이 부리는 마술

미국 뉴욕에는 플라자호텔이라는 카타르 기업 소유의 유명한 호텔이 있다. 이 호텔의 옛 주인이 미국의 부동산 재벌이자 제45대 미국 대통령이었던 도널드 트럼프다. 이 호텔은 영화 〈나 홀로 집에 2: 뉴욕을 헤매다〉(Home Alone 2: Lost in New York, 1992)의 촬영 장소로도 유명한데, 영화를 자세히 보면 당시 호텔 소유주였던 트럼프가 카메오로 등장한 장면을 발견할 수 있다.

1985년 9월 22일, 이 호텔에서 세계경제의 역사를 바꾼 유명한 회의가 열렸다. 미국, 영국, 프랑스, 서독, 일본 등 그때 당시 세계에서 제일 잘사는 다섯 개 나라 재무 장관이 이곳에 모였다. 하지만 말이 회의지 사실상 미국의 소집이었다. 그 당시 최강대국이자 자유 진영의 리더인 미국이 "내 밑으로 잘사는 나라 네 곳, 내가 부르는 장소로 모여!"라며 나머지 나라를 자국으로 불러들였다.

1970년대까지 화려한 성장을 거듭하던 미국 경제는 1980년대 들어서 고전을 면치 못했다. 특히 일본과 서독 등 탄탄한 실력으로 무장한 제조업 강국이 자동차와 가전제품을 앞세워 미국 시장을 점령했다. 1981년에 로널드 레이건이 집권한 이후 3년 동안 미국은 엄청난 무역 적자를 경험했다. 그때 미국 경제가 얼마나 나빴는지, 미국은 전 세계적으로 돈을 빌려주는 채권국이 아니라 다른 나라에서 돈을 빌려 쓰는 채무국으로 전락했을 정도다.

미국은 엄청난 무역 적자의 원인을 일본과 서독에 돌렸다. 특히 일본에 대한 미국의 반감은 대단했다. 1985년 당시 미국은 일본과의 무

미국의 대일 무역 적자

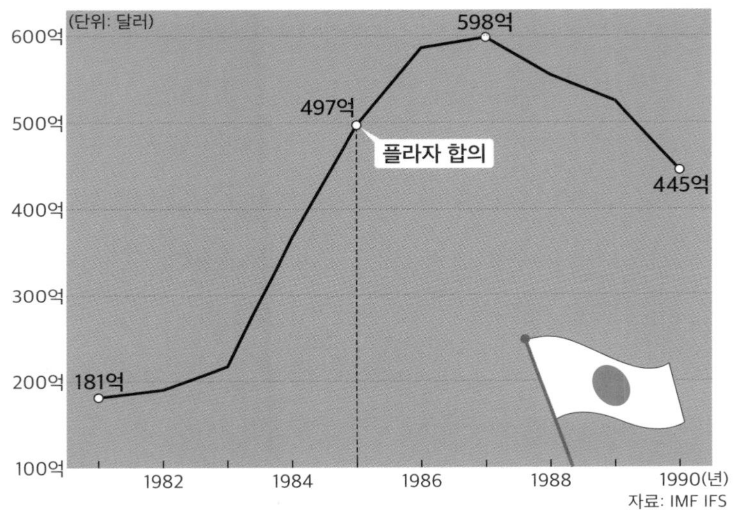

역에서 497억 달러(약 62조 원)를 손해 봤는데, 이는 전체 적자 1,485억 달러(약 185조 원)의 33퍼센트에 달하는 수치였다.

그렇다면 왜 미국은 환율을 문제 삼았을까? 환율이란 '자기 나라 돈과 다른 나라 돈의 교환 비율'을 뜻한다. 무역에서 가장 많이 사용하는 돈은 미국 화폐인 달러다. 무역할 때 많은 국가가 달러로 돈을 주고받는다.

물론 우리도 무역하려면 한국 돈인 원을 미국 돈으로 바꿔야 한다. 이때 1달러와 교환할 수 있는 원화가 얼마인지 표시한 것을 원달러 환율이라고 부른다. 같은 맥락에서 엔달러 환율은 미국 돈 1달러와 교환하는 데 필요한 엔화가 얼마인지 표시한 것이다. 2023년 1월 기준 원달러 환율은 대략 1,200원이다. 이 말은 '미국 돈 1달러를 내면 우리나라 돈 1,200원을 준다', 반대로 이야기하면 '미국 돈 1달러를 얻기 위해서는 우리나라 돈 1,200원을 내야 한다'는 뜻이기도 하다.

문제는 환율이 시시각각 변한다는 데 있다. 그리고 환율 변화는 각 나라의 경제, 특히 무역에 매우 큰 영향을 미친다. 예를 들어 보자. 원 달러 환율이 1,200원이었는데, 어떤 이유에서인지 800원으로 급격히 내려갔다. 무슨 일이 벌어질까? 일단 외국에서 물건을 수입하는 업자들은 만세를 부른다. 과거에는 1달러짜리 물건을 외국에서 수입하기 위해 1,200원이나 내야 했지만, 이제는 800원만 내도 되기 때문이다. 당연히 수입업자들은 더 많은 물건을 수입할 여력이 생긴다.

반대로 물건을 만들어서 외국에 파는 수출업자들은 곡소리를 낸다. 예컨대 휴대폰을 미국에 수출하는 회사가 있다고 가정해 보자. 이 회사는 미국에서 휴대폰을 1,000달러에 팔았다. 환율이 1,200원일 때 휴대폰 한 대를 팔면 회사는 우리 돈으로 120만 원을 손에 쥔다. 그런데 환율이 800원으로 떨어지면? 예전과 다를 바 없이 열심히 팔았는데, 우리 돈으로 바꿔 보니 손에 들어오는 금액이 120만 원에서 80만 원으로 줄어들었다. 환장할 노릇이다. 이래선 이익이 나지 않으니 어쩔 수 없이 휴대폰 가격을 1,200달러나 1,300달러쯤으로 높인다. 그런데 이렇게 하면 판매가 부진해진다. 1,000달러에 팔던 물건을 1,200달러로 가격을 높이면 소비자들이 좋아할 리가 없기 때문이다.

결국 환율이 하락하면 수입업자가 유리해지고 수출업자는 불리해진다. 국가 전체적으로 수입이 늘어나고 수출이 줄어든다. 일본과의 무역에서 엄청난 적자에 시달리던 미국이 "일본은 강제로 환율을 내려서 수입을 늘리고 수출을 줄여라!"라고 윽박지른 이유가 여기에 있다.

플라자 합의와 일본 경제의 몰락

일본은 세계 최강 군사 대국이던 미국의 압력에 굴복했고, 1985년의 플라자 합의 이후 2년 만에 엔달러 환율은 절반 수준으로 떨어졌다. 이 사건으로 일본 경제는 일대 격변을 맞았다. 환율이 하락하면서 일본인들이 외국에서 쓰는 돈은 크게 늘어났다. 플라자 합의 전만 해도 1달러를 받으려면 240엔이나 내야 했지만, 1987년에는 그 절반인 120엔만 내도 1달러를 얻게 됐기 때문이다.

이 시기 일본인들은 그야말로 온 세계를 돌아다니면서 흥청망청 돈을 썼다. 야스다화재해상보험(현재 손보재팬)이라는 일본 회사가 무려 3,990만 달러를 내고 빈센트 반고흐Vincent van Gogh의 명작 〈해바라기〉(Tournesols, 1888)를 사들인 것도 이때다. 플라자 합의 이전의 환율이라면 3,990만 달러는 약 96억 엔에 이르는 거금이었다. 하지만 플라자 합의 이후 환율로 3,990만 달러는 약 48억 엔에 불과했다. 단지 환율이 조정됐을 뿐인데 반값 할인으로 명화를 살 기회를 얻은 것이다. 일본 3대 기업 미쓰비시가 미국을 상징하던 건물 록펠러센터를 인수한 것도 이 무렵(1989)이다.

1988년 신격호 회장이 세계 4위 부자에 오른 이유도 그 때문이다. 그 당시 신 회장은 한국보다 일본에서 훨씬 크게 사업을 벌였고, 이에 따라 그의 재산은 대부분 일본 돈이었다. 이때 신 회장의 재산은 일본 돈으로 9,600억 엔 정도였는데, 이 돈은 플라자 합의 이전 달러로 환산하면 약 40억 달러였다. 그런데 플라자 합의 이후 환율이 바뀌면서 9,600억 엔의 가치가 약 80억 달러로 상승했다. 신 회장이 갑자기 돈을 많이 벌어 순위가 오른 것이 아니라, 환율이 조정되면서 재산이 갑절로 불어난 것이다.

마찬가지 이유로 1987년 순위에서 일본인들이 상위권을 휩쓸었다. 그때 세계 1위 부자는 세이부철도그룹 회장 쓰쓰미 요시아키堤義明였고, 2위는 부동산 재벌 모리 다이키치로森泰吉郎였다.

환율의 강제적 조정으로 일본인들은 갑자기 부자가 된 기분을 느꼈다. 하지만 환율이 하락하면 수출 기업들이 심각한 손해를 입는다. 미국의 의도대로 일본의 수입은 큰 폭으로 증가했고, 수출은 부진에 빠졌다. 이 시점을 계기로 경제력 면에서 한때 미국과 자웅을 겨루던 일본은 그저 그런 선진국으로 전락했다.

여담이지만 플라자 합의는 한국 경제에도 큰 영향을 미쳤다. 이 합의 이후 한국이 세계적인 반도체 강국으로 성장했기 때문이다. 1980년대 초반까지만 해도 세계 반도체 시장은 미국이 휩쓸고 있었다. 그런데 일본이 높은 엔달러 환율을 무기로 미국이 주도하던 반도체 시장을 급속도로 잠식했다. 당시 일본 반도체의 부상이 얼마나 위협적이었는지, 미국 언론들은 일본의 반도체 수출 증가를 '제2의 진주만 공습'이라고 부를 정도였다.

그런데 플라자 합의 이후 엔달러 환율이 절반으로 폭락하면서 일본이 수출하던 반도체 가격이 갑절로 뛰었다. 게다가 미국은 플라자 합의 이듬해인 1986년 '미일 반도체 협정'을 맺으며 일본의 저가(低價) 반도체 수출에 제동을 거는 강공책까지 펼쳤다. 미국을 상대할 힘이 없었던 일본은 이 굴욕적인 합의마저 받아들였다.

이게 한국에는 엄청난 기회로 작용했다. 당시 한국은 반도체 산업

플라자 합의 이후 엔달러 환율

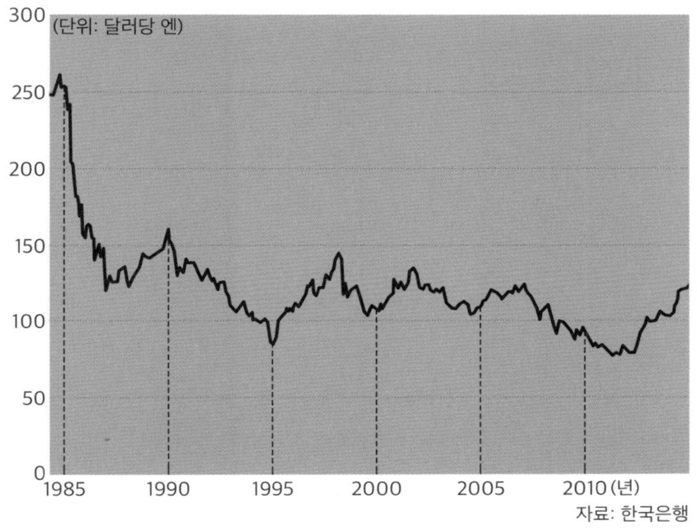

에서 엄청난 후진국이었다. 삼성전자가 반도체 사업에 본격적으로 뛰어든 것은 고작 1983년이니, 반도체 산업에서 이제 막 걸음마를 뗀 수준이었다. 1980년대만 해도 한국은 여러모로 일본 반도체에 상대가 되지 못했다. 그런데 플라자 합의로 일본의 반도체 수출이 죽을 쑤기 시작하면서 삼성전자에도 기회가 찾아왔다. 일본이 주춤하는 사이 한국은 반도체 기술을 축적하며 마침내 일본을 역전하고 오늘날 세계 1위의 반도체 강국이 된 것이다.

아무튼 플라자 합의 이후 일본 경제는 장기 불황에 빠졌고, 그 불황은 지금까지 이어지는 중이다. 물론 지금 일본이 겪는 장기 불황이 그 탓만은 아니다. 하지만 1980년대 떠오르던 경제 강국 일본을 밟기 위해 미국이 강제로 환율을 조정한 플라자 합의가 일본 경제 추락의 중요한 원인이라는 사실은 부인할 수 없다.

Chapter 20

2010

◇ '하나의 중국'
◇ 센카쿠열도(댜오위다오) 분쟁
◇ 희토류 자원 무기화

세계 최대 규모인 중국 네이멍구자치구의 바이윈어보 희토류 광산

희토류 분쟁

중국, 일본의 무릎을 잠시 꿇렸지만

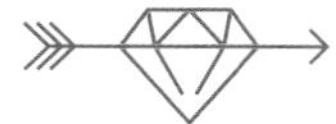

달라이라마 효과와 중국

개인적으로 중국을 매우 특이한 나라라고 생각하는 편이다. 특히 "세계의 중심은 중국"이라는 그 독특한 자뻑(!) 증상이 그렇다. 문제는 이런 자뻑 증상을 가진 나라에 하필이면 엄청나게 많은 인구가 살아서 세계적으로 막강한 영향력을 발휘할 때 생긴다.

'달라이라마 효과'(Dalai Lama effect)라는 경제학 용어가 있다. 2010년 독일 괴팅겐대학의 연구진 안드레아스 푹스Andreas Fuchs와 닐스 헨드리크 클란Nils-Hendrik Klann이 발표한 연구에서 비롯되었다. '만남의 대가: 국제무역에서의 달라이라마 효과'라는 제목의 연구는 후진타오胡錦濤(중국 제6대 주석, 재임 2003~2013)가 집권한 2003년에서 2008년까지 국제무역 시장을 분석했는데, 내용은 이렇다.

달라이라마는 중국으로부터 독립을 추진하는 티베트의 정신적 지도자다. 당연히 중국으로부터는 큰 미움을 받는다. 그런데 어떤 나라의 정치 지도자가 달라이라마를 만났다면 어떤 일이 벌어질까? 연구 팀이 무려 159개국의 사례를 조사했는데 그 결과가 충격적이다.

어떤 나라 정치 지도자가 달라이라마를 만났다는 그 이유 하나만으로 그해 해당 국가의 대(對)중국 수출이 10퍼센트 정도 급락한다. 구체적으로 국가원수, 또는 정부 수반급이 달라이라마를 만나면 수출 감소 폭이 평균 8.1퍼센트다(측정 기법에 따라 16.9퍼센트가 되기도 한다).

실질적인 사례도 살벌하다. 2008년 프랑스 니콜라 사르코지Nicolas Sarkozy 대통령(프랑스 제23대 대통령, 재임 2007~2012)이 달라이라마와 만난 일이 있었다. 중국은 이에 대한 항의의 표시로 중국과 프랑스 사이에서 진행됐던 에어버스 항공기 150대 구매 협정을 전격적으로 연기해 버렸다. 결국 이듬해 프랑스 외교부는 "하나의 중국 정책과, 티베트가 중국 영토의 통합된 일부분이라는 것을 재확인한다."라는 성명서(사실은 항복 선언서)를 발표해야 했다.

2009년 라르스 뢰케 라스무센Lars Løkke Rasmussen 총리(덴마크 제49·51대 총리, 재임 2009~2011·2015~2019)도 정부 고위 관리들을 이끌고 덴마크를 방문한 달라이라마를 영접했다. 친강秦剛 중국 외교부 대변인은 즉시 성명을 내고 강력한 항의의 뜻을 표시했다. 두 나라 사이에서 예정됐던 고위급 정치 회담도 연기해 버렸다. 결국 덴마크 외교부도 프랑스와 비슷한 항복 선언서를 발표해야 했다.

2010년에는 노벨상위원회가 중국의 반체제 인사 류샤오보劉曉波를 노벨평화상 수상자로 선정하자 중국이 노르웨이 연어의 수입을 사실상 금지했다. 2010년 92퍼센트를 차지하던 중국 내 노르웨이산 연어의 비중은 이듬해 상반기 29퍼센트로 폭락했다. 결국 2014년, 노르웨이 정부는 중국 눈치를 보느라 자국을 방문한 달라이라마를 외면했다.

연구에 따르면 누군가가 '고작' 달라이라마를 만나는 것만으로도 중국이 그 나라에 엄청난 무역 보복을 가한다. 중국이 달라이라마를 얼마나 께름칙하게 생각하는지, 그리고 중국이 얼마나 쪼잔(!)한지를 이해할 수 있는 대목이다.

하나의 중국 정책

프랑스 외교부의 (항복) 성명서 중 "하나의 중국 정책과, 티베트가 중국 영토의 통합된 일부분이라는 것을 재확인한다."라는 대목은 곱씹어 볼 만하다. 중국은 자고이래로 '하나의 중국'에 목숨을 건 나라였다. 2018년 중국 톱스타 여배우 판빙빙范冰冰이 웨이보(중국판 트위터)에 올려 화제가 된 "중국은 단 한 뼘도 작아질 수 없다."(中國一點都不能少)라는 문장은 이들이 얼마나 하나의 중국에 집착하는지를 짐작게 한다.

중국은 역사적으로 워낙 넓은 영토를 자랑하던 나라다. 당연히 그 넓은 땅에는 수많은 민족들이 섞여 살았다. 중국인들은 이들 중 단 한 민족의 독립만 허용해도 다른 민족들이 우후죽순처럼 독립을 요구할 것이라 여기고 늘 경계해 왔다. 이것이 바로 그 어떤 이유로도 다른 민족의 독립을 절대 용납하지 않는다는 '하나의 중국' 사상의 뿌리다. 히말라야산맥 아래 척박한 땅 티베트의 독립을 중국이 그처럼 게거품을 물고 반대하는 이유가 여기에 있다.

그런데 이건 매우 웃긴 이야기다. 중국은 한때 자기들이 세상의 중심이라 여기면서 주변 국가들은 모두 오랑캐라고 멸시했기 때문이다. 동이(東夷), 서융(西戎), 남만(南蠻), 북적(北狄) 등은 중국이 주변에 살던 국가들을 모두 오랑캐라 등한시하던 명칭이었다. 이 중 동이는 우리나라, 남만은 지금의 베트남과 미얀마 일대, 북적은 몽골, 그리고 서융은 바로 티베트였다. 한때는 서쪽의 오랑캐라고 멸시하더니, 지금은 하나의 중국이라며 티베트를 강제로 지배하는 게 웃기지 않나?

말이 나온 김에 웃긴 이야기를 하나 더 해 보자. 중국은 하나의 중국 정책에 의해 대만(타이완)을 아예 나라로 인정하지 않는다. 대만은 엄연한 중국 영토 중 일부라는 것이 중국의 주장이다. 물론 우리나라도 헌법에 "대한민국의 영토는 한반도와 그 부속 도서로 한다."라고 규정하고 있다. 하지만 이건 말 그대로 문헌상의 규정일 뿐, 현실적으로 우리는 북한을 엄연한 주권을 가진 국가로 인정한다. 그래서 남북 정상회담도 하고 북한의 국제연합(UN) 가입도 반대하지 않은 것이다. 하지만 중국은 다르다. 중국은 정말로 대만을 국가로 인정하지 않는다. 그래서 대만은 중국의 텃세 탓에 어디 가서 정상적인 국가 대접을 받지 못한다. 다른 나라와 정상적인 외교 관계도 맺지 못한다.

그런데 2017년 12월, 홍콩의 선박 라이트하우스윈모어(Lighthouse Winmore)호가 북한에 기름을 공급하다가 적발이 된 적이 있었다. 당시 북한은 UN으로부터 경제제재를 받고 있어서 북한에 석유를 공급하는 것이 금기시되던 때였다. UN은 제재를 어긴 중국에 책임을 물으려 했다. 홍콩이 중국 땅이기 때문이다. 그런데 이때 중국의 변명이 궁색하기 짝이 없었다. "라이트하우스윈모어호는 대만 기업이 빌린 선박이어서 중국과 관련이 없다"는 게 중국의 주장이었다. 대만이 중국 땅이라고 주장할 때는 언제고, 이제 와서 대만은 다른 나라라는 것이다. 하나의 중국이라면서, 달면 삼키고 쓰면 뱉는다. 자칭 대국(大國)의 태도가 어찌 이리 얄팍한지 모르겠다.

영토 분쟁 고수(!)들의 한판 대결

아무튼 중국의 이런 태도는 동북공정(東北工程)이라는 역사 왜곡으로 이어졌다. 동북공정이란 '중국 국경 안에서 벌어진 모든 역사는 중국의 역사다.'라는 주장을 전제로 전개된 중국의 역사 연구 프로젝트다. 중국은 이 프로젝트에 따라 고구려와 발해의 역사도 모두 중국의 역사라고 주장했다. 이들은 실로 부끄러움을 모른다.

중국과 함께 아시아에서 역사를 왜곡하면서까지 자국의 영토 확장에 눈독을 들이는 또 다른 나라가 있다. 짐작했듯이 아직도 독도를 자기네 땅이라 우기는 일본이 그 주인공이다.

그렇다면 한때 전 세계를 자신의 발밑에 두겠다는 야망으로 제2차 세계대전을 일으킨 일본과, '세계의 중심은 중국'이라 믿는 중화사상의 소유자 중국이 영토를 두고 다툰다면 어떤 일이 벌어질까? 만인은 평등하고 각 나라는 자주적 권리를 지닌다는 상식에 비춰 볼 때 이들의 다툼은 그야말로 도긴개긴, 오십보백보, 도토리 키 재기, 그놈이 그놈인 셈인데 결과가 궁금하기는 하다.

최근 두 나라가 영토를 두고 심각하게 충돌한 사례가 발생했다. 일본은 센카쿠열도(尖閣列島)라 부르고, 중국은 댜오위다오(钓鱼岛)로 부르는 섬들을 둘러싼 영토 분쟁이 그것이다. 이번 장에서 이 섬들이 일본 땅이냐, 중국 땅이냐를 논할 생각은 없다. 다만 현재 일본이 이곳을 실효 지배하고 있으므로, 이 책에서는 센카쿠열도라는 명칭을 사용하기로 한다.

2010년 9월, 이곳 주변을 순찰하던 일본 순시선이 조업하던 중국

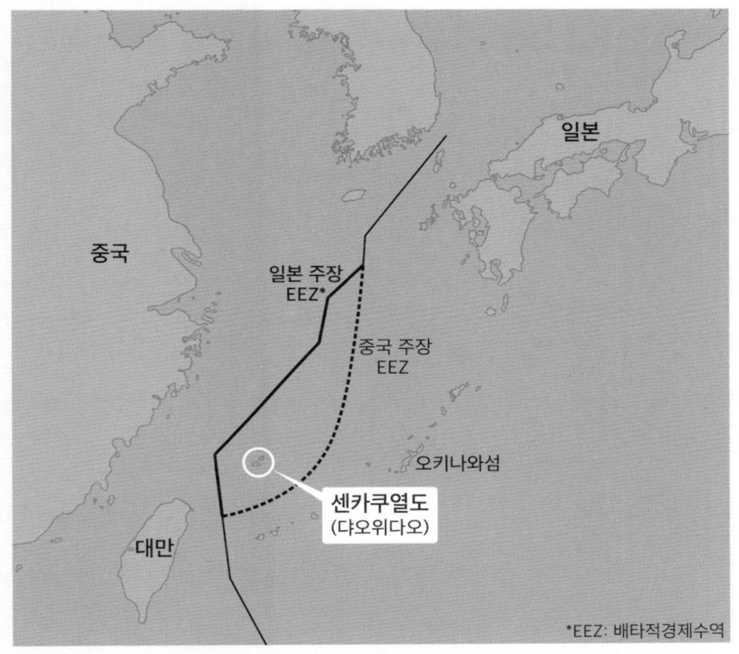

일본이 중국과 영토 분쟁을 겪고 있는 센카쿠열도

센카쿠열도는 오키나와섬과 대만 사이에 존재하는 다섯 개의 무인도 및 세 개의 암초를 가리킨다. 일본이 실효 지배하고 있지만, 일본과 중국이 서로 영유권을 주장하고 있다.

어선을 나포한 적이 있다. 그곳을 자기네 바다로 생각한 일본은 중국 어선에 "당장 떠나라"고 경고했지만, 중국 어선은 경고를 무시하고 조업을 계속했다. 일본 순시선은 중국 어선을 나포한 뒤 선장을 체포해 일본 땅에 감금했다. 이에 중국 정부가 격렬히 항의하며 센카쿠열도 분쟁(혹은 댜오위다오 분쟁)이 시작됐다. 영토를 넓히기 위해 역사 왜곡도 서슴지 않는 두 나라의 한판 대결, 과연 승리는 누구에게 돌아갔을까?

자원 갑질로 승리한 중국

그런데 이 분쟁은 의외로 싱겁게 막을 내리고 말았다. 중국이 보복 차원에서 일본에 희토류 수출을 중단하겠다고 나선 것이다. 희토류는 열과 전기가 잘 통해서 스마트폰이나 전기차 등에 쓰이는 소재 산업에 반드시 필요한 원소다. 문제는 희토류가 매장된 곳은 많지만, 추출할 때 환경오염 문제가 적지 않다는 점에 있다. 그래서 그때만 해도 중국 외에 이를 생산하는 나라가 거의 없었다. 2010년 당시 중국의 희토류 생산량은 전 세계 생산량의 97퍼센트를 차지할 정도였다.

인류의 삶에 꼭 필요한 자원이 오로지 한 나라에서만 생산된다면, 이는 그 나라에 매우 강력한 무기가 된다. 1970년대 중동 국가들이 석유를 무기로 전 세계를 위협할 수 있던 것도 이 때문이다. 희토류는 중국의 강력한 무기였고 "중동에 석유가 있다면 중국에는 희토류가 있다"는 이야기까지 나돌았다.

중국은 이 희토류를 무기로 삼았다. 다른 곳에서 희토류를 구할 수 없던 일본은 도리 없이 중국인 선장을 풀어 주며 백기를 들었다. 중국이 자기만 보유한 자원으로 갑질을 한 셈인데, 이 갑질이 통한 것이다.

그렇다면 이런 갑질은 경제에 어떤 영향을 미칠까? 2009년 홀드업(hold-up) 현상에 관한 연구로 노벨경제학상을 받은 미국의 경제학자 올리버 윌리엄슨Oliver Williamson은 갑질 문제를 통렬히 짚어 냈다.

홀드업은 우리말로 하면 '꼼짝 마!' 혹은 '손 들어!'쯤 된다. 두 사람이 관계를 맺을 때 더 적극적으로 매달리는 쪽과 상대적으로 느긋한 쪽이 있게 마련이다. 이때는 보통 느긋한 쪽이 '갑'이고, 적극적으로 매

희토류금속
중앙의 검정 금속에서부터 시계 방향으로 프라세오디뮴(Pr), 세륨(Ce), 란타넘(Ld), 네오디뮴(Nd), 사마륨(Sm), 가돌리늄(Gd)이다.

달리는 쪽이 '을'이다. 을은 갑의 결정에 목숨을 걸기도 한다. 이렇게 을이 갑에 집착하는 상황을 윌리엄슨은 '꼼짝 못 하는 상황'이라는 뜻으로 '홀드업'이라고 표현했다.

예를 들어 보자. 청년 로버트는 린다라는 여성을 사랑한다. 이때 갑은 사랑받는 린다이고, 을은 린다에게 매달리는 로버트다. 로버트가 린다를 따라다니며 "내 사랑을 받아 주세요."라고 청했더니, 린다는 "나를 사랑한다면 삭발하고 이마에 '린다만을 사랑해'라는 문신을 새겨 주세요."라고 요청한다. 전형적인 갑질이다. 하지만 로버트는 린다를 너무 사랑하는 을이기에 이 무리한 요청을 기꺼이 받아들인다. 원래 을이란 이렇게 불쌍한 존재다.

여기서부터 홀드업 상황이 시작된다. 린다는 자신을 위해 삭발도 하고 이마에 문신도 새긴 로버트를 예전보다 살갑게 대할까? 노벨상

수상자 윌리엄슨의 대답은 "천만의 말씀!"이다. 로버트는 린다를 위해 엄청난 투자를 감행했다. 문제는 이 투자가 오로지 린다만을 위한 것이라는 점에 있다. 삭발한 뒤 이마에 '린다만을 사랑해'라고 문신을 새긴 모습은 린다 외 세상 그 어떤 여성도 감동시키지 못한다.

이렇게 로버트가 린다만을 위해 투자하면 린다는 로버트와의 관계에서 그냥 갑도 아니고 압도적 갑의 위치에 오른다. 린다가 아무리 로버트를 학대해도 로버트는 다른 여성를 선택할 수 없다. 이때부터 린다는 로버트를 훨씬 제멋대로 대한다. 이것이 바로 윌리엄슨이 말하는 '꼼짝 마' 상황이다. 로버트는 린다가 "내 발을 닦아라."라고 명령하면 무릎 꿇고 린다의 발을 씻겨 줘야 한다. 린다가 새벽에 "우리 집 앞으로 당장 튀어 와라."라고 요구하면 잠도 덜 깬 채로 린다 집 앞에 뛰어가야 한다. 왜냐고? 로버트에게는 린다 외 다른 여성을 만날 가능성이 사라졌기 때문이다.

이를 현실 세계에 적용해 보자. 우리나라 대기업과 협력사의 관계가 대충 이렇다. 보통 대기업 협력사들은 오로지 대기업 한 곳에 물건을 납품한다. 생산 라인 자체가 그 대기업이 요구하는 대로 설계돼 있다. 그래서 A라는 대기업에 납품하는 협력사가 이 회사와 마음이 안 맞는다고 해서 "나 지금부터 B 대기업에 납품할래."라고 말하는 일은 거의 일어나지 않는다. 그렇게 하려면 수십억 원을 들여 생산 라인 자체를 B 기업에 맞게 뜯어고쳐야 한다. 협력사들이 생산 라인을 특정 대기업 입맛에 맞추는 순간, 이들은 절대 그 대기업을 벗어날 수 없다. 대기업이 어떤 요구를 해도 협력사들은 다 받아들여야만 한다. 로버트가 린다에게 종속된 상황이 재연되는 것이다.

문제는 여기서 그치지 않는다. 원가 9,000원에 제품을 만들어서 1만 원에 납품하던 협력사가 있다고 치자. 이 회사가 기술혁신을 통해 원가를 5,000원으로 낮췄다. 이러면 협력사의 이익은 1,000원에서 5,000원으로 늘어나야 한다. 그런데 현실은 그렇지가 않다. 귀신같이 이 사실을 알아낸 대기업은 재깍 협력사에 연락해서 "원가 줄였다면서? 그러면 납품 단가도 6,000원으로 깎아야지."라고 강요한다. 성질 같아서는 당장 때려치우고 싶지만, 이미 홀드업 상태에 놓인 협력사는 이를 거절할 방법이 없다. 시키는 대로 납품 단가를 낮추고, 기술혁신의 공을 고스란히 대기업에 바친다.

사정이 이렇다면 어떤 협력사가 기술혁신에 나서겠나? 혁신으로 얻는 이익을 대기업이 족족 채 가는 상황에서 말이다. 당연히 협력사들은 기술혁신보다 대기업과의 유착에 더 집중한다. 갑을 관계가 한국 경제의 창의성과 효율성을 좀먹는 이유가 바로 이것이다.

갑질의 종말

그렇다면 홀드업 상황을 이용해 갑질한 린다는 행복할까? 그렇지 않다는 게 이 이론의 핵심이다. 왜냐하면 린다의 갑질이 곧 사방팔방 소문나기 때문이다. 소문을 들은 남성이라면 그 누구도 린다에게 관심을 주지 않을 것이다. 잘못하다가는 이마에 문신을 새기고 인생을 망칠 수도 있다.

로버트도 어떻게든 린다로부터 벗어날 방법을 찾을 것이다. 뛰어난

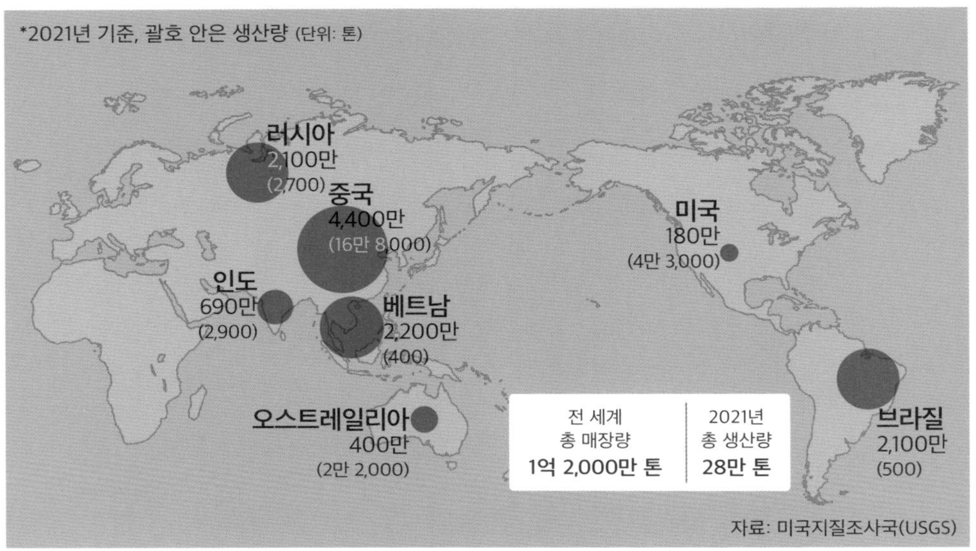

주요 국가 희토류 매장량 및 생산량

의사를 찾아서 최대한 문신을 흐릿하게 만드는 식으로 말이다. 그래야 홀드업 상황에서 벗어날 수 있으니까. 결국 린다는 갑질 이후 누구에게도 사랑받지 못하고 한 명뿐인 노예 로버트마저 떠나보낸다. 홀드업을 이용한 갑질은 결국 갑과 을 모두에게 비극으로 마무리된다.

다시 일본과 중국의 영토 분쟁 이야기로 돌아와 보자. 희토류 갑질로 일본의 무릎을 꿇린 중국은 과연 쭉 행복했을까? 그렇지 않다. 희토류 갑질에 된통 당한 일본이 대안을 찾기 시작한 것이다. 일본은 세계 곳곳 희토류를 생산하는 공장에 투자했다. 또 오스트레일리아와 합작해 말레이시아에 희토류 제련 공장을 세웠다.

2012년 4월, 일본 대기업 히타치는 희토류를 사용하지 않는 산업용 모터를 개발했다. 한번 중국에 당한 일본은 어떻게든 중국 희토류에 대한 의존도를 줄여 나갔다. 2009년 86퍼센트에 육박하던 일본 기업의 중국 희토류 의존도는 2015년 55퍼센트까지 떨어졌다.

일본뿐 아니라 미국을 비롯한 세계 여러 나라도 탈중국에 나섰다. "린다가 갑질을 한대."라는 소문을 들은 남성들이 린다를 회피하는 상황처럼, 세계 각국은 '언제든지 중국이 희토류를 무기화할 수 있다'고 우려했다.

미국도 자국에 희토류 광산을 개발하고 제련 시설을 갖춰 나갔다. 전 세계가 희토류의 중국 의존도를 줄이면서 2010년 97퍼센트였던 중국의 희토류 점유율은 최근 60퍼센트대까지 하락했다. 중국은 희토류 갑질로 영토 분쟁에서 일시적인 승리를 거뒀어도 그 대가를 혹독하게 치러야 했다.

이처럼 갑질은 을뿐 아니라 갑에게도 피해를 준다. 홀드업 이론의 창시자인 올리버 윌리엄슨이 노구를 이끌고 전 세계를 돌아다니며 "갑질을 멈추고 신뢰에 바탕을 둔 경제활동을 하라"고 호소했던 이유가 여기에 있다.

희토류 분쟁은 단기적으로 중국에 승리를 안겼지만, 장기적으론 일본의 산업적 기반을 더 탄탄하게 만들어 줬다. 그래서 이 분쟁의 진정한 승자는 일본이라는 평가마저 나온다. 그런데 일본도 똑똑한 나라가 아니었다. 승리의 기쁨도 잠시, 일본은 한국에 대한 무역 갑질에 나서며 그 아둔한 짓을 따라 했다. 이것이 바로 다음 장에서 살펴볼 2019년 한일 무역 분쟁이다.

Chapter 21

2019

◇ 일본의 '잃어버린 30년'
◇ 탈일본화

한일 무역 분쟁

일본, 잘못 긁어서 부스럼을 만들다

2019년 일본의 수출 규제에 영향을 받은 한국의 반도체 산업

일본인의 이중성

제2차 세계대전이 미국을 비롯한 연합국의 승리로 마무리됐을 때, 미군은 일본에 주둔하면서 큰 충격을 받았다. 미군은 일본인의 반미 정서가 극심할 테고, 이들이 미군의 통치에 절대로 복종하지 않을 것이라고 지레 걱정했다. 왜 안 그랬겠나? 가미카제(神風)라는 이름의 자살 특공대가 미 군함으로 돌격한 민족이었으니 말이다.

그런데 정작 미군정이 들어선 이후 일본인은 상상을 초월할 정도로 미군에 고분고분했다. 그냥 고분고분한 정도가 아니라 굴종적인 태도로 미군에 충성을 다짐했다. 비밀 군사정보? 미군이 물어보면 일본인은 오만 정보를 술술 불었다. 전 세계를 들쑤시고 다닌 미국조차 경험해 보지 못한, 당황스러운 이중성이었다.

태평양전쟁(1941~1945)이 미국의 승리로 기운 1944년, 미 군부는 향후 일본의 통치를 위해 문화인류학자 루스 베니딕트Ruth Benedict에게 일본인 연구를 맡겼다. 약 2년간 연구를 진행한 그는 일본에 관한 가장 탁월한 연구로 평가받는 명저 『국화와 칼』(The Chrysanthemum and the Sword, 1946)을 내놓았다.

베니딕트는 이 책에서 "일본인은 최고로 싸움을 좋아하면서도 얌전하고, 군국주의적이면서도 탐미적이고, 불손하면서도 예의 바르고, 완고하면서도 적응력이 있고, 유순하면서도 귀찮게 시달림을 받으면 분개하고, 충실하면서도 불충실하고, 용감하면서도 겁쟁이이고, 보수적이면서도 새로운 것을 즐겨 받아들인다."라는 문구로 일본인의 이중성을 꿰뚫었다.

그렇다면 일본인의 이런 이중성은 어떻게 탄생했을까? 루스 베니딕트는 일본인이 "각자가 알맞은 위치를 갖는다."(Take one's proper station.)라는 명제를 너무나 중시하기에 생긴 현상이라고 분석했다.

일본인은 궁극적으로 사회 구성원 모두가 각자 알맞은 위치를 지켜야 한다고 생각한다. 천민은 천민의 위치에서, 사무라이는 사무라이의 위치에서, 농민은 농민의 위치에서 절대로 벗어나지 않아야 한다는 의미다.

이 때문에 일본에서는 공식적으로 왕조가 한 번도 바뀐 적이 없다. 우리만 해도 삼국시대를 거쳐 신라, 고려, 조선 등 여러 왕조가 있었고 중국도 진(秦), 한(漢), 수(隋), 당(唐), 송(宋), 원(元), 명(明), 청(淸) 등 왕조가 숱하게 바뀌었다. 하지만 일본은 이른바 만세일계(萬世一系) 사상, 다시 말해 진무천황神武天皇(일본 초대 천황, 재위 B.C. 660~B.C. 585)이 집권한 이래 하나의 혈통이 지금까지 쭉 왕위를 계승했다는 주장을 펼친다. 물론 이것이 역사적으로 사실인지 아닌지는 논란이 많으나, 아무튼 일본인들은 이 만세일계 사상을 굳게 믿는다.

이게 무슨 뜻일까? 일본 내에서는 아무리 사무라이의 권력이 강해도 그들은 왕이 되지 못했다는 뜻이다. 그것이 사무라이로서 지켜야 할 위치였기 때문이다. 쿠데타로 집권한 사무라이들이 결국 왕이 되지 못하고 '쇼군'(將軍)이라는 이상한 직책을 맡은 것도, '바쿠후'(幕府, 막부)라는 괴상한 정권 시스템을 운영한 이유도 이 때문이다.

문제는 일본인의 이런 철학이 국제 질서에 그대로 적용된다는 점이다. 제2차 세계대전이 한창이던 1940년에 일본이 독일, 이탈리아와 삼국동맹을 맺으며 쓴 협정문에는 "대일본제국 정부, 독일 정부, 이탈리아 정부는 세계만방이 각자 알맞은 위치를 갖는 것이 항구적 평화의 선결 요건임을 인정한다."라는 대목이 명시됐다.

이 협정의 조서에서 일왕은 "각국이 알맞은 위치를 갖는 것, 만민이 안전과 평화 속에 살기 위한 과업은 가장 위대한 대업이다."라고 목소리를 높였다. 진주만공격(1941) 이후 일본 사절이 미국 국무 장관에게 전달한 성명서에도 "모든 국가가 세계 속에서 각자 알맞은 위치를 갖게 하려는 일본 정부의 정책은 불변이다."라는 문구가 있다.

이 말은 일본인들이 전쟁을 일으킨 이유가 '각 나라가 주제 파악을 못 하고 알맞은 위치에서 벗어나려 했기 때문'이라는 이야기다. 일본은 '하위 국가는 하위 국가답게 절대로 상위 국가에 대들어서는 안 된다.'라고 굳게 믿었다.

패전 이후 일본이 미 군부에 납작 엎드린 이유도 이것이다. 만만하게 보고 붙었다가 참패한 일본은 미국이 자기보다 상전임을 재빨리 인정했다. 일본은 한번 자기들이 아랫것이라는 인식을 가지면 절대로 상전에게 대들지 않는다. 아랫것은 아랫것답게 굴복하는 것이 각자 알맞은 위치를 지키는 자들의 의무이기 때문이다. 그래서 일본은 미 군부에 눈꼴사나울 정도로 설설 기었다.

베니딕트의 이 연구를 지금 국제 관계에 대입해 보자. 독일과 달리 일본은 왜 전쟁 이후 진심으로 참회하지 않을까? 이유는 간단하다. 그들은 '우리가 미국에 졌지, 한국이나 중국에 진 게 아니잖아?'라고 생각한다. 즉 일본은 지금도 여전히 미국이 최상위, 그다음이 일본, 그리고 한국이나 중국 등 나머지 국가는 그 하위에 있다고 믿는다. 그러니 사과할 수가 없다. 각자 위치를 지키는 것이 우주의 질서인데, 어찌 상전이 아랫것들에게 사과한단 말인가?

일본, 한국을 향해 칼을 휘둘렀으나

그런데 2010년대 들어 일본이 하위 국가라고 굳게 믿은 한국의 동태가 심상치 않아졌다. 일본은 '잃어버린 30년'이라 불릴 정도로 오랜 경제 침체에 빠졌지만, 한국은 역동적으로 발전하며 일본을 추격했다. 세계은행의 발표에 따르면 2018년 일본의 1인당 국민총소득(GNI)은 당해년 가격 기준으로 4만 1,770만 달러(24위), 한국은 3만 2,750달러(31위)였다. 큰 격차가 보이지 않는다.

심지어 경제협력개발기구(OECD, Organization for Economic Cooperation and Development)의 발표를 보면, 구매력평가(PPP) 기준 1인당 국내총생산(GDP)은 2018년부터 이미 한국이 일본을 추월한 것으로 드러났다. 'PPP 기준 1인당 GDP'란 환율과 물가수준까지 감안해 그 나라 국민이 자기가 번 돈으로 어느 정도의 소득수준을 누릴 수 있는지를 측정한 수치다. 이 수치에 따르면 2018년 일본은 4만 2,239달러, 한국

수출 규제 이전 우리나라의 3개 품목 일본산 의존도(2018)

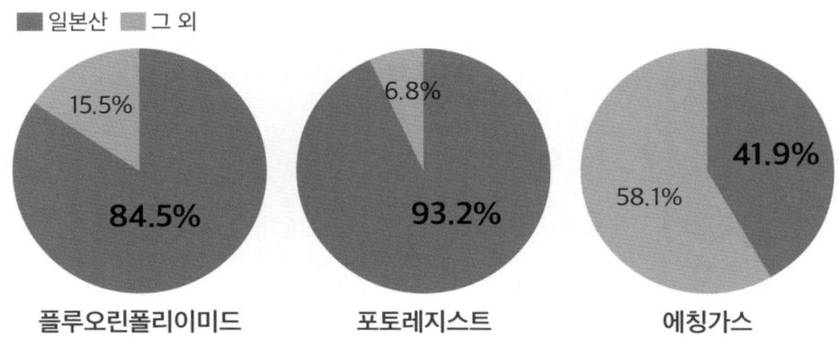

자료: 한국무역협회 K-stat 무역통계

은 4만 3,044달러로 우리나라가 일본을 추월했다. 동북아시아 국제 정세에서 일본이 차지하는 비중도 작아지고 있다. 이러니 일본은 초조할 수밖에 없다.

2019년 7월, 일본이 한국에 무역 제재라는 칼을 빼 들었다. 그동안 한국에 수출해 왔던 플루오린폴리이미드, 포토레지스트, 에칭가스 등의 수출을 규제하겠다는 것이다. 플루오린폴리이미드는 접거나 휘어지는 디스플레이를 만들 때 사용되며, 포토레지스트는 반도체 기판 제작 때 감광제로 쓰이고, 에칭가스는 반도체 세정 과정에 이용된다. 셋 모두 반도체나 디스플레이를 만들 때 반드시 필요한 물질이다. 또 일본 기업의 세계시장 점유율이 70~90퍼센트나 되는 품목이다.

아무리 생각해도 이상하다. 무역 분쟁이 벌어질 때의 기본적인 태도는 "우리는 너희 나라가 한 짓에 기분이 상했으니 너희가 파는 물건은 안 산다!"라는 것이다. 다음 장에 살펴볼 미국과 중국의 무역 분쟁도 마찬가지다. 상대국 제품에 피차 고액의 관세를 물려 "너희 나라 제품은 안 산다!"라며 으름장을 놓는 것이 무역 분쟁의 기본이다.

그런데 일본은 "한국이 마음에 들지 않으니 물건을 팔지 않겠다."라고 나섰다. 한국 물건을 안 사겠다는 것이 아니고 일본 물건을 안 팔겠다니? 참으로 희한한 경제제재다. 아마 일본은 앞에서 살펴본 센카쿠 열도 분쟁 때 중국이 희토류 수출 중단 카드를 꺼내 든 전례를 참고한 듯하다. 하지만 중국은 당시 분쟁으로 희토류 시장의 절대 강자 자리에서 내려왔다. 일본도 중국을 따라 헛발질 대열에 합류했다.

선진국의 강점인 자유무역을 걷어찬 일본

자유무역이 선진국에 유리한 이유는 자유무역 체제 아래에서는 후진국이 선진국의 산업구조를 따라잡을 수 없기 때문이다. 동남아시아와 아프리카의 많은 국가가 산업화를 이루지 못한 이유는 선진국의 싸고 품질 좋은 제품이 자유무역을 통해 거의 무제한으로 후진국 시장을 휩쓸었기 때문이다.

일본은 소재 산업에서 세계 최강대국이다. 소재란 부품과 기계를 만들 때 사용하는 세라믹이나 금속, 고분자물질 같은 재료를 말한다. 이 분야에서 일본은 그야말로 '넘사벽'이었다. 우리나라도 소재 산업에서 일본을 따라잡기 위해 오랫동안 노력했지만, 번번이 고배를 마셨다. 소재 산업은 정형화된 설계와 제조로 따라잡을 수 있는 분야가 아니라, 장인 정신이 깃든 섬세한 예술에 가깝기 때문이다. 일본은 특유의 꼼꼼함으로 이 분야에서 수십 년째 절대 강자로 군림해 왔다.

한국이 일본의 소재를 따라잡지 못한 중요한 이유 가운데 하나가 자유무역이다. 우리가 아무리 열심히 소재를 개발해도 일본 제품에 비해 품질이 떨어졌다. 일본은 자유무역을 통해 한국의 소재 시장에 자유롭게 드나들었다. 한국 기업들이 버텨 낼 재간이 없었다.

그래서 우리나라는 지금도 LCD(액정디스플레이) 완제품 하나를 만들면 매출의 40퍼센트를 일본에 갖다 바친다. 대부분의 소재와 부품을 일본에서 수입하기 때문이다. 우리가 일본보다 반도체나 휴대폰도 더 잘 만들고, 자동차도 거의 따라잡았으며, 한류 열풍으로 문화 콘텐츠 수출도 훨씬 많이 한다. 그래도 매년 일본과의 무역에서 엄청난 적자를 본다. 그 이유가 바로 부품과 소재 분야에서 일본이 압도적 우위를 점했기 때문이다.

그렇다면 한국이 소재 국산화의 꿈을 꾸지 않는 나라일까? 천만의 말씀이다. 수십 년 동안 우리나라는 일본 소재를 따라잡는 꿈을 꿨다. 넘사벽 수준의 일본 제품이 자유롭게 한국 시장을 휩쓴 탓에 하고 싶어도 못 했을 뿐이다. 그런데 일본이 스스로 '한국에 소재를 팔지 않겠다'고 나섰다. 특정 산업을 개발하려면 보호무역이 필수인데, 일본이 먼저 한국의 보호무역을 돕겠다고 나선 꼴이다. 한국이 소재 분야에서 탈일본과 국산화의 꿈을 이룰 절호의 기회를 잡은 셈이다.

게다가 일본 정부의 수출 규제는 일본 소재 산업의 기반을 무너뜨릴지도 모른다. 일본 기업이 만드는 소재의 최대 고객이 한국 기업이기 때문이다. 2019년 당시 메모리 반도체의 경우 세계시장의 58.4퍼센트가 우리나라에서 생산되었다. 이런 거대 고객에게 물건을 안 팔면 소재 만드는 일본 기업들은 그 제품을 어디에 팔 것인가? 일본 정부의 정책

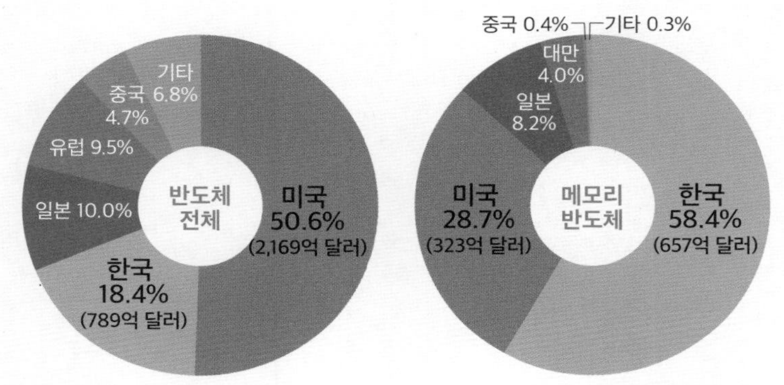

2019년 국가별 반도체 시장 점유율
세계 반도체 시장은 대략 메모리 30퍼센트, 비메모리 70퍼센트의 비중으로 나뉘며 우리나라는 메모리 시장의 강자다.

은 아둔한 자책골이었다. 실제로 일본의 수출 규제 이후 한국 기업들은 다양한 방법으로 탈일본화 성과를 냈다. 한국 정부도 적극적인 산업 정책을 통해 소재 산업의 국산화라는 대장정의 첫발을 내디뎠다.

일본《아사히신문》은 2020년 1월 21일 자 보도에서 "한국이 소재나 부품, 제조 장치 부문의 일본 의존에서 벗어나는 데 성과를 내기 시작하고 있다."라며 "일본은 수출 규제로 반도체라는 한국의 가장 아픈 곳을 찌르고, 긁어 부스럼을 만들었다."라는 한국 정부 관계자의 말을 통해 자국의 어리석은 정책을 비판했다.

앞에서 살펴본 것처럼 갑질은 반드시 대가를 치른다. 대국병에 빠진 일본의 무역 분쟁은《아사히신문》이 전한 표현대로 '긁어 부스럼을 만든' 아둔한 짓이었다.

2018년 도널드 트럼프 미국 대통령의 철강·알루미늄 규제 조치 명령서 서명

2018

◇ 할리데이비슨의 탈미국
◇ 미국의 대중국 무역 적자
◇ 보복관세

Chapter 22

미중 무역 분쟁

트럼프, 세계 무역 질서를 박살 내다

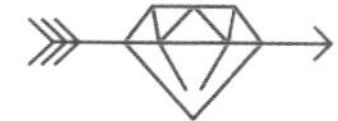

미국을 상징하는 바이크의 탈미국

2018년 6월, 미국 바이크(오토바이) 제조업체인 할리데이비슨(Harley-Davidson)이 미국 내 일부 공장을 해외로 이전하겠다는 충격적인 소식을 발표했다. 유럽 수출용 바이크 생산 공장을 미국 아닌 다른 나라로 옮기겠다는 것이다. 그 당시는 도널드 트럼프 대통령이 앞장서서 "외국 기업들은 미국에 물건을 팔고 싶으면 미국 안에 공장을 지어라!" 라고 전 세계에 으름장을 놓은 시절이었다.

트럼프는 2016년에 열린 대통령 선거에서 미국 노동자들에게 "내가 당신들의 일자리를 만들어 주겠다."라고 공약해 돌풍을 일으키며 대통령직에 오른 인물이다. 이를 위해 그는 인건비가 싼 중국이나 동남아시아 등지에서 물건을 만들던 미국 기업들에 "당장 공장을 미국 안으로 옮겨라."라고 위협을 일삼았다. 그런데 정작 미국에 공장이 있던 할리데이비슨이 몇몇 생산 공장을 해외로 옮기겠다고 나선 것이다. 공장을 유치해도 모자랄 판에 잘 운영되던 공장을 잃게 된 트럼프는 뒤통수를 맞고 말았다.

이 사건이 충격적인 이유는 할리데이비슨이 가장 미국적인 기업 가운데 하나이기 때문이다. 할리데이비슨은 가볍고 세련된 디자인을 자랑하는 일본 혼다(Honda)의 바이크와 달리, 한눈에 보기에도 웅장하고 마초적인 바이크를 만든다. 덩치 큰 남자들이 가죽 재킷을 입고 즐겨 타는 바이크가 바로 할리데이비슨이다. 이것이 할리데이비슨에 '뚱뚱한 백인 남자의 장난감'이라는 별칭이 붙은 이유다.

그런 미국적인 기업이 트럼프의 반대를 뚫으면서까지 미국 공장을 해외로 옮긴 이유는 무엇일까? 바로 관세 탓이다. 13장 「스무트-홀리 관세법」 편에서도 살펴봤지만, 각 나라는 외국 상품이 자기 나라의 국경을 넘어올 때 관세를 부과한다. 그런데 외국산 물건이 미국에서 불티나게 잘 팔리는 모습이 너무나 꼴 보기 싫던 트럼프는 관세를 어마어마하게 높였다. 문제는 공격당한 상대국이 가만있지 않고 미국으로부터 수입하는 상품에 똑같이 보복관세를 매긴다는 점에 있다.

2018년 당시 미국은 유럽연합(EU)이 미국에 수출하는 철강과 알루미늄에 각각 25퍼센트와 10퍼센트의 높은 관세를 물렸다. 이에 맞선 EU는 미국에서 생산하는 철강과 농산물은 물론이고 할리데이비슨 바이크, 버번위스키 등 미국의 '상징적 브랜드'에 25퍼센트의 보복관세를 부과했다.

할리데이비슨은 원래 EU에 수출할 때 6퍼센트의 관세를 부담해 왔지만, 미국의 조치에 따라 관세가 31퍼센트로 급격히 높아졌다. 오토바이를 한 대를 유럽에 수출할 때마다 2,200달러(약 270만 원)의 추가 비용이 발생하는 셈이다. 할리데이비슨은 이를 견딜 수 없었다. 할리데이비슨이 가장 미국적인 바이크이긴 해도, 유럽에서 판매되는 바이크의 양도 어마어마했기 때문이다. 2017년만 해도 유럽에서 4만여 대의 바

미국 미시간주의 철강 공장
미국은 자국의 철강 산업을 보호하기 위해 2018년 수입 철강과 알루미늄 제품에 각각 25퍼센트와 10퍼센트의 높은 관세를 물렸다.

이크를 팔았는데, 이는 연간 매출의 16퍼센트에 달했다. 결국 유럽 시장을 지키기 위해 할리데이비슨이 선택한 길은 탈미국이었다.

트럼프는 할리데이비슨을 향해 "미국 밖으로 나가면 전에 경험하지 못한 세금을 안겨 주겠다."라고 신경질을 냈지만, 버스는 이미 떠난 뒤였다. 노동자의 일자리를 지키기 위해 관세 공격에 나섰던 그는 되레 미국을 상징하는 소중한 공장 여러 개를 잃고 말았다.

미국, 중국과 관세전쟁에 나서다

앞에서도 몇 차례 언급했지만, 경제적으로 자유무역은 선진국에 유리하고 후진국에 불리하다. 19세기 초 프랑스의 나폴레옹 1세가 대륙봉쇄령으로 영국이 주도하던 자유무역에 반대한 이유도, 경제적으로 영국이 선진국이었고 프랑스가 후진국이었기 때문이다.

그런데 '미중 무역 분쟁'은 이런 상식을 뛰어넘는다. 아편전쟁 무렵 중국과 영국의 면직물 무역에서도 그랬듯이 중국의 거대한 인구는 무역학의 상식을 종종 뒤엎어 버린다. 미국은 경제 규모 면에서 세계 1위, 중국은 그 뒤를 잇는 2위다. 둘만 비교하자면 미국이 선진국, 중국이 후진국이다. 하지만 미중 무역 분쟁을 먼저 시작한 나라는 선진국 미국이었다. 대통령 후보 시절부터 중국에 대한 강력한 무역 제재를 공약으로 내건 트럼프는 2018년 4월 "미국으로 수입되는 중국 물품 500억 달러 상당의 1,333개 항목에 25퍼센트의 추가 관세를 부과하겠다."라고 선언하며 포문을 열었다.

이 말은 중국 핵심 수출품들의 수출 비용이 하루아침에 일제히 25퍼센트나 뛴다는 사실을 의미한다. 결국 이는 최종 시장가격의 상승으로 이어진다. 관세가 오른 폭만큼 그대로 소비자에게 전가하는 경우도 많다. 어제까지 1만 원 하던 제품이 오늘 1만 2,500원이 되면 누가 그걸 살까? 한마디로 트럼프는 중국의 미국 수출을 고사시키겠다고 나선 것이다. 당연히 중국도 가만있지 않았다. 중국은 미국이 중국으로 수출하는 물품(500억 달러 규모의 659개 품목)에 즉각 똑같은 금액의 보복 관세를 부과했다.

그런데 여기서 주의할 점이 있다. 국제무역 시장에서는 "눈에는 눈, 이에는 이" 원칙이 적용된다는 사실이다. 상대가 관세를 100원 부과하면 우리도 꼭 그 금액만큼 관세를 부과하는 것이 무역 시장의 불문율이자 규칙이다.

미국의 압도적인 우위

"어라, 그러면 미국이 득을 보는 게 없잖아요?"라는 질문이 나오는 것은 당연하다. 미국이 관세를 높이는 순간, 중국도 똑같은 규모로 관세를 높일 것이기 때문이다. 그래서 단순히 보면 미국은 이 전쟁에서 얻을 것이 별로 없어 보인다.

하지만 트럼프에게는 비장의 카드가 남아 있었다. 그것은 바로 미국이 중국과의 무역에서 지독한 적자를 보고 있었다는 점이다. 무역에서 적자는 당연히 나쁘다. 하지만 무역 분쟁에 돌입했을 때 적자는 되레 강력한 무기가 된다.

그 당시 미국은 중국으로부터 매년 무려 5,051억 달러어치 물품을 수입한 반면, 중국으로 향한 수출은 고작 1,300억 달러에 그쳤다(2017년 기준). 미국의 무역 적자 대부분은 중국과의 무역에서 나왔을 정도로, 미국의 대(對)중국 무역 적자는 심각했다.

그렇다면 이 적자가 왜 미국의 무기가 됐을까? 생각해 보자. 먼저 미국이 4월에 500억 달러짜리 관세 폭탄 카드를 질렀다. 미국은 이를 340억 달러, 160억 달러 둘로 나누어 시행했다. 그리고 "눈에는 눈, 이에는 이" 규칙에 따라 중국도 500억 달러짜리 보복관세 카드로 맞불을 놓았다. 중국도 미국과 마찬가지로 340억 달러, 160억 달러로 나누어 보복관세를 시행했다.

문제는 여기서부터다. 그해 7월 미국은 2,000억 달러짜리 재보복관세 부과 계획을 발표한다. 반면에 중국은 미국에 상응하는 규모의 재재보복관세 카드를 쓰지 못한다. 중국이 미국으로부터 수입하는 물품 규

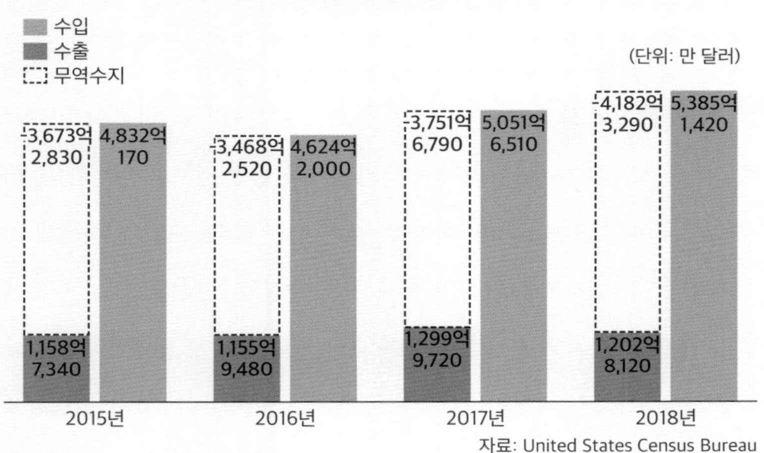

모가 다 해 봐야 1,300억 달러밖에 안 되기 때문이다. 벌써 한 번의 보복관세로 500억 달러를 소모한 탓에 남은 부과 대상은 800억 달러밖에 없다. 이것으로는 "눈에는 눈, 이에는 이" 전략을 사용할 수 없다. 그해 8월 중국은 남은 800억 달러 중 200억 달러를 '총알'로 남겨 두고, 600억 달러의 미국 수입품에 대해 재재보복관세를 부과한다. 하지만 미국은 총 2,500억 달러어치의 중국산 제품에 관세를 물린 뒤에도 여전히 보복관세를 부과할 2,500억 달러에 가까운 중국 수입품이 남아 있다. 미국은 남은 총알로 중국을 협박하기까지 한다. 중국이 끝까지 양보하지 않을 경우, 추가 관세를 남은 중국 수입품 모두로 확대하겠다고 선언한 것이다.

결국 "눈에는 눈, 이에는 이" 룰이 적용되는 한 중국은 이 싸움에서 절대 미국을 이길 수 없다. 트럼프도 이 사실을 알고 싸움을 벌인 것이다. 그는 평생을 비즈니스맨으로 산 사람이다. 돌아이(!)일 수는 있어도 바보는 아니라는 뜻이다.

이런 이유로 중국은 2020년 트럼프가 대선에서 낙마하기를 간곡히 바랐을지도 모른다. 그리고 중국의 소망처럼 트럼프는 낙선했다. 하지만 미국의 강공 모드가 크게 바뀔 것 같지는 않다. 2021년 새롭게 미국 대통령에 오른 조 바이든의 경제 부처 수장인 재닛 옐런Janet Yellen 재무 장관 역시 중국의 불법적 행동에 대해 강경하게 대응하겠다는 태도를 고수하고 있기 때문이다. 이 때문에 미국에서는 "바이든은 트럼프가 저질렀던 모든 일을 다 바꿀 것이다. 단, 중국에 대한 태도만 빼고!"라는 말이 나온다.

왜 분쟁을 시작했고, 분쟁이 계속되나

한 가지 더 점검해야 할 것이 있다. 승기를 잡은 미국은 무역 전쟁으로 막대한 이익을 얻었을까? 그렇지 않다는 것이 문제다. 실제로 미국은 무역 분쟁 과정에서 심각한 내상을 입었다. 서민들이 큰 손해를 입은 것이다.

미국은 빈부 격차가 심한 나라다. 생활비가 부족한 서민들에게 가격이 싼 중국 수입품은 필수다. 그런데 관세로 이 제품들의 가격이 확 뛰니 서민들이 생활고에 빠져 버렸다.

중국의 보복관세로 미국 농민들도 시름에 빠졌다. 중국은 트럼프에

2018년 중국 산둥성 칭다오항에 컨테이너선이 정박해 있는 모습

당시 중국 정부는 미국의 관세 인상 위협을 "도저히 받아들일 수 없다"고 비판하며 보복에 나서겠다고 밝히는 한편, 미국산 수입품에 대한 통관을 강화하는 방식으로 '비관세 대응'을 했다.

게 타격을 주기 위해 미국에서 수입하는 콩에 보복관세를 물렸다. 콩을 기르는 백인 농민 대부분이 트럼프의 열렬한 지지자였는데, 중국이 그들에게 크게 한 방 날린 셈이다.

미국 기업들의 반대도 적지 않았다. 트럼프는 중국뿐 아니라, 우리나라와 EU 등 거의 전 세계 국가를 상대로 보호무역의 칼을 휘둘렀다. 그런데 앞에서도 지적했듯이 특별한 경우를 제외하면 자유무역은 선진국에 유리하다. 보호무역은 트럼프 스스로 그 유리함을 걷어찬 꼴이어서 미국 기업들이 이를 좋아할 리가 없었다.

실제로 그가 한미 자유무역협정(FTA, Free Trade Agreement)을 개정하겠다고 나섰을 때 미국 주요 기업을 대표하는 상공회의소나 친기업

로비 단체인 비즈니스라운드테이블 등이 격렬히 반대했다. 트럼프 이전의 미국 대통령들이 중국과 무역 분쟁을 시작하지 않은 까닭도 마찬가지다. 중국과의 싸움에서 이길 수는 있어도, 그로 인해 입는 손실도 만만치 않은 탓이다.

그렇다면 트럼프는 왜 득실조차 불분명한 이 싸움을 시작했을까? 여러 해석이 있겠지만, 중요한 이유는 그가 무역 분쟁으로 정치적 이익을 얻을 수 있었기 때문이다. "무역 분쟁으로 입는 손실이 얼마다."라고 아무리 이성적으로 이야기해도 사람들은 이 말뜻을 금방 이해하지 못한다. 반면에 트럼프가 나서서 "내가 중국을 두들겨 팰 거야. 위대한 미국을 재건할 거야! 어때, 나 멋있지?"라고 선동하는 모습은 국민 마음에 확 와 닿는다. 그게 단순하고 멋있어 보이기 때문이다. 실제로 그는 정치적 위기를 맞을 때마다 무역 분쟁을 강화하며 국민의 시선을 외부의 적으로 돌리는 기술을 사용했다.

외부의 적을 만들어라!

심리학의 고전적 이론 중 현실갈등이론(realistic conflict theory)이라는 것이 있다. 미국의 심리학자 무자퍼 셰리프Muzafer Sherif가 정립한 이론이다. 셰리프는 1954년 오클라호마의 주립공원 안에 있는 로버스 동굴 근처 야영장에서 평범한 열한 살짜리 아이 스물두 명을 대상으로 실험을 실시했다. 실험 참가자들은 열한 명씩 두 팀으로 나뉘어 "평범한 여름 캠프에 참여한다."라고 안내받았다. 두 팀이 워낙 멀찍이 떨어져 있어서 이들은 상대 팀이 존재하는지조차 몰랐다.

연구 팀은 첫 주 동안 하이킹을 하거나, 수영을 하거나, 레크리에이션을 하는 등 팀원들의 단합을 도모하는 과제를 냈다. 이 과정을 통해 열한 명의 팀원들은 소속감을 키웠다.

둘째 주에 들어서자 연구 팀은 아이들에게 비로소 상대 팀의 존재를 서로에게 알렸다. 그리고 이때부터 실험 팀은 두 팀의 경쟁을 유발하는 과제를 냈다. 승자에게는 그럴싸한 보장이 주어졌다.

첫 주에 자기 팀에 대한 애정을 키웠던 아이들은 둘째 주부터 예상보다 훨씬 더 강하게 상대를 미워하기 시작했다. 경쟁이 시작되자 두 팀은 같은 장소에서 식사를 함께 하는 것부터 거부했고, 상대 팀 캠프에 낙서를 하거나 상대방 깃발을 찢어 버리는 등 적대감을 드러냈다. 밤에 서로의 캠프를 급습하거나 직접 상대 팀 신체에 위해를 가하는 등 폭력 사태가 벌어지기도 했다. 두 팀의 갈등이 얼마나 심했던지 실험 팀이 "살해의 위협까지 있었다"고 우려했을 정도였다.

반면, 각 팀의 결속력은 첫 주와 비교할 수 없을 만큼 강해졌다. 팀별로 규율이 생겼고, 구성원들은 상대를 이기겠다는 목적 아래 그 규율에 철저히 복종했다. 조직 리더에 대한 충성심도 강해졌다. 실험 팀은 셋째 주에 두 팀을 한 팀으로 합쳤다. 과연 아이들은 갈등을 봉합하고 하나의 팀으로 거듭날 수 있었을까?

아이들은 더 이상 경쟁 상대가 아님에도 불구하고 서로에 대한 적대감을 거두지 않았다. 고작 1주 동안 경쟁했을 뿐이었는데 이들의 갈등은 봉합이 거의 불가능할 수준으로 커져 있었다.

연구 팀은 마지막 실험에 돌입했다. 섞여 있는 두 팀이 협력하지 않고는 절대 해결할 수 없는 어려운 과제를 던져 준 것이다. 예를 들면 "공원 관리인이 수로를 끊어 버렸다. 이 문제를 해결하라." 하는 식이었다. 끊어진 수로는 두 팀이 협력하지 않으면 절대로 복구할 수 없는 것이었다. 서로를 미워하던 아이들에게 공원 관리인이라는 더 거대한 적이 등장한 것이다. 이 단계에서야 비로소 두 팀의 협력이 복원됐다. 힘을 합치지 않으면 이길 수 없는 외부의 적을 만났을 때 아이들은 내부의 갈등을 접고 마음을 터놓았다.

이 실험은 몇 가지 중요한 교훈을 남긴다.

첫째, 한번 형성된 갈등은 쉽게 해소되지 않는다. 사실 아이들에게는 서로를 미워할 이유가 하나도 없었다. 평소 알고 지내던 사이도 아니었다. 하지만 팀이 나뉘고 한번 서로를 미워하기 시작하니, 어지간해서는 이 미움이 가라앉지 않았다.

둘째, 아무리 심한 갈등이라도 외부에서 더 큰 적이 등장하면 해소된다. 이게 중요하다. 서로를 죽일 듯이 미워하다가도 외부의 거대한 적이 등장하면 그 적과 맞서기 위해 서로의 마음을 터놓는다. 한때 그렇게 미워했건만, 공원 관리인이라는 외부의 적이 등장하면서 이들의 갈등이 해소된 것이 그 예다.

앞 장에서 살펴본 일본의 무역 분쟁이나 미중 무역 분쟁 모두 아베 신조安倍晋三 총리(일본 제90·96~98대 내각총리대신,재임 2006~2007·2012~2020)와 트럼프라는 두 정치 지도자가 부추긴 정치적 기술에 가깝다. 자국 내에서 자신의 인기를 끌어올리기 위해 외부의 적을 동원한 것이다.

원래 정치인에게는 자신을 지지하는 이들 뿐 아니라 자기를 미워하는 적들도 부지기수로 많은 법이다. 그리고 한번 형성된 이 갈등은 웬만해서는 줄어들지 않는다. 하지만 이때 외부의 거대한 적을 등장시킨다면? 국민들은 정치적 갈등을 접고 외부의 적에 맞서기 위해 비로소 단합한다. 아베와 트럼프가 일으켰던 무역 분쟁은 일본과 미국 모두에 큰 손실을 안겼지만 이들은 그런 손실에 아랑곳하지 않았다. 그게 그들의 지지도를 높여 주었기 때문이다. 심지어 분쟁을 주도하던 아베는 일본에서 가장 오랫동안 총리 자리를 지키기도 했다.

결국 트럼프는 전 세계적으로 구축된 자유무역 질서를 자신의 정치적 이익을 위해 박살 낸 셈이다. 그래서 국민에게는 자신의 인기를 위해 어떤 짓이건 하는 지도자보다, 상황을 종합적이고 냉정하게 판단할 현명한 지도자가 필요하다. 하지만 트럼프나 아베 두 사람 모두 후자보다는 전자에 가까운 인물이었다.

2020년 코로나19 초기, 독일의 거리

2020

◇ 미국 「국방물자생산법」
◇ 공유지의 비극

Chapter 23

코로나19 경제 분쟁

해적질 논란까지 등장한 마스크 쟁탈전

시장이 모든 것을 해결할 수 있을까

"모든 것을 시장에 맡기자. 정부는 제발 시장에 개입하지 말라."

애덤 스미스 이래 주류 경제학을 형성한 시장주의자들이 250년 가까이 고수한 한결같은 주장이다. 그리고 이런 주장이 주류가 된 이유는, 많은 자본주의 국가들이 대체로 이 주장을 국가 운영의 기본 원리로 채택했기 때문이었다. 이 주장에 따르면 정부는 최소한의 역할만 담당해야 한다. 따라서 정부는 세금을 많이 걷어서는 안 된다. 복지 정책도 함부로 펼쳐서는 안 된다. 모든 것은 다 시장이 알아서 해 줄 것이기 때문이다.

특히 이런 주장을 적극적으로 개진하는 자들이 자본가들이었다. 그래서 정부가 기업에 세금을 걷으려 할 때마다 자본가들은 시장의 우수함을 설파하며 이에 맞섰다. 정부가 최저임금 같은 제도로 노동자를 보호하려 해도 자본가들은 '최저임금제는 시장 질서를 어지럽힌다'는 이유로 극렬히 반대했다.

그런데 이 책 1부에도 등장하는 야니스 바루파키스 전 그리스 재무장관은 이런 자본가들의 주장을 신랄하게 비웃는다. 바루파키스의 주장을 잠시 들어 보자. 다음은 그가 자신의 저서 『작은 자본론』(Talking to My Daughter about the Economy, 2017)에서 펼친 주장의 요지다.

> 국가권력 없이 개인의 이윤과 시장경제는 전혀 가능하지 않았다. 국가는 운하를 건설하고 실업자들을 구제했다. 병원을 짓고 보건 계획을 세워 전염병을 퇴치했다. 자본가들에게 양질의 노동자를 공급하기 위해 미래의 노동자들에게 읽기와 쓰기를 가르치는 학교도 세웠다. 국가는 시장경제를 안정화시켰다.
> 그렇게 부(富)는 노동자, 발명가, 국가공무원과 기업가에 의해 함께 생산되었지만, 그 부는 가장 힘 있는 개인들의 손에 집중되었다. 그런데 그들은 국가가 세금을 통해 자신들의 부를 빼앗아 간다고 국가를 원망한다.
> 강자들은 국가를 비난하지만, 간이나 콩팥이 필요한 것처럼 강자들에게는 국가가 반드시 필요했다. 힘 있는 개인들은 국가를 악마라고 비난하면서도 더욱더 국가에 매달린다. 그러면서도 국가를 위해서는 아무것도 내놓지 않으려 한다.

이게 무슨 말일까? 시장의 전지전능함을 맹신하고 정부의 기능을 악마화한 기업들의 역사를 자세히 살펴보면, 사실 이들이야말로 국가로부터 가장 강력하게 보호를 받았던 자들이라는 뜻이다.

생각해 보자. 월스트리트의 탐욕으로 2008년 세계 금융 위기가 벌어졌을 때, 미국 정부가 수조 원에 이르는 구제금융과 수경 원에 이르는 달러를 퍼붓지 않았다면 장담컨대 그들은 모조리 망했다. 미국 정부가 막대한 세금을 쏟아부어 구제해 줬기에 그들이 지금 살아 있는 것이다.

미국이 자랑하는 군수 기업들? 미국 정부가 때때로 전쟁을 일으켜 주지 않았다면 그들 또한 절대 지금 같은 거대 세력이 될 수 없었다. 실제로 미국 군산복합체는 정부를 부추겨 전쟁을 일으키기까지 했다(11장에서도 언급했듯이 베트남전쟁이 그런 전쟁이었다). 이토록 정부로부터 막대한 혜택을 받은 자들이 정작 세금을 내라고 하면 "시장에 모든 것을 맡기고 정부는 아무 일도 하지 말라"고 말하는 게 가증스럽지 않은가?

우리나라도 마찬가지다. 만약 1970년대 당시 정부의 비호가 없었다면 현대자동차가 만든 포니가 시장에서 성공할 수 있었을까? 난생처음 만들어 본 그 평범한 성능의 차가 미국과 독일, 일본의 자동차 회사들과 시장에서 공정하게 경쟁했다면 어떤 일이 벌어졌겠나? 문어발 확장을 고집하다가 1997년 외환 위기를 맞았을 때, 구제금융에 들어간 돈은 또 누가 댄 건가? 이것 역시 전부 국민의 세금이었다. 만약 이때 정부가 구제금융으로 그들을 지원하지 않았다면 숱한 기업들이 그대로 망했을 것이다.

그런데 죽어 가던 기업을 공적 자금으로 살려 놓으면 그건 자기들이 당연히 누려야 하는 혜택처럼 생각하면서, 국가가 다양한 복지 정책 등을 통해 가난한 국민들을 좀 살려 보려고 하면 그들은 "왜 자꾸 정부가 세금을 걷어 시장에 개입하나?"라며 반발을 한다. 아무리 생각해도 이건 염치가 많이 없는 짓이다.

마스크가 촉발시킨 시장경제 논쟁

신종 코로나바이러스 감염증(코로나19)이 발발한 2020년 초반, 우리나라를 비롯해 전 세계적으로 마스크 품귀 사태가 빚어졌다. 그런데 이 사태야말로 '시장이 모든 것을 해결해 준다'는 주류 경제학의 논리가 산산조각이 난 사건이었다.

우리나라는 사태 초기 부족한 마스크의 적절한 분배를 위해 마스크 5부제를 실시했다. 정부가 요일마다 마스크를 살 수 있는 사람을 정하고, 그 사람들도 일정량 이상 사지 못하도록 통제한 것이다. 이러다 보니 약국 앞에서는 마스크를 사기 위해 사람들이 길게 줄을 선 장면이 심심찮게 발견됐다.

그런데 이 시기 일부 시장주의자들이 "마스크 5부제는 사회주의 경제정책"이라며 비판에 나섰다. "마스크가 부족하면 자연스럽게 시장의 가격 조절에 의해 마스크 공급이 늘어날 터인데 정부가 왜 시장에 개입하냐"는 게 이들의 주장이었다. 특히 모 대학 경제학과 교수는 "부족한 마스크는 국제 무역 시장에서 수입을 하면 해결이 된다"는 현실 모르는 주장을 펼쳐 빈축을 사기도 했다. 그게 어디 될 일인가? 마스크가 우리나라에서만 부족했던 것도 아닌데?

코로나19 사태를 맞아 시장은 그 기능을 전혀 발휘하지 못했다. 마스크에 대한 수요가 늘어나면 가격이 높아져 공급이 늘고, 그에 따라 자연히 다시 가격이 내려 안정이 돼야 한다. 이게 시장의 기능이다.

하지만 마스크 수요가 갑자기 너무 폭증하는 바람에 공급이 수요를 전혀 따라잡지 못했다. 시장이 효율적으로 작동하지 않는다는 사실을 확인하자 몇몇 이들이 마스크 사재기를 통해 폭리를 노리기 시작했다. 시장의 기능은 더 무너져 내렸다.

자유무역주의자들이 자랑하는 무역 시장의 효율성도 웃기는 이야기가 돼 버렸다. 한 나라에서 부족한 물품이 생기더라도 자유무역을 통해 얼마든지 다른 나라에서 물품을 수입해 효율적으로 경제를 운영할 수 있다는 게 이들의 오랜 주장이었다. 하지만 마스크 부족은 한 나라에서만 발발한 사태가 아니었다. 전 세계가 동시에 마스크가 태부족한 상태에 빠졌는데, 무역 시장 아니라 무역 시장 할아버지가 와도 이 문제를 해결할 도리가 없었던 것이다.

결국 마스크 부족 사태는 초유의 국제적 분쟁으로까지 번지고 말았다. 쌀이나 밀 같은 생존에 필수적인 곡물도 아니고, 반도체나 디스플레이 같은 첨단 제품도 아닌, 고작 마스크 따위(!)가 전 세계를 혼란의 도가니로 몰아넣은 것이다.

사태의 발단은 코로나19 유행 초기이던 2020년 4월, 미국 정부가 「국방물자생산법」(DPA, Defense Production Act)이라는 것을 발동해 마스크를 생산하던 3M 측에 "중국 현지에서 생산한 마스크를 모두 미국으로 가져오라"고 명령한 것에서 시작됐다.

DPA는 6·25 전쟁 때인 1950년 만들어진 법으로, 전쟁 같은 비상 상황이 벌어졌을 때 미국 정부가 기업들의 생산품을 통제하는 일종의 전쟁 동원령이다. 이 법이 발동되면 기업은 자신의 생산품을 정부가 원하는 곳에 가장 먼저 조달해야 한다. 당연한 말이지만 이런 전쟁 동원령은 시장 규칙에 매우 어긋나는 일이다. 기업이 물건을 제값 받고 팔 수 있는 곳에 팔아야 시장경제지, 정부가 "여기에 팔아. 저기에는 팔지

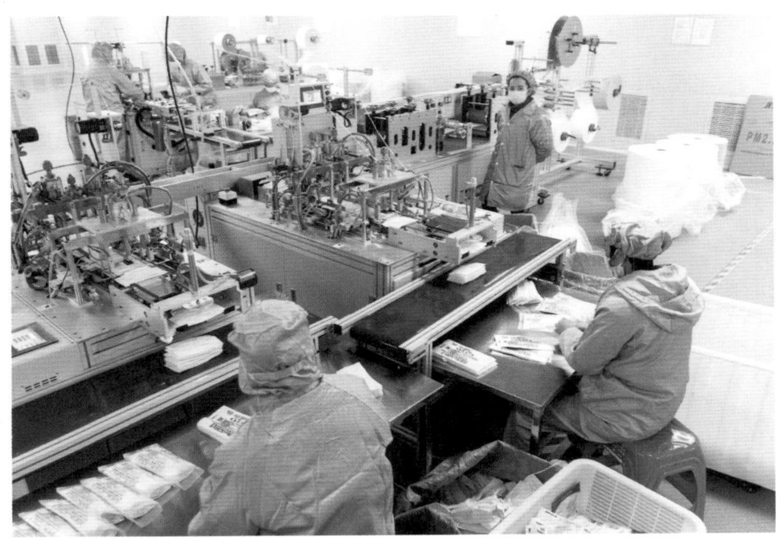

중국의 마스크 공장
2020년 마스크 품귀 현상이 빚어지자 이 공장은 24시간 작업 체제를 가동해 생산량을 하루 20만 개로 늘렸다.

말고!"라고 명령하는 게 시장경제일 수는 없는 노릇이기 때문이다. 그런데 마스크가 부족해진 미국이 당시를 전시에 준하는 상황으로 보고 이 법을 동원해 시장 질서를 먼저 허물어뜨린 것이다.

게다가 미국은 DPA를 이용해 3M에 "아시아 및 캐나다와 중남미에 마스크 및 인공호흡기 공급을 중단하라"고까지 요구했다. 그런데 이것은 3M에 실로 치명적인 요구였다. 왜냐하면 3M이 비록 미국에 기반을 두긴 했어도 본질은 엄연히 다국적 거대 기업(multinational conglomerate)이기 때문이다. 세계 곳곳에 생산 시설을 두고 전 세계에 물건을 판매하는 3M에 다른 나라와의 관계를 모두 끊으라고 명령하는 것은 사업을 포기하라는 이야기와 마찬가지였다.

당연히 3M은 "이런 식이면 상대 나라가 보복에 나설 것이고 3M은 물론 미국도 큰 피해를 입게 될 것이다"며 반발했지만 미국 정부는 끄떡도 하지 않았다. 미국의 조치에 가장 큰 충격을 받은 나라는 캐나다였다.

캐나다는 북미자유무역협정(NAFTA, North American Free Trade Agreement)의 일원으로 나름 미국과 친밀한 나라 중 하나였다. 실제 캐나다와 미국은 주요 스포츠 리그를 공유할 정도로 국민들끼리도 정서적으로 가깝다. 프로야구 리그 MLB 팀 중 류현진 선수가 소속된 토론토 블루제이스가 캐나다 소속이고, 프로농구 리그 NBA에도 캐나다 팀 토론토 랩터스가 참여하고 있다. 아이스하키 리그인 NHL에는 오타와 세너터스, 카나디앵 드몽레알(몬트리올 커네이디언스), 밴쿠버 캐넉스 등 무려 일곱 개 캐나다 팀이 리그에서 경쟁 중이다.

그런데 미국이 마스크와 의료 장비의 캐나다 수출을 금지해 버린 것이다. 미국의 조치 발표 이후 더그 포드Doug Ford 캐나다 온타리오주 주총리가 즉각 로버트 라이트하이저Robert Lighthizer 미국무역대표부(USTR, United States Trade Representative) 대표에게 "지금은 그 어느 때보다 각 나라가 코로나19와 싸우기 위해 협력하는 것이 필요하다"고 호소했지만 미국은 또 이를 가볍게 무시했다. 결국 쥐스탱 트뤼도Justin Trudeau 캐나다 총리(캐나다 제23대 총리, 재임 2015~)까지 나서서 "미국이 실수하고 있다"며 열을 올리는 사태까지 벌어졌다.

그런데 이게 진짜 웃긴 일인 것이, 미국은 자국의 의료인을 먼저 보호해야 한다는 명목으로 이런 짓을 저질렀다. 그런데 당시 캐나다 온타리오주에서 미국 미시간주 디트로이트의 병원으로 매일 출퇴근하는 간호사가 무려 1,600여 명이나 됐다. 당시 미국에는 코로나19 감염자가 폭발적으로 증가하고 있었고, 감염병 확산에 맞설 전문 의료 인력이 턱없이 부족했다. 이 때문에 매일 국경을 넘나드는 캐나다 의료진이 절실히 필요했던 상황이었다. 그런데 미국은 '캐나다 의료진이 필요한 것은 필요한 것이고, 마스크는 내줄 수 없다'는 태도를 고수한 것이다.

급기야 마스크 부족 사태는 국가 간 해적질 논란으로까지 확대됐다. 물론 지금도 실제 해적이라는 게 존재한다. 그런데 이때 벌어진 논란은 아프리카 소말리아 인근에서 벌어진 전통적(!) 해적질이 아니라 미국 정부가 개입된 블록버스터급 해적질이었다.

2020년 4월, 독일 베를린시 당국은 3M에 경찰들이 사용할 마스크 20만 장을 주문했다. 3M은 이 마스크를 중국 공장에서 생산한 뒤 이를 베를린으로 배송했다. 그런데 미국 정부가 운송 중간 기착지였던 태국 방콕 공항에서 이 마스크를 압류한 뒤 미국으로 날름 들고 튀어 버린 것이다. 베를린시 당국이 "미국이 현대판 해적질을 했다."라며 길길이 날뛰었으나 마스크는 이미 미국으로 사라진 뒤였다. 참고로 해적질을 당한 독일도 당시 자국 기업의 마스크 수출을 금지한 상태였다.

연대와 협력이라는 새로운 과제

당시 선진국들이 벌인 낯 뜨거운 행태 중 압권은 이웃 일본이 한 짓이었다. 2020년 3월 일본 사이타마현이 재일(在日) 조선인 아이들이 다니는 유치원만 쏙 빼고 마스크를 유치원에 배포하는 얍삽한 짓을 저지른 것이다. 그런데 그게 얍삽하고 안 얍삽하고를 떠나, 그런 짓까지 해 가며 마스크를 확보하면 문제가 근본적으로 해결되는지를 물어야 한다. 그리고 현실을 살펴보면 문제가 해결이 되기는커녕 문제가 더 악화된다. 이게 경제학적 딜레마다.

'공유지의 비극'이라는 경제학 개념이 있다. 미국 캘리포니아대학의 미생물학자 개릿 하딘Garrett Hardin이 1968년 《사이언스》에 실은 논문 「공유지의 비극」(The Tragedy of the Commons)에서 출발한 이론이다. 생물학자의 이론이지만 경제학에 워낙 큰 충격을 준 덕에, 개릿 하딘의 해당 논문은 지금까지도 경제학 논문에서 최다 인용을 자랑한다.

이론은 간단하다. 모두가 함께 사용하는 공유지에서 사람들이 이기심을 부리면 시장은 작동하지 않고 공멸을 맞이한다는 것이다. 가딘은 마을 주민들이 공동으로 소유한 목초지를 예로 들었다. 이런 공유지는 누구의 땅도 아니기에 아무도 목초지를 아끼지 않는다. 이기적 마음 탓에 모두가 한 마리라도 더 양을 몰고 와 풀을 먹이려고 한다. 결국 초원에는 양이 넘쳐 나고, 초원은 황폐화된다. 이 이론은 '이기심이 모두에게 최선의 결과를 가져다준다'던 주류 경제학의 전제에 심각한 균열을 냈다.

따라서 공유지를 이용할 때는 절대로 각자의 이기심에 모든 것을 맡겨서는 안 된다. 정부가 개입해 관리를 하든지, 아니면 지역 주민들끼리 협의체를 만들어 규칙을 정하든지 해야 한다. 이 문제가 얼마나 중요하냐면, '지역 주민들의 연대와 협업이 과연 공유지의 비극을 해결할 수 있을 것인가?'라는 주제를 파고든 엘리너 오스트롬Elinor Ostrom은 경제학 발전에 기여한 공로로 2009년 노벨경제학상을 거머쥐었을 정도다.

여기서 중요한 점이 있다. '도대체 무엇을 공유지로 볼 것이냐'는 문제다. 아주 간단히 이야기하면, 공유지의 핵심은 나누어지지 않는다는 데 있다. 내 것, 네 것으로 구분이 잘 된다면 각자에게 소유권을 명확히 해 주면 문제가 해결된다. 자기 땅은 자기가 알아서 잘 관리할 것이기 때문이다.

하지만 세상에는 내 것, 네 것이 명확하게 구분되지 않는 것들이 존재한다. 대표적인 것이 바로 공기와 바다다. 아무리 '여기는 내 공기, 저기는 네 공기' 구분을 지어도 공기를 타고 움직이는 오염 물질이나 바이러스는 막을 수 없다. 바다도 마찬가지다. 아무리 '여기는 내 바다, 저기는 네 바다' 구분을 지어도 바닷속으로 이동하는 물고기를 막을 수는 없는 노릇이다. 고등어에게 "너는 우리 바다 소속 고등어이니 저쪽 바다로 넘어가서 잡히면 안 돼!" 이렇게 강요하는 게 불가능하다는 이야기다.

이 문제가 중요한 이유는 코로나19가 바로 전형적인 공유지의 비극 문제를 안고 있기 때문이다. 공기가 공유지이기에 '여기는 내 공기, 저기는 네 공기' 하는 식의 이기적 해법으로는 공기 중으로 이동하는 감염병 바이러스를 해결할 수 없다는 이야기다.

그렇다면 어떻게 해결해야 할까? 오스트롬은 이 문제의 해법으로 사회적 연대와 협동을 이야기했다. 공유지 비극 문제는 혼자 살겠다고 이기심을 부리는 순간 "제발 그만해, 이러다가 다 죽어!" 하는 상황이 도래하므로 협업과 연대를 통해 서로 양보하고 배려하며 문제를 해결해야 한다는 것이다.

코로나19 바이러스도 마찬가지다. 일본은 재일 조선인 아이들에게 마스크 지급을 하지 않았다. 그래서 재일 조선인들이 코로나19에 왕창 감염되면 같은 땅에 사는 일본인들은 안전한가? 바이러스가 일본인은 피해 가고 재일 조선인만 공격할 리가 없지 않은가? 그래서 그런 짓이 멍청하다는 거다.

미국도 마찬가지다. 당장 급하다고 전 세계에 적절히 배분돼야 할 마스크를 해적질까지 해 가며 싹쓸이를 했다. 그래서 세계가 코로나19 바이러스에 신음하면 미국은 안전한가? 심지어 미국은 이웃 캐나다에 공급돼야 할 의료 장비 수출마저 막았다. 이웃 캐나다가 코로나19에 시달리면 미국은 안전한가? 바로 이웃인데? 매일 캐나다 온타리오주에서 미국 미시간주 디트로이트 병원으로 출퇴근하는 간호사가 1,600명이 넘는데? 캐나다 아이스하키 팀 소속 선수들이 매일 미국으로 넘어와 시합을 하는데?

"미국에서 일하는 간호사들한테는 마스크를 주면 되지 않느냐?"라는 반론은 말이 되지 않는다. 그 간호사들이 집으로 돌아가면 마스크가 부족해 질병에 노출된 가족 및 이웃들과 함께 지내야 한다. 그러면 그 간호사들은 안전한가? 그 간호사들이 안전하지 않다면 과연 미국은 안전한가?

코로나19는 바로 이런 본질적인 문제를 지니고 있다. 나 혼자만 안전하겠다고 아무리 발버둥 쳐 봐야 바이러스가 공공재인 공기를 타고 감염되기 때문에 그게 가능하지 않다는 것이다. 진정한 안전은 나 혼자만의 안전이 아니라 우리 모두의 안전, 세계 모두의 안전이어야 한다는 이야기다.

코로나19가 촉발한 마스크 쟁탈전은 강대국들의 추악한 민낯을 고스란히 드러냈다. 그리고 그 추악한 민낯이 더 이상 세계를 효율적으로 유지하는 데 아무짝에도 도움이 되지 않음 또한 만천하에 드러났다. 코로나19는 어쩌면 이기심과 경쟁이 아니라 연대와 협동, 공생의 미덕이야말로 인류가 갖춰야 할 새로운 덕목이라는 소중한 교훈을 우리에게 가르쳐 주었는지도 모른다.

2003~2011

◇ 디지털세

◇ 확장 재정

Chapter 24

디지털 세금 전쟁

뜻밖의 곳에서 해법을 찾은 구글세 논란

디지털세가 겨냥하고 있는 글로벌 IT·플랫폼 기업들

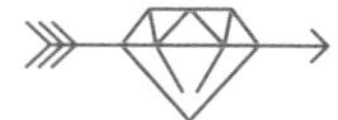

블랙 스완과 코로나19

블랙 스완(black swan)이라는 용어가 있다. '검은 백조'라는 뜻의 이 말은 원래 영미권에서 '상식적이지 않은 생각', 혹은 '보편적 생각에 반대하는 행위'라는 의미를 지닌 관용어였다. 물론 방탄소년단의 히트곡 제목이기도 하다.

백조(白鳥)란 말 그대로 '하얀 새'다. 그러니까 '검은 백조'를 다시 쓰면 '검은 하얀 새'가 되는데, 이건 아무리 봐도 단어 구성이 이상하다. 그런데 18세기 후반 오스트레일리아에서 진짜로 이 검은 백조가 발견되었다. 색깔은 새까만데 생물학적으로 완전히 백조와 일치하는 새 말이다. 아무리 설마가 사람 잡는다지만 진짜 '검은 하얀 새'가 등장할 줄이야? 그래서 이후 블랙 스완은 '도저히 일어날 것 같지 않은 일이 현실에서 얼마든지 일어날 수 있다'는 의미를 지니게 됐다.

이 말이 경제학 영역으로 들어오게 된 계기는 2008년 벌어진 세계 금융 위기 때문이었다. 그전까지 월스트리트는 패배를 모르는 전 세계의 지배자였다. 그들이 그렇게 속절없이, 그렇게 처참한 모습으로 무너질 줄 누가 알았겠나?

미국의 투자 전문가이자 경제학자 나심 탈레브Nassim Taleb는 글로벌 금융 위기를 분석하며 블랙 스완의 개념을 인용했다. 탈레브에 따르면 블랙 스완은 ① 일반적 기대를 넘어서는 극단적 관측값이 나타나고 ② 극심한 충격을 동반하며 ③ 존재가 사실로 드러나면 그제야 그에 대한 설명과 예견이 가능하다는 특징을 갖는다. 한마디로 전혀 예상치 못한 충격적 사건이 경제적 현실에서는 벌어질 수 있는데, 그게 바로 세계 금융 위기였다는 것이다.

그렇다면 세계 금융 위기 말고 기억에 남는 블랙 스완은 어떤 것이 있을까? 당연히 코로나19 사태다. 21세기에 통제 불가능한 감염병으로 전 세계가 수년 동안 공포에 빠질 줄 누가 알았겠나? 이 사태로 전 세계의 경제 기반이 위기를 맞고, 인류의 자유로운 이동이 제한되며, 산업의 구조가 확연히 뒤바뀌는 사태를 맞을 줄 예상한 이는 아무도 없었다. 그런데 그 일이 마침내 벌어진 것이다.

어디에 세금을 내야 하느냐?

이번에는 좀 다른 이야기를 해 보자. 사람은 돈을 벌면 소득세를 내야 하고, 기업은 돈을 벌면 법인세를 내야 한다. 그런데 이 간단한 명제에 "그러면 세금을 어디에다 내야 하느냐?"라는 질문을 붙이면 답이 매우 복잡해진다.

"어디긴 어디야? 국세청이지!"라는 답을 내놓으라는 게 아니다. 당연히 국세청에 내는 건데, 어느 나라 국세청에 내야 하느냐는 이야기다. 이게 왜 복잡하냐면 "대한민국 국민이 미국에서 돈을 벌면 미국에 소득세를 내야 하느냐, 한국에 소득세를 내야 하느냐?"와 같은 국적 문제가 걸려 있기 때문이다. 예를 들어 한국인 김한국 씨가 미국에서 돈을 벌고 한국에 소득세를 낼 경우 미국 정부는 "너 왜 우리나라에서 돈을 벌고 세금은 한국에 내는 거야?"라며 다시 과세를 할 수 있다. 이 경우 김한국 씨는 한국과 미국 두 나라에 세금을 물어야 하는 이중과세의 부당함을 겪는다.

이 문제는 생각보다 매우 복잡해서 각 나라끼리 구체적인 조세 협약을 맺어야 문제가 겨우 해결된다. 예를 들어 한국과 미국이 맺은 조세 협약에 따르면 김한국 씨는 일단 양국 모두에 자기가 번 소득을 신고한 뒤 한 나라에 세금을 낸다(구체적으로 어느 나라에 내는지는 상황에 따라 가변적이다). 그리고 세금을 내지 않은 나라에는 "내가 이미 저쪽에서 세금을 냈어요."라고 신고를 하면 조세 협약에 따라 이중과세를 피할 수 있다.

하지만 조세 협약이 맺어지지 않은 나라 사이에서 이런 문제가 발생하면 숱한 논란이 벌어진다. 심지어 조세 협약이 맺어진 나라 사이에서도 규정이 워낙 복잡한 탓에 논란이 벌어지기 일쑤다. 그렇다 하더라도 개인이 내야 하는 소득세와 달리, 기업이 물어야 하는 법인세는 비교적 간명한 기준을 가지고 있다. 법인세는 '그 기업의 주소지가 있는 나라'에 낸다는 것이 일종의 관례였기 때문이다.

이건 매우 간단한 규칙이다. 예를 들어 삼성전자는 본사의 주소지가 대한민국이기 때문에 세계 어느 나라에서 돈을 벌건 대한민국 국세청에 법인세를 내면 되는 거다. 그런데 기업 입장에서는 이 간단한 규칙에서도 고려해야 할 문제가 있다. 어떤 문제냐? 각 나라가 징수하는 법인세율이 다 다르다는 점이다.

이러다 보니 세계 여러 나라에 진출해 돈을 버는 기업일수록 기업의 주소지를 세율이 낮은 국가에 두려는 경향이 강해진다. 한 나라에서만 돈을 버는 회사라면 그 나라에 주소지를 두는 것이 여러모로 유리하겠지만(법인세 좀 더 내더라도), 매출이 전 세계 100여 개 나라에 골고루 퍼져 있는 회사라면 굳이 법인세율이 높은 나라에 주소를 둘 이유가 없는 것이다.

유럽에서 시작된 구글세 논란

그렇다면 전 세계 곳곳에서 매출을 올리는 대표적인 기업이 어떤 곳일까? 구글, 메타(전 페이스북), 넷플릭스, 애플, 아마존, 트위터 같은 거대 IT·플랫폼 기업들이다. 이들은 공장을 설립해 채용이라도 늘리는 다른 외국 제조 기업들과 달리 현지 인력도 별로 채용하지 않아 현지 국가 경제에 거의 도움이 안 된다. 그런데도 돈은 어마어마하게 벌어 간다. 게다가 법인세는 또 자기 나라로 쪼르르 들고 가 버린다. 당하는 나라 입장에서는 화가 나지 않을 수가 없는 일이다.

먼저 칼을 빼 든 쪽은 프랑스였다. 프랑스는 2019년 7월 유럽연합(EU) 회원국 중 최초로 디지털세, 일명 '구글세' 도입을 선포했다. 구글 등 미국 국적의 거대 IT 기업들이 프랑스에서 막대한 수익을 올리고도 세금을 내지 않는 것은 부당하다는 게 프랑스의 주장이었다.

미국의 반발로 프랑스는 구글세 도입을 경제협력개발기구(OECD)의 합의안이 나올 때까지 유예키로 했으나, 합의가 지지부진하자 이듬해인 2020년 말 마침내 구글세 부활을 선포했다. 구글, 아마존, 메타, 애플 등이 프랑스에서 벌어들인 수익 중 3퍼센트를 프랑스에 세금으로 내라는 것이었다.

미국은 "디지털세를 철회하지 않으면 프랑스로부터 수입하는 물품의 세율을 기존 25퍼센트에서 100퍼센트까지 올리겠다"고 강력히 반발했다. 하지만 프랑스는 물론 영국, 이탈리아, 에스파냐 등 유럽의 강국들까지 구글세 부과를 검토하고 나서면서 전운이 감돌기 시작했다.

그런데 끝없이 확산될 것 같았던 이 분쟁은 생각보다 싱겁게 막을 내렸다. 2021년 10월 OECD 등이 주도해 세계 136개 국가가 디지털세 부과에 전격적으로 합의한 것이다. 이 합의안에 따르면 2023년부터 일정 규모의 돈을 버는 거대 IT 기업들은 주소지를 둔 나라뿐 아니라 매출을 올린 나라에도 정해진 세금을 내야 한다. 미국이 프랑스, 영국, 이탈리아, 에스파냐 등의 요구를 수용한 모양새였다.

디지털세 합의안은 두 가지 구조로 이뤄져 있다. 첫째, 매년 200억 유로(약 27조 원) 이상의 매출을 올리면서 영업이익률(매출액 가운데 영업이익이 차지하는 비율)이 10퍼센트 이상인 거대 글로벌 기업이라면 그 10퍼센트 이상 이익 중 25퍼센트를 매출을 올린 해외 소재 국가에 세금으로 내야 한다. 해외 사업장이 여러 나라에 있다면 각 국가에서 발생한 매출액에 비례해서 나눠 내면 된다. 예를 들어 연간 매출액이 300억 유로인 한 IT 기업의 그해 영업이익이 40억 유로라고 해 보자. 우선 이 기업의 영업이익은 매출액의 10퍼센트인 30억 유로를 10억 유로 넘어

디지털세 도입 촉구 시위
한 시민운동가가 마크 저커버그Mark Zuckerberg 메타 CEO 가면을 쓰고 디지털세 도입을 촉구하고 있다.

선다(따라서 이 기업은 디지털세 과세 대상이다). 만약 이 기업이 해외 두 나라에서 사업을 벌이고 있다면, 10억 유로의 25퍼센트인 2억 5,000유로를 매출이 발생한 두 국가에 (국가별 매출액 비율대로) 나눠서 내면 된다.

둘째, 그만큼 거대 기업이 아니더라도 총 매출이 7억 5,000만 유로(약 1조 1,000억 원)를 넘긴 글로벌 기업이라면 모기업이 있는 나라에서 최소한 15퍼센트의 세율로 세금을 내야 한다. 이 말은 어지간한 글로벌 기업이라면 세계 어느 나라에서 사업을 하건 최소 15퍼센트 이상의 세금을 반드시 내야 한다는 뜻이다. 매출 1조 1,000억 원은 생각보다 큰돈이 아니다. 우리나라에만도 200개가 넘는 기업이 매출 1조 원 클럽에 가입해 있으며 삼성전자의 2022년 매출은 300조 원을 넘어섰다.

중요한 것은 이 합의로 '주소지 국가에 법인세를 낸다'는 대원칙이 허물어졌다는 점이다. "100년 만의 조세체계 대전환"이라는 평가가 나올 정도의 엄청난 변화였다. 그런데 궁금한 점이 있다. 도대체 이런 엄청난 변화가 어떻게 이렇게 쉽게 결정됐단 말인가? 바나나와 항공기 보조금을 두고 유럽과 피 튀기는 열전을 불사했던 최강대국 미국은 왜 이토록 쉽게 물러났을까?

물론 외형상 미국의 대통령이 강력한 보호무역주의자 트럼프에서 비교적(!) 자유무역주의자에 가까운 바이든으로 교체된 것이 결정적 요인이었다. 바이든은 임기 초반 트럼프가 저질러 놓은 수많은 일들을 거꾸로 돌려놓는 일에 전념했다. 하지만 나는 이보다 더 본질적인 이유가 있다고 생각한다. 바로 미국 정부가 돈이 부족해졌다는 것이다. 아니, 미국 정부 외에 전 세계 모든 나라 정부가 돈이 부족해졌다. 그래서 그들에게는 새로운 수입원이 필요했다. 이게 바로 전 지구적인 구글세 도입의 배경이라고 나는 믿는다.

평상시라면 그 정도 세수가 늘어나는 것으로 자국의 거대 IT 기업이 세계 곳곳에서 세금 무는 일을 미국이 절대 용인할 리가 없었다. 하지만 분쟁 초기였던 2020년과 달리 2021년에는 코로나19라는 블랙 스완이 출현했다. 미국을 위시한 각국 정부는 코로나로 침체된 경제를 살리기 위해 천문학적인 돈을 시장에 쏟아부었다. 이 덕에 코로나19 사태 초기에 폭락을 거듭하던 세계 증시는 곧 안정을 되찾았고 세계경제도 생각만큼 큰 충격 없이 잘 버텨 나갔다.

문제는 이렇게 천문학적인 돈을 쏟아붓는 바람에 미국과 선진국 정부의 창고가 거덜 났다는 거다. 미국 정부는 코로나가 터진 이후 1년 동안 무려 4조 달러(약 5,000조 원)를 코로나19 극복을 위해 시장에 투입했는데, 이는 우리 정부의 약 8년 치 예산이다. 또 2021년 7월《월스트리트저널》에 따르면 미국 정부는 2020년과 2021년 2년 동안 무려 6조 달러(약 7,500조 원) 규모의 재정 적자를 냈는데 이는 우리나라 정부의 약 12년 치 예산에 해당된다.

사정은 미국뿐 아니라 유럽 각 나라들도 마찬가지였다. 이렇게 정부와 공공 영역에서 시장으로 돈을 푸는 추세는 당분간 바뀌지 않을 가능성이 높다(2023년 들어 인플레이션에 대응하기 위해 많은 나라들이 금리를 올리고 있지만, 재정지출은 여전히 확장 재정을 유지하고 있다). 정부가 돈을 쏟아부은 효과가 너무나 분명했기 때문이다. 구글세 합의가 이뤄진 배경이 바로 이것이다. 각국 정부는 누가 뭐래도 돈이 더 필요했던 것이다.

1980년 신자유주의가 본격화한 이래 선진국에서 정부의 역할은 나날이 축소됐고 시장의 위세는 하늘을 찔렀다. 선진국들은 경제를 살리기 위해서는 기업이 활력을 찾아야 한다는 명목으로 너도나도 법인세를 깎았다. 하지만 40여 년 넘게 이어지던 '시장의 시대'는 코로나19라는 블랙 스완의 등장으로 완연히 저물기 시작했다. 그 대신 '정부의 시대', 즉 정부가 더 많은 세금을 걷고 더 많이 돈을 쓰는 이른바 확대 재정의 시대가 시작됐다. 코로나19라는 블랙 스완은 이렇게 인류 역사의 거대한 물줄기를 바꿔 놓았다.

도판 출처

p.15 public domain(1621, *Nova Typis Transacta Navigatio*, Wolgang Kilian)
p.26 public domain(15세기 말, Pedro Berruguete)
p.31 public domain(1653년경, Jan Abrahamsz Beerstraaten)
p.36 public domain(1682, Weduwe van Jacob van Meurs)
p.45 ⓒSmith Archive/Alamy Stock Photo
p.54 public domain(1807, George M. Woodward/University of Washington Libraries)
p.59 public domain(1766, anonymous)
p.67 public domain(1749, John Hinton/Library of Congress)
p.71 public domain(1843, Edward Duncan)
p.80 public domain(1851, Walter Stanhope Sherwill)
p.87 public domain(1887, Thure de Thulstrup)
p.93 public domain(1766, anonymous)
p.99 ⓒPRISMA ARCHIVO/Alamy Stock Photo
p.103 public domain(1891, George Henry Burgess)
p.109 ⓒ연합뉴스(AP Photo)
p.116 public domain(1544, Battista Agnese)
p.123 public domain(1919, John Christen Johansen/National Portrait/Gallery Smithsonian)
p.126 public domain(2023, Minoa/wikimedia)
p.128 public domain(1915~1920년경, Bain News Service/Library of Congress)
p.135 ⓒ연합뉴스(Tugela Ridley/EPA)
p.139 public domain(1790년경, Cornelis Apostool/British Library)
p.145 public domain(1991, U.S. Air Force)
p.150 public domain(1955, U.S. Navy Photograph)
p.157 ⓒ연합뉴스(Marty Lederhandler/AP Photo)
p.161 ⓒ연합뉴스(Jerome Dela/AP Photo)
p.169 public domain(1931, U.S. Information Agency)
p.171 public domain(1936, Dorothea Lange/Library of Congress)
p.177 public domain(1929, National Photo Company/Library of Congress)

p.181 ⓒSOTK2011/Alamy Stock Photo
p.191 public domain(1956, Diego Rivera)
p.195 public domain(1900~1909년경, A. Duperly/New York public Library)
p.199 ⓒKiefer(2015, wikipedia, CC BY-SA 2.0)
p.203 ⓒcolaimages/Alamy Stock Photo
p.210 ⓒ연합뉴스
p.213 public domain(NASA)
p.217 public domain(NASA)
p.223 public domain(NASA)
p.225 ⓒMicheal Euler/Associated Press
p.241 ⓒ연합뉴스(Abe Fox/Associated Press)
p.245 public domain(2007, Coinman62, wikimedia)
p.250 (위)public domain(US Government)
(아래)public domain(US Government)
p.257 ⓒCharles Tobey/Associated Press
p.267 ⓒebenart/Shutterstock
p.275 public domain(Peggy Greb/USDA/Science Source)
p.280 (위)ⓒMZinchenko/Shutterstock
(아래)ⓒSundry Photography/Shutterstock
p.281 ⓒArcansel/Shutterstock
p.291 ⓒ연합뉴스(Susan Walsh/AP Photo)
p.294 ⓒ연합뉴스(Jeff Kowalsky/EPA)
p.299 ⓒ연합뉴스(Chinatopix via AP)
p.305 ⓒ연합뉴스(Friedemann Vogel/EPA)
p.311 ⓒ연합뉴스
p.318 (위)ⓒAlex Yeung/Shutterstock
(아래)ⓒrafapress/Shutterstock
p.319 ⓒPhil Pasquini/Shutterstock
p.325 ⓒ연합뉴스(Stephanie Lecocq/EPA)

경제 전쟁의 흑역사

시장 질서를 박살 내고 세계경제에 자살골을 날린 무모한 대결의 연대기

1판 1쇄 발행일 2023년 3월 30일
1판 3쇄 발행일 2024년 2월 10일

지은이 이완배
펴낸이 권준구 | 펴낸곳 (주)지학사
본부장 황홍규 | 편집장 김지영 | 편집 양선화 공승현 명준성
책임편집 김지영 | 인포그래픽 김상준 | 디자인 정은경디자인
마케팅 송성만 손정빈 윤술옥 박주현 | 제작 김현정 이진형 강석준 오지형
등록 2017년 2월 9일(제2017-000034호) | 주소 서울시 마포구 신촌로6길 5
전화 02.330.5265 | 팩스 02.3141.4488 | 이메일 booktrigger@naver.com
홈페이지 www.jihak.co.kr | 포스트 post.naver.com/booktrigger
페이스북 www.facebook.com/booktrigger | 인스타그램 @booktrigger

ISBN 979-11-89799-90-8 03320

북트리거

트리거(trigger)는 '방아쇠, 계기, 유인, 자극'을 뜻합니다.
북트리거는 나와 사물, 이웃과 세상을 바라보는 시선에 신선한 자극을 주는 책을 펴냅니다.